AF576206

Haftungsausschluss:

Bibliografische Informationen der Deutschen Nationalbibliothek

Die Deutsche Nationalbibliothek verzeichnet diese Publikation in der Deutschen Nationalbibliografie; detaillierte bibliografische Daten sind im Internet über http://dnb.dnb.de abrufbar.

1. Auflage 2024

Projektmanagement: Remote Verlag
Lektorat und Korrektorat: Katrin Gönnewig, Miriam Buchmann, Fabian Galla
Umschlaggestaltung: Verena Klöpper
Foto Cover: Tsunami_Designer auf depositphotos.com
Foto NIR-Gerät Mareen Fischinger/Westend61 auf AdobeStock
Satz und Layout: Verena Klöpper
Abbildungen im Innenteil: © Tino Seidemann

ISBN Print: 978-1-960004-03-1
ISBN E-Book: 978-1-960004-04-8

www.remote-verlag.de

TINO SEIDEMANN

DIE MANIPULATION

DER PHARMA INDUSTRIE

Medizin aus der Apotheke: Sind Medikamente eher Fluch oder Segen?

www.remote-verlag.de

INHALT

VORWORT

Die Macht der Medien ist allgegenwärtig. Lifestyle-Drugs, Nahrungsergänzungsmittel, Diätpillen und Heilkräuter aller Art verfolgen uns unaufhörlich in der Werbung. Selbst ohne Fernseher kann es sehr schwer sein, den Einflüsterungen zu entgehen, die uns täglich buchstäblich vor Augen geführt werden, denn auch in Zeitschriften, im Radio, im Internet und nicht zuletzt in unserem sozialen Umfeld begegnen uns immer wieder Empfehlungen zu den verschiedensten Heilmitteln. Schmerzmittel, Magentropfen, Energiespender, Schlafhilfen – »Big Pharma« erwirtschaftet jährlich Umsätze in Höhe von mehreren Milliarden Euro. Laut Statista 2021 stieg der Umsatz auf dem deutschen Pharmagesamtmarkt von 2006 bis 2022 kontinuierlich von 25,3 auf 56,5 Milliarden Euro an.[1] Wenn uns Medikamente gesund machen sollen, wie kann es dann sein, dass wir immer mehr davon benötigen und konsumieren?

Womit verbinden wir überhaupt einen Apotheker? Wahrscheinlich nicht mit guten Gesundheitstipps. Schließlich verdient er sein Geld mit kranken Menschen.

Was ist eine Lüge? Vielleicht denkst du jetzt an den Witz mit der Antwort: »Der Arzt wünscht gute Besserung!« Und was ist die größte Lüge von allen? Wenn dir der Apotheker sagt »Bitte bleiben Sie gesund!« Keine (kranken) Kunden, kein Geld! So ist es wenig überraschend, dass die Apotheke oft als Teil der gierigen Pharmalobby betrachtet wird, die ihre gutgläubigen Kunden um möglichst viel Geld erleichtern möchte. Wäre es nicht im Interesse der Apotheke und der gesamten Pharmalobby, die Bevölkerung so sehr mit Arzneimitteln einzudecken, dass es ihr dadurch sogar noch schlechter geht als zuvor? Schließlich gibt es Medikamente mit massiven Nebenwirkungen und manchmal führen die falschen Arzneimittel zum Tod, wenn sie nicht einfach nur wirkungslos sind.

Als Apotheker habe ich Situationen erlebt, die diese Vorurteile bestätigen. Ich habe auch in einigen Apotheken gearbeitet, deren Geschäftsinteressen nicht mehr mit meinen Vorstellungen einer heilberuflichen Tätigkeit übereinstimmen. Heute stehe ich immer noch hinter dem Verkaufstresen und berate Menschen zu gesundheitlichen Fragen. Zumindest möchte ich es. Jeden Tag erlebe ich, wie sich Patienten nach exotischen Produkten und neuen Markteinführungen erkundigen, von denen weder ich noch meine Kollegen jemals etwas gehört haben. Die Patienten können mit erschreckender Genauigkeit nacherzählen, wie die Werbespots gestaltet waren, in denen die Arzneimittel vorgestellt werden, um ihren Produktwunsch zu erfüllen. Doch damit nicht genug! Die verstörendsten Vorfälle in der öffentlichen Apotheke erlebe ich in den Momenten, in denen Patienten alle Hemmungen verlieren, aggressiv werden, wutentbrannt zur Tür hinausstürmen und ihrem Ärger lautstark darüber Luft machen, dass wir ihnen ihr Wunscharzneimittel **verweigert** haben. Leider sind dies keine Einzelfälle.

Mit diesem Werk möchte ich zur gesundheitlichen Aufklärung beitragen und für die Ideale einstehen, die der Berufsstand der deutschen Apothekerschaft laut deutscher Gesetzgebung wahren und fördern soll. Es ist mir ein Bedürfnis, zu einem besseren Verständnis meines Berufes zu verhelfen, und den Verbraucher vor Manipulation und Irreführung zu schützen, damit der Apotheker den Gesundheitsdienst in unserer Gesellschaft in einer Weise ausüben kann, die den wahren ethischen Ansprüchen an einen Heilberufler gerecht wird. Mit diesem Buch möchte ich dir, verehrte Leserin, verehrter Leser, einen Einblick in die Welt der Heilmittel geben und zu meinen akademischen Wurzeln zurückkehren, um zu mehr Aufklärung und Bewusstsein im Umgang mit der eigenen Gesundheit beizutragen.

Zum Schluss des Vorwortes noch ein Hinweis: Ich benutze wegen der besseren Lesbarkeit in diesem Buch in der Regel nur die weibliche oder männliche Form. Selbstverständlich schließe ich damit aber immer alle Geschlechter ein.

Und jetzt wünsche ich dir viel Spaß beim Lesen.

Dein Tino

TEIL 1

DER WERDEGANG DES APOTHEKERS

DIE MACHT DER WERBUNG

Wer kennt sie nicht? Diese Werbung, die immer zur besten Sendezeit kommt. Egal ob vor dem spannenden Wochenendkrimi, vor einem erstmals ausgestrahlten Kino-Blockbuster oder kurz vor dem Ende deiner Lieblingssoap: Dir wird ein Ausschnitt gezeigt, in dem dir ein neues Produkt mit ganz fantastischen Eigenschaften demonstriert wird. Es sieht gut aus, vielleicht sorgt es dann auch noch dafür, dass **du** gut aussiehst, es riecht gut, klingt gut, fühlt sich gut an und löst eines deiner dringendsten Probleme, manchmal sogar mehrere auf einmal.

Seien wir ehrlich: Wenn wir Werbung im Fernsehen sehen, haben wir doch eher schon automatisch eine sehr abwehrende Haltung ihr gegenüber. Viele Menschen greifen geradezu reflexartig zur Fernbedienung und zappen weg, direkt zur nächsten Werbung. Woher kommt das? Weil sie uns stört. Du fieberst gerade mit deinen größten Helden mit, die in der Wildnis um ihr Überleben kämpfen, erfährst gleich das ganz große Geheimnis hinter der Verschwörung um den amerikanischen Präsidenten im Actionthriller oder den Mega-Skandal um den mächtigsten Konzern der Welt oder wirst Zeuge einer ganz großen Überraschung, wie der schüchterne Held endlich die Welt rettet, während du gebannt vor dem Fernseher sitzt, die Chipstüte in der Hand zerquetschst – und plötzlich versucht jemand, dir etwas zu verkaufen! Fühlt sich das nicht an, als ob du am gegnerischen Torhüter vorbeischnellst, gerade dabei bist, in letzter Minute das Siegtor für deine Mannschaft im großen Finale zu schießen und direkt vor dem Schuss mit einer so brutalen Blutgrätsche umgefegt wirst, dass du nicht mehr weiterspielen kannst? Natürlich gehe ich jetzt nicht davon aus, dass du dir extra Dauerwerbesendungen anschaust, um dort gezielt etwas einzukaufen. In diesem Fall weißt du, was du tust. Dabei ist die Werbung im Fernsehen noch gar nichts gegen das, was uns in Form von Werbeanzeigen im Internet begegnet, sei es auf YouTube, Instagram, Facebook und Co. Dass Werbetricks ein großes Problem sind, hat sich sogar schon am Anfang meiner Karriere gezeigt.

Als ich zum Dritten Staatsexamen der Pharmazie bei der Bezirksregierung Düsseldorf erschien, kam ich extra eine Stunde früher, zeigte der Dame am Empfang meine Vorladung und setzte mich in einen kleinen

Aufenthaltsraum mit Glastüren. Kurz darauf sah ich schon die drei Prüfer in Richtung des Prüfungssaals gehen. In der Hoffnung, mich etwas zu beruhigen, unterhielt ich mich mit der Begleitung eines anderen Prüflings, einem Jurastudenten. Wer weiß, vielleicht bekam ich sogar noch ein paar nützliche Informationen für den zweiten Teil der anstehenden Prüfung, immerhin ging es hier um Rechtsgebiete für Apotheker. Schließlich wurde ich von einem der Prüfer abgeholt und zum Prüfungssaal begleitet. Ich erkannte den etwas beleibteren Mann wieder. Mit ihm war ich 2012 zur Orchideenexkursion nach Mallorca geflogen. In der Hoffnung, einige Zusatzpunkte zu ergattern, sprach ich ihn darauf an. Er erinnerte sich tatsächlich, wenn auch nur an die Exkursion und nicht an mich, zumindest kam es mir so vor. Nun gut, es gibt schlechtere Voraussetzungen für eine Prüfung. Ich begleitete ihn in den Prüfungssaal, atmete tief durch, legte meinen Regenschirm ab und setzte mich. Die Prüfungskommission im Dritten Staatsexamen besteht immer aus drei Apothekern. Diese Herren würden in weniger als einer Stunde entscheiden, ob ich es nach all den Jahren endlich zum Apotheker schaffte. Nachdem die Formalitäten mit Identitätsprüfung und Beteuerung der Prüfungstauglichkeit durchgeführt waren, stieg meine Anspannung.

Der erste Prüfer fragte: »Herr Seidemann, sind Sie denn, trotz Examensvorbereitung, dazu gekommen, Fernsehen zu schauen?«

Völlig verwirrt, als wäre gerade ein krähender rosa Stier an mir vorbeigaloppiert, antwortete ich wahrheitsgemäß mit: »Äääähh, nein.«

Der Prüfer redete weiter: »Wissen Sie, im Fernsehen läuft gerade eine Werbung, in der ein neues Produkt vorgestellt wird, und glaubt man dieser Werbung, dann ist dieses Produkt ganz wunderbar bei trockener, brennender, juckender Scheide.«

Völlig verdutzt schaute ich meinen Prüfer an und fragte mich, ob ich ins falsche Gebäude teleportiert worden war. In der Hoffnung, ein guter Apotheker zu werden und meinen Traumberuf gewissenhaft ausüben zu können, habe ich mich über Monate intensiv vorbereitet und fünf Wochen lang überhaupt kein TV gesehen, sondern mich in meinem Zimmer verbarrikadiert und stattdessen Bücher, Ordner und Schnellhefter gewälzt. Und jetzt saß ich hier in der entscheidenden, letzten Prüfung und wurde ausgerechnet zu einer Werbung befragt? Was war das für eine verkehrte Welt? Sollte es am Ende etwa daran scheitern, dass ich ein bestimmtes Arzneimittel nicht kannte, nur weil ich nicht in den Fernseher geschaut habe? Das durfte doch nicht wahr sein!

Mein Prüfer legte nach: »Kennen Sie das Problem der Scheidentrockenheit?«

Ich bejahte seine Frage.

»Glauben Sie, dass es ein Problem ist, das viele Frauen haben?«

Ich bestätigte erneut.

»Und finden Sie, dass es etwas ist, was die Frauen auch sehr belastet?«

Auch bei dieser Frage stimmte ich zu.

»Und was halten Sie von der Problematik insgesamt? Wie kommt sie zustande?«

Jetzt endlich begann der wahre, der pharmazeutische Teil meiner Abschlussprüfung. Wir sprachen noch eine Weile über die Pille, Antibiotika, Thrombosen, Diabetes, Wechseljahre und Privatrezepte. Dass der Herr bei drei meiner Antworten den Daumen hob, zeigte mir zumindest, dass ich immerhin ein paar Pluspunkte für mich verbuchen konnte, bis er schließlich noch einmal auf die Werbung zu sprechen kam. Voller Verzweiflung gestand ich den Prüfern, dass ich die Wirksamkeit und Eignung dieses seltsamen Produktes nicht beurteilen kann, weil ich weder die Werbung noch das Produkt kenne, woraufhin der Prüfer überraschenderweise antwortete: »Ich auch nicht.«

Damals hatte ich die Situation in ihrer Tiefe nicht verstanden, doch heute weiß ich genau, warum er mich so seltsam durch die Prüfung führte. Die Prüfer aus der öffentlichen Apotheke sind dafür bekannt, Prüfungssituationen aus der Apotheke zu simulieren, was im Anfangsteil, bei dem es um pharmazeutische Praxis geht, äußerst sinnvoll ist. Die Diskussion über die mysteriöse Werbung war genau so eine Situation, wie sie jeden Tag in der Apotheke vorkommt: Die Patienten kommen herein und erkundigen sich nach irgendeinem neuen Trend oder einem konkreten Produkt, das sie kürzlich in der Werbung gesehen oder im Internet gefunden haben. Später sollte ich in meiner weiteren Berufspraxis mit Erschrecken feststellen, dass unsere Patienten allzu häufig gar nicht dazu in der Lage sind, den konkreten Produktnamen zu benennen, sondern uns stattdessen eindrucksvoll die Werbung beschreiben, in der das neue Arzneimittel vorgestellt wurde. Ich möchte diese Gelegenheit nutzen, um über etwas aufzuklären, was ich aus Sicht des Verbrauchers so wichtig finde, dass es als Grundfach in der Schule gelehrt werden sollte. Ich spreche von Manipulation.

Lass mich direkt zu Beginn mit ein paar Begrifflichkeiten aufräumen: Grundsätzlich ist Manipulation an sich nichts Schlechtes. Das Wort erhält nur durch unsere eigene Bewertung diesen negativen Charakter. Sicher verwende auch ich in diesem Buch das ein oder andere Mittel, um deine Aufmerksamkeit ein wenig zu fesseln. Selbst Heilung ist eine Form der Manipulation. Auch ein freundliches Lächeln manipuliert unsere Mitmenschen durchaus, denn es kann sich gravierend auf ihre Stimmung auswirken. Wenn wir etwas manipulieren, verändern wir, neutral betrachtet, einfach nur eine Situation, die uns nicht gefällt, zu unserem Vorteil. Oder sagen wir lieber: zum Besseren. Wir können durch geschickte Manipulation die Wahrnehmung anderer Menschen sogar so gut beeinflussen, dass wir sie dazu bewegen können, die für sie beste Entscheidung zu treffen. Vielleicht führt eine geschickte Manipulation der Umstände und der Situation sogar dazu, dass sowohl für den Manipulator als auch den Manipulierten das bestmögliche Ergebnis erzielt wird. Zumindest bin ich schon so manchem Versicherungsmakler begegnet, der das in dieser oder ähnlicher Form behauptet. Zu einer Schandtat wird Manipulation erst dann, wenn sich der Manipulierende einen Vorteil auf Kosten des Manipulierten erschleicht. In besonders schweren Fällen sprechen wir hier von Betrug, der nach § 263 Strafgesetzbuch (StGB) strafbar ist. Natürlich bin ich kein Jurist und kenne die Grauzonen nicht so gut, dass ich die Einzelfälle ausreichend voneinander abgrenzen kann.

Als Apotheker hingegen habe ich schon viele Werbespots (zu ideal ausgesuchten Sendezeiten) gesehen, die mich ebenso wie viele meiner Kollegen zu Wutanfällen gebracht haben. Hilfesuchende Patienten mit gesundheitlichen Problemen wurden durch Clips für neuartige Arzneimittel, Medizinprodukte und vor allem Nahrungsergänzungsmittel effektiv mit den wildesten Gesundheitsversprechen manipuliert. Sie wurden aus Gutgläubigkeit, oder häufig sogar aus Verzweiflung, dazu gebracht, in blindem Vertrauen zur Werbung die entsprechenden Produkte zu kaufen. Produkte, die sie am Ende häufig nur um ihr hart verdientes Geld bringen und nicht das halten, was in der Werbung versprochen wird. Schlimmer noch, die Auswahl des falschen Produktes kann sogar dazu führen, dass es die eigene Gesundheit schädigt und das womöglich dauerhaft! Da ist es gut, wenn du jemanden mit guten Fachkenntnissen an deiner Seite hast. Eine Vertrauensperson, die dir zur Seite steht und dich gewissenhaft berät.

Während meines beruflichen Werdeganges habe ich mich mit vielen Gesprächspartnern unterhalten, die den Apothekerberuf für einen Ausbildungsberuf halten. Zugegeben, es gibt viele Situationen, in denen ich heute noch den Eindruck habe, dass ich in der Apotheke eher ein Schubladenzieher bin, der einfach nur Preise vergleicht, Rabatte gewährt und Packungen aus dem Regal sucht. Und selbst die werden in manchen Apotheken schon von Kommissionierautomaten (Bereitstellungsrobotern) nach vorne zur Kasse geliefert. Aber der Beruf erfordert ein intensives Fachwissen, das an der Universität vermittelt wird. Ich wusste nicht, welche Anforderungen daran galten. Um ehrlich zu sein, begann mein beruflicher Werdegang genau dadurch. Aus Neugier.

DER TRAUM VOM APOTHEKERBERUF

Im 11. Jahrgang meiner Schule musste ich mir einen Platz für ein Schülerpraktikum suchen und wusste überhaupt nicht, was ich mit meinem Leben anfangen sollte. Schon seit Monaten hatte ich Angst davor, weil ich keine Ahnung hatte, wohin die Reise gehen sollte. Bisher wurden mir mein Leben und mein Stundenplan immer vorgegeben, doch jetzt musste ich mir selbst aussuchen, was ich tun soll, und mich auch noch selbst um eine Stelle bemühen. Was zum Geier sollte ich nur tun? Wo sollte ich nur hin? Es war, als hätte ich mich verloren. Ich fühlte mich völlig überfordert, ratlos, verlassen und hilflos. Ich wusste nur, dass ich keine Lust hatte, Beamter zu werden, wie mein Vater nicht müde wurde, es mir immer wieder einzureden. Mit gesenktem Kopf ging ich still und allein jeden Tag zum Schulbus, der direkt vor der Apotheke meines Heimatdorfes abfuhr. Missmutig setzte ich mechanisch einen Fuß vor den anderen, weil ich keine Lust hatte, aufzustehen, zur Schule zu gehen, wieder eine Mathestunde über mich ergehen lassen zu müssen oder gar mir so einen blöden Praktikumsplatz zu suchen. Und dann passierte es!

Kennst du dieses Gefühl, wenn du urplötzlich einen Geistesblitz hast? Ich kann dir nicht erklären, wie es dazu kam, jedenfalls riss ich meinen Kopf hoch und sprach laut aus, dass ich doch mein Praktikum in der Apotheke machen kann. Wäre das nicht spannend? Schließlich hatte ich eine Apotheke in meinem Leben nur selten von innen gesehen. Und wenn, dann nur ein paarmal, weil ich mit meiner Mutter vom Kinderarzt gekommen war. Wir waren zur Kasse gegangen, hatten die Rezepte abgegeben und dann unsere Packungen bekommen. Der größte Unterschied zum Supermarkt gegenüber war, dass der Drucker immer so laut mit einem typischen, aggressiven Geräusch ratterte. Aber da musste es doch noch mehr geben. Etwas, von dem es sich lohnte, es herauszufinden. Schließlich können wir unsere Medizin nur dort abholen und eben nicht einfach so im Laden mitnehmen, wenn wir gleichzeitig eine Packung Pudding im Sonderangebot sehen. Ich meine, was bitte machen die denn überhaupt? Was immer dort hinter den Kulissen geschieht, es hat etwas mit Gesundheit zu tun und es geht um Medikamente. Gesundheit und Medikamente in Gestalt von chemischen Wirkstoffen? Wenn ich so drüber nachdenke … Ich interessiere mich sehr für Medizin. Was ist, wenn ich oder jemand, der mir nahesteht, in Not ist und dringend medizinische Hilfe braucht? Arzt wollte ich nicht werden. Ich kann überhaupt kein Blut sehen und mir graut es davor, eine Operation durchzuführen. Außerdem will gefühlt jeder Arzt werden, ist doch irgendwie langweilig. Aber einem Apotheker mal auf den Zahn fühlen? Medikamente sind chemische Wirkstoffe und für Chemie hatte ich mich schon immer interessiert.

Der Apothekerberuf wäre die beste Möglichkeit, beides miteinander zu vereinen. Ich stellte mir vor, wie es wäre, wenn ich irgendwo mitten in der Wildnis bin, nur von Pflanzen umgeben, und eine Verletzung behandeln muss, weil ich keine Hilfe bekomme. Wie cool wäre das, wenn ich dann genau wüsste, welche Pflanze ich nehmen kann, um mich selbst zu versorgen oder jemand anderem zu helfen? In mir meldete sich das brennende Verlangen, mehr über Gifte zu erfahren. Was sie in unserem

Körper machen und erst recht, genau zu wissen, welches das richtige Gegenmittel ist, mit dem ich Menschenleben retten kann. Selbst der beste Arzt kann ohne Medikamente schließlich niemanden effektiv behandeln. Ich spürte förmlich, wie in mir eine Faszination für Heilpflanzen zum Leben erwachte, denn ich weiß, dass es auch viele pflanzliche Medikamente gibt, wie diesen leckeren Hustensaft, den ich als kleines Kind heimlich aus dem Medizinschrank genommen und genascht hatte. Ja, sich damit auszukennen, würde mir im Leben wirklich etwas bringen. Und wenn die Stunde der Not gekommen ist, will ich dann wirklich meine Gesundheit, mein Leben in die Hände eines Wildfremden legen? Mein Vater, der ein gesundes Misstrauen hat, wenn es um Angebote und Waren geht, hatte mir schon als Kind beigebracht, beim Einkaufen genau aufzupassen und die Angebote immer unter die Lupe zu nehmen. Schließlich will jeder nur an unser hart verdientes Geld und bietet so oft nichts als den größten Mist an. Und gerade bei Medikamenten sollte ich mich darauf verlassen, was mir jemand anderes empfiehlt? Möglicherweise nur, um selbst Geld zu machen, während ich davon nicht gesund werde und am Ende sogar noch Geld verliere? Nein, das wollte ich selbst beurteilen können! Ich wollte ein echter Experte im Umgang mit heilender Chemie werden. Ich wollte zu einem Meister der Zaubertränke werden und wo könnte ich einen besseren Einblick darüber bekommen als im Apothekerberuf? Sicher würde ich in der Apotheke mehr darüber erfahren. Damit stand mein Entschluss fest. Ich wollte mein Praktikum in der Apotheke vor Ort machen.

Rückblickend frage ich mich, ob es mein Schicksal gewesen ist und mir das Universum, der Äther, die Macht, Gott persönlich oder irgendeine andere spirituelle Kraft dieses Zeichen gab.

VOM SCHÜLER ZUM STUDENTEN

Während meiner Zeit in der Apotheke hatte ich keine nennenswerten Erwartungen und konnte demnach auch nicht großartig enttäuscht werden. Es war einfach nur ein Praktikum, bei dem ich tat, was mir aufgetragen wurde, und das genügte mir. Hauptsache, es ging weiter und ich wurde mit der Schule fertig. Das Team kümmerte sich gut um mich und die Apothekerin ließ mich Aufgaben im Rahmen ihrer Möglichkeiten erledigen. An meinem letzten Tag gab mir meine Chefin sogar 50 Euro, obwohl ich ihr gesagt hatte, dass es uns verboten war, Bezahlung anzunehmen, und schenkte mir einen kleinen Stoffeisbär, der einen blauen Schal trug.

Am ersten Tag brachte mir die anwesende Pharmazeutisch-technische Assistentin (PTA) einige Grundlagen bei, die mich teils interessierten, teils völlig überforderten. Für meinen Praktikumsbericht konnte ich schon notieren, dass sich der Patient vorne in der Freiwahl selbst bedienen darf, die »interessanteren« Medikamente jedoch hinter der Kasse in der Sichtwahl stehen, weil er sie nur sehen, aber nicht anfassen kann. Sie erwähnte auch, dass die Rezepte vorne an der Kasse taxiert werden, womit ich damals nichts anfangen konnte und mich fragte, ob ich jemals verstehen würde, was sich hinter diesem Begriff verbirgt. Keine Bange, dazu kommen wir noch.

Ich saß täglich am Hintereingang und tat das, was die Pharmazeutisch-kaufmännischen Assistenten (PKAs) machen. Ich verbuchte die ankommenden Medikamentenpackungen, spülte Labormaterial, sortierte Akten und heftete Dokumente darin ab. Während meiner Arbeit durfte ich ganze Vorratsgläser an Pfefferminzpastillen vernaschen. Besonders die Botengänge, bei denen ich Medikamente ausliefern durfte, haben mir gefallen und gaben mir die Gelegenheit für einen Tapetenwechsel, wenn die Arbeit von Zeit zu Zeit doch etwas eintönig wurde. Regelmäßig kam der freundliche ältere Vater der Inhaberin vorbei und fragte mich, ob ich wüsste, was der berühmte Satz des Sokrates auf Latein, einem meiner besten Schulfächer, bedeute: »Scio ut nescio.« – »Ich weiß, dass ich nichts weiß!«

Da ich meine Pflicht tun und einen Praktikumsbericht vorbereiten musste, lud mich meine Chefin gegen Ende meines Praktikums in ihr Büro ein und beantwortete mir alle meine Fragen aus einem von der Schule vorgegebenen Katalog, die ich für meinen Bericht brauchte. Ich erfuhr sehr viel über die Anforderungen und Voraussetzungen für die Arbeit in einer Apotheke, dass sie nur von einer Apothekerin bzw. einem Apotheker geführt werden dürfe, was ihre typischen Dienstleistungen und andere Tätigkeitsfelder seien und dass sich das Berufsfeld dahingehend entwickeln werde, dass es immer weniger einzelne Apotheken und dafür immer mehr Apothekenzusammenschlüsse geben werde (das sagte sie mir schon 2007!). Auf meine Nachfrage bestätigte sie mir, dass sie sich im Bedarfsfall auch selbst ein Arzneimittel aus ihrer Apotheke nehmen könne, ohne es sich vom Arzt verschreiben lassen zu müssen, was ich ebenfalls sehr interessant fand.

Schließlich war der Tag gekommen, an dem mein Betreuungslehrer vorbeikam und mir unter anderem die entscheidende Frage stellte: »Ist das eine mögliche Option für die spätere Berufswahl?« Ich antwortete nur: »Auf jeden Fall!« Zumal das Abitur eine notwendige Voraussetzung für diesen Beruf ist und ich froh war, mir die jahrelange Tortur nicht umsonst anzutun.

In diesem Sinn bestand ich zwei Jahre später mein Abitur und ging am 1. Juli 2009 mitten im Hochsommer zur Bundeswehr, um meinen Grundwehrdienst zu leisten, und das freiwillig. Selbst jetzt wollte ich mich immer noch nicht auf einen Studienplatz festlegen, da ich nicht wollte, dass mein Studium vom Wehrdienst unterbrochen wurde. Als einziger potenzieller Akademiker in meiner Familie, ohne Erfahrung oder Vorwissen hinsichtlich der Studienplatzvergabe und des Bewerbungsprozesses, erschien es mir damals nicht sinnvoll, mich vor meinem Dienst um einen Studienplatz zu bewerben, obwohl er mir einmal zugesagt bis zum Ende des Wehrdienstes von Gesetzes wegen unbedingt erhalten bleiben musste. Nein, ich wollte es noch aufschieben, bis es so weit war. Zumal ich noch über eine militärische Laufbahn nachgedacht hatte. Letzten Endes bekam ich dafür die Quittung. Obwohl ich damit rechnete, dass sowohl mein Studienplatz für das Pharmaziestudium als auch meine freiwillige Wehrdienstverlängerung zu 95 Prozent bewilligt werden würden und sich sogar ein Offizier für meinen Antrag eingesetzt hatte, wurden beide Anträge abgelehnt und ich rutschte nun in die Arbeitslosigkeit.

Warum es nicht geklappt hat? Mein Abitur war mit einem Durchschnitt von 2,1 zu schlecht. Ich hätte für das Pharmaziestudium im Sommersemester einen Durchschnitt von 1,9 gebraucht. Meine zweite Bewerbung im Wintersemester 2010/2011 wurde ebenfalls abgelehnt. Dieses Mal hätte ich sogar einen Schnitt von 1,5 benötigt. Ich erhielt eine

Wartezeit von 15 Semestern, doch ich hatte Glück. Nach zwei Wochen erhielt ich von der Heinrich-Heine-Universität Düsseldorf die schicksalhafte Benachrichtigung, dass mir ein Studienplatz im Nachrückverfahren angeboten würde und ich zwei Wochen Zeit hätte, diesen anzunehmen. Das ließ ich mir nicht zweimal sagen! Sehr zur Enttäuschung meines Vaters brach ich die laufende Bewerbung bei der Polizei dankbar ab und schrieb mich offiziell für das Pharmaziestudium ein.

DIE PHARMAZEUTISCHE AUSBILDUNG

Von da an gab es kein Zurück mehr. Auf dem Weg zum Apotheker müssen drei Staatsexamina bestanden werden. Im ersten Semester galt es, die Hauptklausur in Allgemeiner und Anorganischer Chemie zu bestehen, um ins zweite Semester zu kommen. Nach der damaligen Studienordnung gab es in jedem Semester drei verpflichtende Klausurversuche, zu denen wir nur mit ärztlichem Attest fehlen durften. Nach sechs gescheiterten Klausurversuchen verlor der Pharmaziestudent, zumindest in Düsseldorf, seinen Prüfungsanspruch und war an dieser Uni gescheitert. Schon im ersten Semester erfuhr ich, warum selbst Einser-Abiturienten froh waren, wenn sie in ihren Prüfungen punktgenau die Bestehensgrenze erreichten. Der Stundenplan ist schon im ersten Semester so kompakt, dass es sich für mich als Kardinalfehler erwiesen hat, nicht sofort am ersten Tag mit Vollgas zu lernen. Volle fünf Tage Lehrveranstaltungen, prall gefüllt mit Stoff, aufwendigen Seminarvor- bzw. -nachbereitungen, Hausarbeiten, Vorträgen und praktischen Lehrveranstaltungen und Pflichtpraktika, die explizit in der vorlesungsfreien Zeit erfolgen mussten, da sie im regulären Studienplan aus zeitlichen Gründen gar nicht untergebracht werden können. Ab dem vierten Semester mussten wir unsere in der Praxis durchgeführten Laborversuche vor den Mitstudenten vortragen, weil wir gar nicht die Zeit hatten, den kompletten Stoff selbst durchzuarbeiten, sodass wir uns im Grunde selbst unterrichten mussten. Ich habe es einmal sogar erlebt, dass ein Sondertermin gefunden werden musste, um unsere Leistungsnachweise persönlich im Sekretariat, unter dem Vorbehalt der absoluten Ausnahme, abzuholen, weil an genau diesem Tag, just während der Öffnungszeit von 10 bis 11

Uhr, bereits die nächste Prüfung stattfand. Das ist damit gemeint, wenn es heißt, dass im Pharmaziestudium eine Prüfung von der nächsten gejagt wird. Deshalb ist folgender Witz in unserer Branche weit verbreitet: Ein Chemiker, ein Mediziner und ein Pharmazeut bekommen ein Telefonbuch in die Hände gedrückt. Der Chemiker fragt: »Wofür?«, der Mediziner: »Warum?«, der Pharmazeut: »Bis wann?«

Im vierten Semester begann der Auftakt direkt am ersten Tag mit einer Prüfung, in der wir drei Teedrogen korrekt benennen sollten. Dafür hatten wir in den Semesterferien eine Liste mit 123 Teedrogen auswendig lernen dürfen, bei der zu jeder einzelnen der deutsche und der lateinische Name, die Stammpflanze, die zugehörige Pflanzenfamilie, die enthaltenen chemischen Inhaltsstoffgruppen und deren Anwendungsgebiet (Indikation) abgefragt wurde. Enthielt der Name einen Rechtschreibfehler, gab es keine Punkte für die korrekte Benennung. Im siebten Semester mussten wir im Fach Arzneimittelanalytik eine Liste mit 74 verschiedenen Wirkstoffen auswendig lernen und deren chemische Strukturen aus dem Gedächtnis zeichnen, darunter beispielsweise das Krebsmedikament Imatinib.

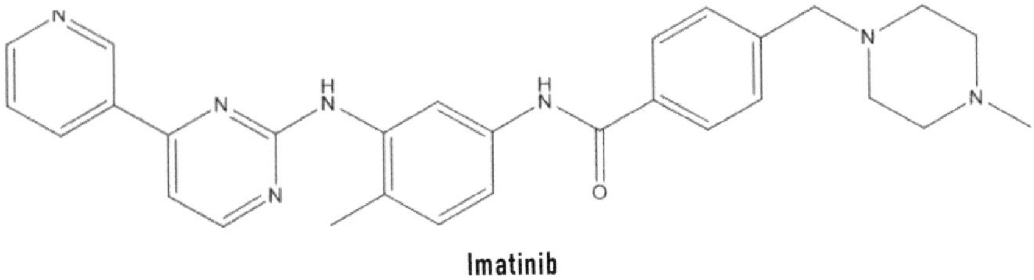

N
N
H
N
N
H
N
O
N
N

Imatinib

Ab dem siebten Semester bekamen wir auch keine Punkte mehr für die entsprechende Aufgabe, wenn sich in der gezeichneten Formel ein einziger falscher Buchstabe oder Strich befand. Einer meiner Mitstudenten fiel im Zweiten Staatsexamen in Pharmakologie durch, weil er unter anderem nur sechs von zehn Nebenwirkungen der Opioide nennen konnte. Wie du dir vorstellen kannst, brauche ich von dem Stoff, den ich in acht Semestern Regelstudienzeit durchgearbeitet habe, gerade einmal einen verschwindend geringen Bruchteil.

In dieser Zeit hatten die Studenten meistens ab 8:30 Uhr Vorlesungen und Seminare bis 12:00 Uhr und, abhängig vom Semester, nur 30 Minuten Pause, bevor sie bis um 18:30 Uhr im Labor verschwanden. Für viele reichten diese 30 Minuten nicht aus, um sich in der Hauptmensa in der Schlange anzustellen und sich ein Mittagessen zu gönnen, da sie wieder pünktlich im Labor zu erscheinen hatten. Die Pause war vorbei, bevor sie überhaupt an der Theke ankamen. Während der Laborarbeit dürfen die Studenten lediglich einen einzigen Tag fehlen und das nur mit ärztlichem Attest. Beim zweiten Fehltag liegt es im Ermessen des verantwortlichen Professors, ob eine Ersatzleistung in Form einer Hausarbeit zusammen mit einem Attest erbracht werden darf, um weiterhin am Labor teilzunehmen. Fehlt der Student ein drittes Mal, muss er das Semester definitiv wiederholen, da er nicht mehr auf die erforderliche Anzahl der vorgeschriebenen praktischen Pflichtstunden kommt, egal ob er ein Attest vorweisen kann oder nicht. Im Pharmaziestudium ist es deshalb ziemlich einfach, eine Ehrenrunde zu drehen. Du musst nur zur richtigen Zeit, etwa während der Laborarbeit, krank werden. Wenn du sehr lange für das Studium brauchst, sagt es nichts über deinen IQ aus, denn es kann selbst den Besten oder gar den Hochbegabten passieren. Viele Kommilitonen waren erleichtert, dass sie nach dem Semester endlich wieder zum Arzt gehen konnten, und ich selbst hatte mich während des laufenden Semesters auch nicht getraut, krank zu werden. Ich bin zum ersten Mal im ersten Semester »sitzengeblieben«, was wir an der Uni »trocknen« nennen, weil ich die Chemieklausur unterschätzt und zu wenig gelernt hatte. Zu allem Überfluss war ich durch die ersten beiden Prüfungen durchgefallen und zum Termin der dritten Chemieprüfung krank. Da im selben Semester keine weiteren Prüfungsversuche angeboten wurden, durfte ich die dritte Prüfung erst im folgenden Semester nachholen. Aber es kam noch dicker: Da nach drei erfolglosen Versuchen das Labor noch einmal komplett wiederholt werden musste und die Laborarbeit vor der Klausurphase abgeschlossen war, konnte ich für den Fall, dass ich durch die dritte Klausur durchfallen würde, direkt das Semester noch ein weiteres Mal wiederholen. Und als Bonus durfte ich diese entscheidende Klausur an meinem 21. Geburtstag schreiben.

Zu meiner Zeit hatte der verantwortliche Professor das Motto »Pharmazeuten verrechnen sich nicht!« vorgegeben. In den chemischen Rechenaufgaben wurde jeder Fehler gnadenlos mit null Punkten nach dem Alles-oder-nichts-Prinzip bestraft. Entweder du hattest die Aufgabe richtig gelöst oder du hättest gar nicht erst den Stift ansetzen müssen. Permanent betonten unsere Professoren, dass durch einen Fehler ein Patient sterben könne. So kam es, dass für einen einzigen Fehler bis zu vier Punkte abgezogen wurden. Das klingt zwar nicht nach viel, jedoch gibt es in der Pharmazie, wegen der hohen Verantwortung der späteren Apotheker, viele Klausuren, bei denen für die einzelnen Aufgaben 0,125 Punkte vergeben werden. Oft entscheiden schon 0,25 Punkte über Bestehen oder Durchfallen. Nachdem ich diese schicksalhafte Klausur knapp bestanden hatte, schwor ich mir, dass mir so etwas nie wieder passiert, und fortan lernte ich wie ein Besessener. Dieses Studium war meine ultimative Chance. Würde ich scheitern, wäre ich wieder meinem Vater ausgeliefert, der wissen wollte, ob ich überhaupt Zukunftsaussichten als Apotheker habe und mich mit meiner Berufserlaubnis (Approbation) immer noch bei der Polizei bewerben kann. So weit würde ich es niemals kommen lassen! Fortan entsagte ich vielen Partys, Studentenveranstaltungen und Einladungen und konzentrierte mich nur noch darauf, die nächste Klausur zu bestehen. Koste es, was es wolle! Dadurch führte ich ein sehr asketisches Studentenleben.

Im Sommersemester 2014 kam ich mitten im Hochsommer von der Mensa und ging schnurstracks ins Labor. Auf dem Weg ging ich über den überfüllten Campus und sah überall Gruppen von Kommilitonen, die mir gut gelaunt entgegenkamen, miteinander redeten, lachten, auf den Grünflächen oder der Sonnenterrasse der wirtschaftswissenschaftlichen Fakultät an einem kleinen Teich Cola, Eistee und andere Getränke genossen oder Eis aßen. Du kannst dir vorstellen, dass es meiner Laune nicht besonders zuträglich war, den Rest des Tages bis 18:30 Uhr im Labor im dicken Baumwollkittel zu verbringen und danach noch ein Versuchsprotokoll zu schreiben. Ich ging zum Spind, zog mir meine Arbeitskleidung an und stand wenige Minuten später als Erster vor der Labortür. Da der Versuch sehr aufwendig war, haben wir ihn mit mehreren Gruppen zusammen unter der Aufsicht der Laborleiterin durchgeführt. Ihr Büro befand sich direkt gegenüber vom Labor, weshalb sie sofort meine Laune und damit auch meine Motivation ablesen konnte. Als ich ihr auf Nachfrage von meinen Beobachtungen erzählte, erwiderte sie:

»Aber Herr Seidemann, da sind Sie doch vollkommen frei. Sie können sich jetzt dazugesellen und das Ganze dann im nächsten Semester machen.«

Für mich persönlich war mit Abstand das sechste Semester, Pharmazeutische Technologie, am schlimmsten. Es war eines der Fächer, die sich über zwei Semester erstreckten und füllte gleich zwei randvolle Ordner mit vierfach bedruckten Seiten, die ich kaum schließen konnte. Einige Mitstudenten berichteten, dass sie ihre Laborgruppe öfter sahen als ihre eigenen Ehepartner. Während dieses Semesters befasste ich mich mit Laborversuchen, die mich etwa so sehr begeisterten, wie nach Gold in der Kanalisation zu suchen. Unter anderem mussten wir den gefürchteten Isotonie-Versuch durchführen, bei dem es darum ging, einen Konzentrationsausgleich für Augentropfen zu berechnen. Hatten wir uns bei diesem Versuch verrechnet, war das ein Grund, durch das Staatsexamen durchzufallen, was vom zuständigen Professor während der Vorlesung in aller Deutlichkeit betont wurde, da sowohl zu niedrig als auch zu hoch konzentrierte Augentropfen zur Erblindung des Patienten führen können. Leider gab es dafür im wahren Leben schon ein trauriges Fallbeispiel. Im Jahr 2012 erlitten drei Säuglinge schwere Augenschäden, weil sie im Perinatalzentrum des Wuppertaler Krankenhauses Augentropfen erhielten, die um den Faktor 1.000 zu hoch konzentriert waren.[2]

Im Schnitt habe ich täglich acht Stunden zur Examensvorbereitung aufgewendet. Es wurde damit quasi zu meinem Job. Ich lernte eines Abends sogar, als zwei meiner Freunde in unserem Wohnheim eine Party veranstalteten und ich gegen Bezahlung die Garderobe im Waschkeller übernahm, während alle anderen an der Bar standen oder das Tanzbein schwangen. Ansonsten schottete ich mich weitgehend vom studentischen Leben ab, ernährte mich hauptsächlich von Toastbrot und Fertiggerichten und verschanzte mich in meinem Zimmer. Da ich meistens mit dem Bauch auf dem Bett lag, während ich über meinen Büchern brütete, hatte ich nach zwei Monaten mit spürbaren Beschwerden zu kämpfen. Meine Augen brannten und wurden immer schlechter. Mit den tiefen Augenringen sah ich aus wie ein Zombie. Ich hatte Verdauungsbeschwerden, Kopfschmerzen, Rückenschmerzen und Nackenschmerzen, einen völlig versteiften Körper und jede Menge schlaflose Nächte.

Ich erinnere mich noch daran, wie ich mitten in der Nacht aufwachte, als ich mich auf meine Pharmakologie-Nachprüfung vorbereitete. Alles um mich herum war schwarz, ich wusste weder, wie ich heiße noch wo ich gerade war oder was passierte. Als ich langsam aus dem Delirium erwachte, war das Erste, woran ich denken konnte: »Mirtazapin, tetrazyklisches Antidepressivum«. In diesem Moment registrierte ich, dass in meinem Leben etwas aus dem Ruder lief, doch ich sprach mir Mut zu, indem ich mich daran erinnerte, dass ich nur noch einen weiteren Monat lernen musste und es dann endlich geschafft hatte. Damit war ich nicht allein.

Eines Tages kam eine Frau zu mir in die Apotheke und zeigte mir die Blutwerte ihrer Tochter, deren Vitamin-D-Werte unten im tiefsten Gruselkeller steckten. Den Namen, den ich auf dem Befund las, konnte ich einem Gesicht zuordnen. Die junge Dame war noch vor wenigen Monaten von mir persönlich im vierten Semester betreut worden, als sie im Labor Pflanzeninhaltsstoffe untersuchte. Laut dem Bericht der Mutter hatte sie gerade ihr Erstes Staatsexamen bestanden und war jetzt bis auf Weiteres krankgeschrieben. Die Mutter betonte, dass es der Studentin aktuell überhaupt nicht gut gehe, und fragte ungläubig: »Was ist das denn für ein Studium?«

Ich schildere dir das alles nicht, um damit zu prahlen, sondern um zu veranschaulichen, dass wir weit mehr sind als einfache Verkäufer, die wie Roboter nur Schubladen ziehen, Preise nennen und Geld kassieren. Jedoch sollte ich nach dem Abschluss meines Studiums schon bald erkennen, warum wir überwiegend nur als Schubladenzieher wahrgenommen werden.

TEIL 2

DIE APOTHEKE

ENDLICH IN DER APOTHEKE

Nun war ich an meinem großen Ziel angekommen. Auch wenn ich noch das praktische Jahr bis zum Dritten und letzten Staatsexamen vor mir hatte, um Apotheker zu werden, stand ich jetzt endlich in der Apotheke und hoffte, mein Wissen in die Praxis umsetzen zu können. Mein neuer Job war es von nun an, der Gesundheit der Bevölkerung zu dienen, indem ich sie ordnungsgemäß mit Arzneimitteln versorgte. Das sind nicht meine Worte, sondern die Formulierung in § 1 der Bundes-Apothekerordnung.

Voller Vorfreude darüber, den Patienten mein ganzes Wissen zu vermitteln und ihnen nach bestem Wissen und Gewissen dabei zu helfen, ihre Arzneimittel richtig einzunehmen, stand ich hinter dem Verkaufstisch in der Apotheke und brannte förmlich vor Tatendrang, als ein Patient zur Tür hereinkam. Ich begrüßte ihn mit einem gut gelaunten »Guten Tag, wie kann ich Ihnen helfen?« und konnte es kaum erwarten, endlich zu zeigen, was ich an der Universität gelernt hatte. Der Patient kam wortlos zum Tresen. Er holte sein Portemonnaie heraus, senkte den Blick darauf, während er hineingriff und mit trister, lustloser Stimme sagte: »Geben Sie mir das günstigste Ibuprofen, das Sie haben!« Ich war ausgebremst, als wäre ich gerade beim 100-Meter-Lauf losgesprintet und der Schiedsrichter hätte mich wegen Fehlstarts zurückgepfiffen. An der Uni hatte ich gerade die entscheidenden Prüfungen hinter mir, in denen ich im Detail erklären musste, wie Medikamente gegen Beschwerden wirken, wann sie eingesetzt werden, welche nicht kombiniert werden dürfen und welche Patienten sie nicht einnehmen dürfen, weil sie die Grunderkrankung nur noch verschlimmern. Jetzt stand ich hier und der Patient interessierte sich nur für den Preis? Das war meine erste Woche in der öffentlichen Apotheke. Ich kannte die Preise nicht auswendig. Auch mit dem Kassensystem im Computer war ich noch nicht gut genug vertraut, um in der Liste nachzuschauen. Einer einfachen Preisliste! Am Ende nahm der Patient sein Ibuprofen, bezahlte und wandte sich zum Gehen. Ich wollte ihn noch darauf hinweisen, dass er zwei Stunden warten muss, wenn er zusätzlich Acetylsalicylsäure (ASS) eingenommen hat, aber er hörte mir nicht zu. Während er hinausging, sagte er nur:

»Ja, alles klar!« Die ganzen chemischen Formeln, die lateinischen Fachbegriffe, meine Botanik-Kenntnisse, das Wissen zur Verarbeitung von Wirkstoffen – das alles war plötzlich nichts mehr wert! Normalerweise müsste ich nach meiner strengen Ausbildung zuallererst fragen:

- »Für wen ist das Medikament?«
- »Welche Beschwerden haben Sie genau?«
- »Wie lange haben Sie die Beschwerden schon?«
- »Welche anderen Medikamente nehmen Sie ein?«
- »Welche Grunderkrankungen liegen bei Ihnen vor?«

Stattdessen klärte mich meine Chefin immer wieder auf, was den Kunden gar nicht interessiert und welche Fragen ich stellen soll, um das Gespräch vom Preis abzulenken. Moment mal – KUNDEN? Bisher wurde mir beigebracht, dass **Patienten** in die Apotheke kommen! Hilfsbedürftige Menschen, die gesundheitliche Probleme haben und dringend fachkundigen Rat benötigen. Im weiteren Verlauf meines beruflichen Werdegangs sagte mir meine Chefin sogar, dass die Politik es ihr immer schwerer mache, die Leute aus der Apotheke gehen zu lassen, ohne ihnen etwas verkaufen zu müssen. Die Frage, ob jedem Patienten unbedingt etwas verkauft werden soll, kommt auch bei Kollegen regelmäßig in Bewerbungsgesprächen vor, denn dieser Druck aus dem Gesundheitsministerium sorgt für höhere Ausgaben der Apotheken, die durch Preise kompensiert werden müssen, die an die Patienten weitergegeben werden.

Als ich schließlich als fertiger Apotheker meine Approbation in den Händen hielt, verschärfte sich die Lage noch weiter. In einer anderen Apotheke hatte ich gern einen bestimmten Hustensaft empfohlen und bekam von der Geschäftsleitung die Vorgabe, ein anderes Produkt zu empfehlen. Das hat mich erneut völlig aus der Fassung gebracht. Bitte bedenke, dass die Empfehlungsvorgabe ein ganz ausgezeichnetes Produkt mit höchsten Erfolgsquoten ist, das sich nicht nur durch eine hohe Wirksamkeit, sondern noch dazu durch eine besonders gute Verträglichkeit auszeichnet und sogar in medizinischen Leitlinien erwähnt wird. Ein echtes Top-Produkt!

Doch warum durfte ich nicht einfach meinen persönlichen Favoriten empfehlen, von dem ich überzeugt war? Du ahnst es sicher schon. Die Geschäftsleitung hatte eine Vereinbarung mit dem Hersteller. Je mehr davon verkauft wurde, umso mehr Geld gab es zusätzlich. Unter unabhängiger Beratung stelle ich mir etwas anderes vor. Doch eines der Erlebnisse, die mich sehr daran zweifeln ließen, ob ich wirklich im Dienst der Gesundheit stand, ereignete sich, als ein Patient hereinkam und mich fragte, was er sich denn kaufen solle, um seinen Gutschein im Wert von zehn Euro noch einzulösen, bevor dieser verfalle. Ist das wahr? Er hatte keine Beschwerden, sondern wollte nur etwas haben, weil es umsonst oder besonders günstig war? Und es kommt noch besser. Sein Wunschprodukt sollte möglichst genau zehn Euro kosten. Mehr nicht. Nach jahrelangem harten Studium war ich lediglich gut genug, um Preise zu vergleichen. Ich wollte extra in die Apotheke, weil mich die Profitmentalität der Pharmaindustrie gestört hat. Ich wollte den Menschen mit all meinem Wissen helfen und sie aufklären, damit es ihnen besser geht. Jetzt stehe ich hier an exakt dem Ort, an dem ich nach so vielen harten Prüfungen, drei Staatsexamina, unzähligen Nächten des Lernens und noch mehr Momenten der Unsicherheit bis zur Verkündung der Prüfungsergebnisse endlich sein wollte – und auch hier geht es nur um das Geld? Leider sollte dieses Erlebnis nur ein Vorgeschmack auf meine weitere Zukunft sein.

Schließlich verlor ich meinen Glauben vollends, als ich in einer weiteren Apotheke erlebt hatte, wie Menschen wie Wasser aus einem gebrochenen Staudamm in das Geschäft hineinströmten und mir Einkaufslisten mit Arzneimitteln vorlasen, bei denen sie mir genau vorgaben, auf welche Produkte sie ihre 20-Prozent-Gutscheine und auf welche sie weniger Rabatt einlösen möchten, um möglichst viel Geld zu sparen. Braucht jemand tatsächlich bis zu neun freiverkäufliche Arzneimittel auf einmal, nur weil sie gerade bis zum Jahresende noch günstiger sind? Doch das ist aus meiner Sicht nicht das Schlimmste. Am schlimmsten ist, dass viele Patienten sich Arzneimittel kaufen, weil sie in der Werbung vorgestellt wurden oder ein Angehöriger oder ein Bekannter sie empfohlen hat. Kaum einer fragt sich, ob die Medikamente mit Risiken behaftet sind, die ihn zufälligerweise betreffen könnten. Schließlich verließ ich den Betrieb, denn für mich war klar: *Das ist keine Apotheke, das ist ein Discounter!*

Dann gibt es noch Apotheken, in denen ich darauf gedrillt wurde, neue

Stammkunden zu akquirieren. Grundsätzlich gilt die Faustregel: Je aggressiver die Werbung, umso energischer wirst du zum Kauf aufgefordert und der interne Druck auf die Mitarbeiter steigt. In derartigen Apotheken konnte ich eine auffällige Personalfluktuation beobachten. Die Kollegen kamen und gingen. Selbstverständlich gab es in diesem Betrieb viele Dinge, die mir sogar sehr gut gefielen und die ich für sehr empfehlenswert halte, jedoch wurden meine Kundenkartenquoten mit der Zeit so streng überwacht, dass ich mich dort einfach nicht mehr wohlfühlte und kündigte.

Doch auch hier gibt es noch eine Steigerung, in Gestalt einer Apotheke, in die ich inkognito einen Abstecher gemacht hatte, um mir ein Bild davon zu machen. Schon von außen sah die Apothekenfiliale wie ein riesiges Lager aus und im Laden war es noch schlimmer. In der Sichtwahl gab es nur die Medikamente, die definitiv nicht in die Selbstbedienung gehörten, und der Abstand zwischen den einzelnen Schaltern war so verführerisch groß, als ob du regelrecht dazu eingeladen wurdest, sie dir einfach aus dem Regal zu nehmen. Ganze Regale stapelten sich im Selbstbedienungsbereich, vollgestopft mit verschiedensten Cremes und Kapseln. Wie im Supermarkt wurden die Kunden durch ein Labyrinth von Gängen durch den ganzen Laden geleitet, um zur Kasse zu kommen. Das Gefühl nach diesem kurzen Besuch war für mich höchst unangenehm. Nach weniger als sieben Schritten in diesem Geschäft kam es mir vor, als ob ich einen Jahrmarkt für Gesundheitswaren besucht hätte. Für mich war es einfach nur eine Herabwürdigung des Berufsstandes, der Bedeutung der öffentlichen Apotheke und meiner Arbeit als Apotheker. Das sehe im Übrigen nicht nur ich so, sondern auch zahlreiche Kollegen. Als ich in der Bewerbungsphase regelmäßig den Stellenmarkt der Apothekerkammer verfolgt hatte, suchte genau diese Apothekenkooperation in gleich mehreren Filialen auffällig lange nach Verstärkung, selbst unter Berücksichtigung des allgegenwärtigen Fachkräftemangels.

VOLLE VERANTWORTUNG

Solche Apothekenzusammenschlüsse werden schnell als Ketten verstanden. Es handelt sich dabei jedoch um Kooperationen, da es nach geltendem Recht keine Apothekenketten geben darf. Bei bestimmten Rechtsformen gibt es ein Mutterunternehmen mit mehreren **abhängigen** Tochterunternehmen. Sind die Tochterunternehmen Apotheken, haften diese nur für ihren eigenen Betrieb, ohne die Muttergesellschaft in Anspruch zu nehmen. Dadurch kann das Mutterunternehmen Haftungsrisiken minimieren oder sogar vollständig abgeben. In der öffentlichen Apotheke garantieren wir persönlich für die Qualität und die Sicherheit der dort abgegebenen Produkte. Das ist der Grund, warum in Deutschland das Fremd- und Mehrbesitzverbot gilt. Das bedeutet, dass eine Apotheke hierzulande nur von einem Apotheker geführt und in Besitz genommen werden und ein einzelner Apotheker nicht mehr als vier Apotheken gleichzeitig besitzen darf. Nur so kann sichergestellt werden, dass er in der Lage ist, die Abläufe in der Apotheke effektiv zu steuern und die Sicherheit der Patienten zu gewährleisten. Hinzu kommt, dass der Apotheker persönlich haftet, weshalb Apotheken nicht als GmbH eröffnet werden dürfen. Beschränkte Haftung ist keine ausreichende Motivation, um gute Arbeit zu leisten, darum möchte der Gesetzgeber, dass wir **voll** haften und deshalb die richtigen Fragen stellen müssen. Um das sicherzustellen, wird im Studium und vonseiten der Apothekerkammer sehr viel Wert auf die Beratung gelegt, die gesetzlich vorgeschrieben ist.

Wie in den obigen Beispielen ist es allerdings eher die Regel als die Ausnahme, dass Patienten nur ihre Wunschpackung abholen möchten und gar keine Beratung wünschen. Oft fühlen sie sich sogar genervt und bevormundet, wenn wir zu viele Fragen stellen, und drohen damit, in eine andere Apotheke zu gehen. Das ist eine der härtesten Lektionen, die mir das wahre Leben erteilt hat. Dabei ist die Beratung nicht nur für die Patienten existenziell wichtig, sondern auch für das Apothekenpersonal selbst. Als Verbraucher hast du in der Vor-Ort-Apotheke den großen Vorteil, dass wir viel strenger kontrolliert werden als die Anbieter im Internet. Dazu gehören jährliche Kontrollen (Revision) durch die Aufsichtsbehörde und Testkäufe (Pseudocustomer) durch die Apothekerkammer. In NRW werden Revisionen von Amtsapothekern durchgeführt. Diese amtlichen Kontrollen müssen nicht nur von der Apotheke selbst bezahlt werden, sondern sind nicht selten eine emotionale Zerreißprobe für die Teams, denn der Amtsapotheker sucht nach Fehlern und du weißt selbst: Wer sucht, der findet. Der Testkäufer gibt sich als normaler Patient aus und das Team erfährt erst nach Abgabe eines Medikaments, dass es sich gerade um einen Testkauf handelte, bei dem heimlich genau die Beratungspunkte geprüft wurden, die offiziell durch den Leitfaden der Bundesapothekerkammer vorgegeben werden.

Mir wurde schon mindestens einmal gekündigt, weil ich angeblich zu viele Fragen gestellt hatte und die »Kunden« sich deshalb über mich beschwert haben sollen. Das ist der Spagat, den ich als Apotheker machen muss: Auf der einen Seite den bestmöglichen Service bieten und auf der anderen die Interessen der Apotheke durchsetzen, die im Einklang mit den gesetzlichen Vorgaben stehen müssen, zumal ich für fahrlässige Gesundheitsschäden am Patienten hafte und im Extremfall sogar meine Approbation verlieren kann. Deshalb nehme ich meine Arbeit sehr ernst und sage im Zweifel auch entschieden »Nein!« Natürlich beschweren sich die Patienten dann zwangsläufig, wenn sie ihren Willen nicht bekommen.

Wenn wir uns die Berufsordnung für Apothekerinnen und Apotheker der Apothekerkammer Nordrhein anschauen, finden wir in § 1 Absatz 2 diesen Satz: ***»Die Apothekerin und der Apotheker sind verpflichtet, ihren Beruf gewissenhaft auszuüben. Sie müssen dem Vertrauen, welches ihnen im Zusammenhang mit dem Beruf entgegengebracht wird, entsprechen.«*** Diese Aussage steht stellvertretend für die übergeordnete Bundes-Apothekerordnung und ist der Grundsatz meiner Arbeit. Sie ist das Fundament meiner Ausbildung. Und weil ich daran glaube, habe ich mir fest vorgenommen, nicht mehr in solchen Apotheken zu arbeiten, die ein Problem mit dem haben, was ich öffentlich sage oder schreibe. Andernfalls würden sie damit zugeben, dass sie gegen genau diesen Grundsatz verstoßen, nur an Profit orientiert sind und nicht der Gesundheit unserer Gesellschaft dienen. Daran möchte ich nicht teilhaben. Ich war bisher in mehreren Apotheken tätig und beim Großteil kann ich glücklicherweise bestätigen, dass die Kollegen ihren Beruf in der Tat gewissenhaft und vorbildlich ausüben.

Schon mehrere von ihnen haben mir offenbart, dass sie sich bewusst dagegen entschieden haben, gängige Kassenschlager wie Nasenspray zum Ramschpreis zu verkaufen, um die Patienten für die damit verbundenen Gesundheitsrisiken zu sensibilisieren, denn Nasensprays machen mit der Zeit nicht nur süchtig, sondern schädigen dauerhaft die Schleimhäute. Aus unternehmerischer Sicht ist es für einen Apothekenleiter also sehr wünschenswert, dir so viel Nasenspray zu verkaufen, dass du nur noch mehr davon willst. Ein möglichst niedriger Preis wäre dabei sicher hilfreich. Doch der Großteil meiner Kollegen ist verantwortungsvoll genug, das nicht zu unterstützen, indem sie bewusst höhere Preise verlangen. Mir sind auch Kollegen begegnet, die noch nicht einmal Zusatzverkäufe machen. Oft sogar aus Prinzip und selbst dann nicht, wenn es aus fachlicher Sicht sinnvoll wäre. So bietet es sich etwa an, bei einer Herpescreme zusätzlich Immunstimulanzien zur schnelleren Abheilung und Herpespflaster zu empfehlen oder bei einer Creme gegen Fußpilz noch Desinfektionsspray für die Schuhe anzubieten. Manchmal müssen die Patienten vor sich selbst oder vor den Angehörigen, die ihnen Medikamente mitbringen wollen, geschützt werden. Es gibt viele Arzneimittel, wie etwa gängige Erkältungspräparate, die erst ab 12 Jahren zugelassen sind, Eltern jedoch schon für jüngere Kinder kaufen möchten. In zwei besonders denkwürdigen Fällen erkundigten sich Kunden nach Schlaftabletten für Kinder, weil sie ihnen zu laut gewesen sind. Die Kinder waren kaum älter als vier Jahre.

Ein weiterer unschlagbarer Vorteil der Vor-Ort-Apotheke ist im Übrigen, dass das Arzneimittelgesetz grundsätzlich erlaubt, im Notfall Packungen ohne Rezept abzugeben, wenn es später schnellstmöglich nachgereicht wird. In § 4 Arzneimittelverschreibungsverordnung ist festgehalten, dass der Apotheker das benötigte Medikament sofort herausgeben darf, wenn ein (Not-)Arzt, dessen Identität zweifelsfrei festgestellt wurde, es telefonisch genehmigt. Gleichzeitig gewährleistet der Arzt dadurch, dass seine Verschreibung nachgereicht wird.

So war es auch im folgenden Beispiel:
Eines Tages kam eine Asthmatikerin mit einem Asthmaanfall zur Tür herein und brauchte dringend ihr Spray, kam aber nicht mehr rechtzeitig zum Arzt. Möchtest du dich jetzt wegen unterlassener Hilfeleistung strafbar machen oder lieber wegen der Abgabe eines lebensretten-

den Medikaments ohne Rezept? Glücklicherweise kennen die Juristen für solche Situationen einen Sonderfall. Alles, was im Gesetzestext steht, dient zwar dem Verbraucherschutz, jedoch handelt es sich dabei nur um sogenannte **abstrakte** Gefahren, also Was-wäre-wenn-Szenarien. Das sind Gefahren, die theoretisch eintreten können und vermieden werden sollen. Wenn ein Patient jedoch in der Apotheke zusammenbricht und du Erste Hilfe leisten musst, ist es keine abstrakte, sondern eine **konkrete**, also eine sehr reale, Gefahr, bei der entschiedenes und schnelles Handeln geboten ist. In diesem Fall greift der »rechtfertigende Notstand« des § 34 StGB, sodass wir dem Patienten helfen dürfen, ohne dafür ins Gefängnis zu müssen.

An dieser Stelle möchte ich betonen, dass ich ein juristischer Laie bin und Gerichtsurteile in diesem Zusammenhang immer vom konkreten Einzelfall abhängen, der genau betrachtet werden muss. Die Lage richtig einzuschätzen und die erforderlichen Maßnahmen zu ergreifen, ist die Verantwortung des Apothekers.

Hinzu kommt, dass jede Apotheke vor Ort ein Notfalldepot hat, mit dem sie auf den Ernstfall vorbereitet ist. Auch das kann die Internetapotheke nicht. Hierbei hat der Apothekenleiter das Problem, dass die Notfallmedikamente hoffentlich nie zum Einsatz kommen und nach Ablauf der Haltbarkeit vernichtet werden müssen. Da Notfallmedikamente, wie Morphin, einen stolzen Preis haben können und der Notvorrat gesetzlich vorgeschrieben ist, wird der Besitzer ebenfalls gezwungen, viel Geld im Müll zu entsorgen.

Ich denke, das sind schon jetzt einige gute Gründe für die höheren Preise im Vergleich zu reinen Internetapotheken.

Schauen wir uns einmal genauer an, wie es in einer »normalen« Apotheke aussieht.

DIE APOTHEKENTEAMS

Die Apothekenteams bestehen im Wesentlichen aus den Pharmazeutisch-kaufmännischen Assistenten (PKA), den Pharmazeutisch-technischen Assistenten (PTA) und den Apothekern, die ihren Versorgungsauftrag direkt vom Staat erhalten und deshalb die Verantwortung und damit die Oberaufsicht über den Betrieb haben. Auf die anderen Angehörigen dieses Berufsstandes, wie Pharmazieingenieure, Apothekenassistenten und Apothekerassistenten, möchte ich nicht näher eingehen, da diese in den dir bekannten Apotheken deutlich seltener anzutreffen sind, was jedoch keinesfalls herablassend gemeint ist. Es sei erwähnt, dass Apothekerassistenten die Apotheker vertreten dürfen, Apothekenassistenten nicht.

Die PKAs sind in gut organisierten Betrieben häufig die ersten Ansprechpartner am Telefon und spielen eine wichtige Rolle im Hintergrund, denn sie kümmern sich darum, dass das Sortiment stets übersichtlich und gut gefüllt ist. Sie nehmen Waren entgegen, bearbeiten Bestellvorgänge, füllen das Lager auf, sortieren alles gründlich (ja, für meine Kolleginnen und Kollegen kann ich mich verbürgen) und managen einen Großteil der Logistik. Im Gegensatz zu den PTAs und Apothekern gehören PKAs rechtlich nicht zum pharmazeutischen Personal und dürfen deshalb weder Medikamente verkaufen noch pharmazeutisch beraten.

Funfact: Jemand, der sich dazu entscheidet, den Apothekerberuf zu ergreifen, also selbst ein Student, gehört zum pharmazeutischen Personal. Nach Schätzungen der Apothekerkammer sind in rund ein Drittel aller Apotheken PKAs rechtswidrig (Kosmetikberatung ausgenommen) im Verkauf tätig, obwohl sie oft eine ausreichende Fachkompetenz haben. Das ist ein Zeichen für den großen Fachkräftemangel unserer Branche, der sicherlich zu einem nennenswerten Teil auf die hohen Ansprüche im Studium zurückzuführen sein dürfte.

Die PTAs sind das Rückgrat einer jeden Apotheke und für den Betriebsablauf unverzichtbar. Steht die Berufsbezeichnung nicht auf dem Namensschild, weißt du oft nicht, ob du es mit einem Apotheker oder einem PTA zu tun hast. Ich kann an dieser Stelle nicht genug betonen, was diese Berufsgruppe, die aus meiner Sicht sehr unterschätzt wird, jeden Tag leistet, und möchte mich hiermit stellvertretend für die gesamte Apothekerschaft in aller Demut bei ihr bedanken. PTAs leisten in vielen Bereichen genau das Gleiche wie Apotheker. Sie dürfen sogar wie Apotheker mit schriftlicher Erlaubnis Betäubungsmittel entgegennehmen und dokumentieren, die vom verantwortlichen Apotheker lediglich gegengezeichnet werden müssen. Konkret bedeutet es, dass PTAs unter der Aufsicht der Apotheker arbeiten. PTAs sind in Apotheken heiß begehrt, da sie mit weniger Personalkosten verbunden sind, jedoch vielen Apothekern, insbesondere Berufsanfängern, in nichts nachstehen und bei ausreichender Berufserfahrung sogar kompetenter sein können. Während sich Herstellungspraktiken in meinem eigenen Studium auf drei Wochen beschränkten, in denen täglich eine neue Arzneiform, wie Kapsel oder Zäpfchen, behandelt wurde, ist die Ausbildung an einer PTA-Schule sehr spezialisiert und intensiv. Die Kollegen widmen sich dort gezielt der Handwerkskunst der (nichtindustriellen) Medikamentenherstellung und üben die einzelnen Darreichungsformen ausführlich über zwei Jahre lang. Darum ist es kein Wunder, dass sie den Apothekern in dieser Hinsicht, die wiederum über ein fundierteres Fachwissen verfügen, in den allermeisten Fällen deutlich überlegen sind und deshalb nahezu ausschließlich PTAs im Labor eingesetzt werden.

Auf der anderen Seite sind Apotheker besonders wichtig und gefragt, weil sie zeichnungsberechtigt sind, Vertretungen einschließlich der Nachtdienste für den Apothekenbesitzer übernehmen und wichtige Entscheidungen treffen können. Der Wert des Apothekers liegt also vor allem in der Verantwortung, die ihm das Gesetz auferlegt.

FLUCH ODER SEGEN?

Die Apotheke ist für viele Menschen eine Anlaufstelle für alles. Ich wurde nach Kondomen genauso gefragt wie nach Batterien, Akkuladegeräten, Nagellackentferner, Sportartikeln wie Terrabänder, Strumpfhosen, Urinenten, Bienennahrung und sogar Apfelsaft. Eines Morgens rief jemand an und erkundigte sich, ob der benachbarte Supermarkt schon geöffnet hatte.

Ich hatte noch nicht einmal das erste Berufsjahr vollendet, da kam ein

Herr in Begleitung einer sichtlich jüngeren Dame herein. Die Frau sah sehr aufreizend aus und der Mann trug ein enganliegendes, weißes Hemd mit glitzerndem Totenschädelmuster. Er ließ sich von einer jungen Kollegin bedienen, die ich noch als Mitstudentin aus der Uni kannte und nicht älter als 26 Jahre war. Zwar wurde uns im Studium Diskretion beigebracht, jedoch schien der Mann darauf keinen besonderen Wert zu legen und auf seine Qualitäten so stolz zu sein, dass er es anscheinend als Verschwendung betrachtete, sein Wissen für sich zu behalten. So sagte er zur Kollegin: »Hast dir ja den tollsten Job der Welt ausgesucht. Gib mir meine Sexpillen!« Und beim erschrockenen Blick der Kollegin fügte er hinzu: »Ne, ne. Die heißen so: Sexpillen.« Eben ein ganz normaler Arbeitstag.

Hinzu kommt, dass wir in der Apotheke gemäß Chemikalienverbotsverordnung Gefahrstoffe, wie Salzsäure, nach eigenem Ermessen aushändigen dürfen, wenn der Empfänger einen plausiblen Verwendungszweck angibt, einen Sachkundenachweis vorlegt und eine Endverbleibserklärung ausfüllt. Ausgenommen hiervon sind Stoffe, die zur Sprengstoffherstellung genutzt werden können.[3]

Eines Tages kam eine Patientin herein, die Kaliumpermanganat als Desinfektionsmittel für ihren Finger haben wollte. Obwohl es sich tatsächlich um ein Desinfektionsmittel handelt, durfte ich es ihr nicht aushändigen, da es für explosive Zwecke verwendet werden kann. Sie begann eine hitzige Debatte darüber, wie das sein kann, wenn der Arzt es ihr doch empfohlen habe, und ob ich denn glaube, dass sie damit Bomben bauen wolle, und dass sie es dringend brauche. Meine Alternativen lehnte sie ab und ging sichtlich empört. Da ich schließlich nur ein Mensch bin, ließ ich mir in diesem Moment meine Laune verderben und wünschte mir, dass sie uns nie wieder mit ihrer Anwesenheit beehrte. Doch sie kam bereits am nächsten Tag wieder und was ich erfahren sollte, verschlug mir die Sprache. Die Frau kam dieses Mal in Begleitung und war wie ausgewechselt. Ich erkannte sie buchstäblich kaum wieder und musste mich fragen, ob es wirklich die Patientin von gestern war. Höflich, geduldig, interessiert und beratungswillig. Sie löste ein Rezept ein und als ich die Packung in der Hand hielt, setzte mein Herz einen Schlag aus. Der Arzt hatte ihr ein Krebsmedikament verschrieben. Nun wurde mir klar, warum sie gestern so unzufrieden war. Diese Frau verdiente meinen Respekt. Dafür, dass sie mit ihrer Bürde lebte. Und sie verdiente Dankbarkeit, dass sie mir eine der wertvollsten Lektionen meines Lebens erteilt hatte: Die Erkenntnis, nachsichtig mit Menschen zu sein, die uns verletzt haben und die wir nicht kennen, denn wir wissen nicht, welche schweren Lasten sie auf ihren Schultern tragen. Lasten, die uns erspart bleiben, obwohl sie uns zerstören können.

Neben diesen eher speziellen Wünschen gibt es eine Unmenge an verschiedensten exotischen Medikamenten und solchen, die vorgeben, es zu sein, sodass wir als Arzneimittelexperten häufig selbst recherchieren müssen, worum es sich bei diesem Produkt handelt. Allein in Deutschland gibt es 105.369 zugelassene Arzneimittel.[4] Fragt ein Patient gezielt nach einem Präparat oder möchte wissen, welche Produkte einen bestimmten Zusatzstoff nicht enthalten, ist es in etwa so, als würdest du von einem Passanten auf der Straße danach gefragt, was du gerade in deinem Kühlschrank hast und in welchem dieser Produkte sich ein bestimmtes Verdickungsmittel befindet. Du suchst die Nadel im Heuhaufen.

Viele dieser Medikamente sind tatsächlich ein Segen. Deshalb stehe ich heute noch in der Apotheke, um denjenigen Patienten eine Beratung zu geben, die sie in Anspruch nehmen möchten, und lebensnotwendige Medikamente, wie beispielsweise Insulin-Pens oder Immunsuppressiva, herauszugeben. Ja, es gibt wahrhaftig lebensnotwendige Medikamente. Die Weltgesundheitsorganisation (WHO) hat eine Bewertung vorgenommen und eine Liste mit unverzichtbaren Medikamenten erstellt.[5] Interessanterweise findest du hier etliche Schlafmittel. Ich halte kaum etwas davon und empfehle sie nur selten und selbst dann lediglich auf ausdrücklichen Wunsch. Tatsächlich sind die in dieser Liste aufgeführten Schlafmittel gefährlich und können zu erheblichen gesundheitlichen Schäden führen, wie etwa Konzentrationsverlust, Halluzinationen und Wahnvorstellungen. Sie können sogar das Sterberisiko erhöhen.[6] Da stellt sich die Frage: Wie kann die WHO behaupten, dass genau diese Medikamente unverzichtbar sind? Die Antwort lautet, dass sie zwar müde machen, aber für *ganz andere Zwecke* eingesetzt werden. Sie wirken darüber hinaus nämlich angstlösend (anxiolytisch) und entspannen die

Muskeln (relaxierend), weshalb sie zur Operationsvorbereitung dringend benötigt werden.

Häufig werde ich gefragt, was es so an Kassenschlagern in der Apotheke gebe. Natürlich hängt es sehr stark davon ab, wo sich die Apotheke befindet. Befindet sich ein Krankenhaus in der Nähe, werden mehr Krebspatienten vorbeikommen, ebenso wie frisch entlassene Patienten, die Antibiotika, Schmerzmittel und Thrombosespritzen benötigen. In diesem Fall sprechen wir in der Tat von extrem wichtigen Medikamenten. Oder soll ein frisch operierter Patient sich selbst überlassen werden, ganz ohne Versorgung? Ist ein Hautarzt in der Nähe, werden mehr Salben auf Rezept verordnet und in der Apotheke eingelöst. Liegt die Apotheke dagegen in der Innenstadt, mitten in einer lebhaften Einkaufsmeile, hat sie vermutlich ein großzügiges Kosmetikangebot. Ich habe es vor vielen Jahren erlebt, dass eine Patientin wegen etwa 20 Cent um ein Nasenspray feilschte, sich aber keine 10 Sekunden später für 300 Euro mit Kosmetikartikeln eindeckte. Ich gebe zu, dass es mir in solchen Momenten schwerfällt, nicht von Kunden zu sprechen.

Allerdings gibt es in allen Apotheken eine klare Tendenz zu bestimmten Produktgruppen. Hier müssen wir zwischen verschiedenen Arten von Medikamenten unterscheiden: den frei erhältlichen Over-the-counter (OTC)-Präparaten, die du dir jederzeit selbst kaufen kannst, und den rezeptpflichtigen Rx-Präparaten, die du nur bekommst, wenn du vorher beim Arzt gewesen bist. Das liegt daran, dass die Risiken, die von den verschiedenen Arzneimitteln ausgehen, unterschiedlich hoch sind. Zu den gefragtesten frei erhältlichen Produkten zählen auffällig oft verschiedene Schmerzmittel, Hustensäfte sowie, saisonabhängig, Allergietabletten und Erkältungsmittel. Es vergeht kein Tag (und keine Nacht), an dem ich kein Nasenspray verkaufe. Unter den rezeptpflichtigen Präparaten sind die Blutdrucksenker die unangefochtenen Spitzenreiter, dicht gefolgt von Diabetesmedikamenten, Cholesterinsenkern, Blutverdünnern, Antibiotika, Asthmasprays, Schilddrüsenhormonen, Kortisonsalben und der Pille. Das Gesetz bewertet rezeptpflichtige Präparate so, dass sie auch bei richtiger Anwendung schwere Begleiterscheinungen haben können. Der Arzt muss deshalb beurteilen, ob deine Beschwerden das Risiko wert sind. Wenn er sich dafür entscheidet, musst du wieder bei ihm vorstellig werden, damit er überprüfen kann, wie die verordnete Therapie in Form des Medikaments angeschlagen hat. Frei erhältliche Präparate werden dagegen so verstanden, dass du als Patient bei *vorschriftsmäßiger Anwendung* kein Risiko zu befürchten hast. Hier kommen meine Kollegen und ich ins Spiel:

Kommst du mit einem Rezept in die Apotheke, wird dieses auf Verordnungsfehler überprüft und meistens direkt abgegeben. In einem Fall hatte ich eingegriffen, als versehentlich ein viel zu starker Erwachsenen-Hustensaft mit Menthol für ein 14 Monate altes Kleinkind verordnet war und ihn nach Rücksprache mit der Ärztin durch die Kindervariante ersetzt. Für effiziente Bearbeitungen müssen die Arbeitsprozesse in der Apotheke genau geregelt sein. Da die Lagerkapazität der Apothekenräume begrenzt ist, müssen andere Medikamente erst herbeigeschafft werden. Dafür bestellt bzw. kauft sie die Apotheke für dich bei ihrem Mittelsmann, dem Großhandel, der Bestellungen mehrmals täglich an verschiedene Apotheken ausliefert und dir so dein Arzneimittel innerhalb weniger Stunden bereitstellt. Die meisten Apotheken werden von zwei verschiedenen Großhändlern beliefert. Das ist wichtig, falls ein Lieferant einmal ausfallen sollte. Nur in Ausnahmefällen erfolgt die Bestellung direkt beim Hersteller, zum Beispiel, wenn es sich um Allergielösungen zur Desensibilisierung handelt, mit denen dein Immunsystem darauf trainiert wird, sich an die Eindringlinge zu gewöhnen, statt dagegen Amok zu laufen. Ist dein bestelltes Arzneimittel eingetroffen, kannst du es entweder persönlich abholen oder es dir kostenlos in die Nachbarschaft liefern lassen. Diese Vorgehensweise ist hocheffizient, da deine Apotheke dadurch nicht von einem einzigen Hersteller abhängig ist, sondern auf ein sehr viel größeres Angebot mehrerer Hersteller aus einem Zwischenlager zurückgreifen kann und direkt Auskunft darüber erhält, welche Medikamente überhaupt zur Verfügung stehen, anstatt ununterbrochen Telefonterror bei einzelnen Firmen veranstalten zu müssen.

ALLES FÜR DEINE SICHERHEIT

Zum Beruf eines gewissenhaften Apothekers gehört, dass er die Eigendiagnose, die heute nicht selten mithilfe von Dr. Google gestellt wird, hinterfragt. Zumal im Internet nach erfolgter Diagnose die Lösung des Problems in Gestalt von Internetapotheken praktischerweise nur einen Klick entfernt ist. Du fragst dich, warum die Patienten dann trotzdem noch in die Apotheke kommen, obwohl sie es doch viel bequemer und noch dazu günstiger direkt einkaufen können? Die Antwort darauf kann ich in einem Wort zusammenfassen: Servicequalität.

Die Apotheke steht für persönliche Nähe und Vertrauen. Oft können wir den Wünschen der Patienten entgegenkommen und passende Lösungen für individuelle Probleme anbieten, weil wir unsere Patienten und deren Bedürfnisse kennen. Vor uns stehen keine gesichtslosen Geister, sondern echte Menschen. Im Internet wird es schwierig, Medikamentenpackungen zurückzugeben, was in der öffentlichen Apotheke nach einer Einschätzung durch den verantwortlichen Apotheker in manchen Fällen legitim ist. Im Übrigen ist die öffentliche Apotheke aus Gründen der Arzneimittelsicherheit (Pharmakovigilanz) gar nicht zu Rücknahme und Umtausch verpflichtet, was bei manchen Kollegen schon explizit auf dem Kassenzettel steht. Wird es dennoch gemacht, ist es eine reine Gefälligkeit. Der Hintergrund ist, dass wir nicht mehr für die hohe pharmazeutische Qualität der Produkte garantieren können, sobald das Arzneimittel die Apotheke verlassen hat. Selbst wenn die Packung noch unverschlossen ist, ist es möglich, dass die Wirkstoffe durch falsche Lagerung so starken Schaden erlitten haben, dass sie im besten Fall unterdosiert oder durch vollständigen Abbau völlig wirkungslos sind. Im schlimmsten Fall kann es sogar passieren, dass sich bei der Wirkstoffzersetzung giftige Abbauprodukte bilden. Du hast sicher Verständnis dafür, dass wir keinen Patienten, der sich danach die zurückgenommene Packung kauft, einem solchen Risiko aussetzen wollen.

Im Allgemeinen gibt es fünf Haupteinflüsse, die Medikamente auf Dauer überhaupt nicht mögen:

1. Licht
2. Wasser (Luftfeuchtigkeit)

3. Sauerstoff
4. Temperaturveränderungen
5. Mechanische Einwirkungen

Zerfällt zum Beispiel der Wirkstoff Acetylsalicylsäure, entsteht daraus Essigsäure, die du riechen kannst. Bei den meisten Wirkstoffen kannst du das jedoch nicht so einfach kontrollieren. Du brauchst dafür Geräte, die du nur in spezialisierten Prüflaboren findest. Wenn du beispielsweise eine Spritze, die im Kühlschrank aufbewahrt werden muss, im Hochsommer bei 32 °C bekommst und diese eine Woche später zurückbringen möchtest, wird das nicht gehen, denn wie soll die Apotheke dafür garantieren, dass der Wirkstoff rechtzeitig in den Kühlschrank kam und dort tatsächlich geblieben ist? Vor diesem Hintergrund ist es für mich und viele Kollegen nicht nachvollziehbar, dass der Präsident der Ärztekammer 2022 vorschlug, Medikamentenflohmärkte einzurichten, auf denen du seltene Arzneimittel vom Nachbarn oder, noch schlimmer, von einem wildfremden Dealer, also von jedermann, kaufen kannst.[7] Wird eine Packung zurückgenommen, ist es eine reine Gefälligkeit, die nur durch den verantwortlichen Apotheker genehmigt werden darf, weil dieser aufgrund seiner Erfahrung und Fachkenntnis das Risiko einschätzen und damit auf sich nehmen muss.

BELIEBTE MEDIKAMENTE UND IHRE WIRKUNGEN

Im Allgemeinen beschweren wir Apotheker uns ununterbrochen über die berüchtigte deutsche Bürokratie. Zahllose, zeitintensive Protokolle, Genehmigungen und andere Nachweise müssen erstellt und aufbewahrt werden, um bei Revisionen und anderen Kontrollen zu beweisen, dass in der Apotheke korrekt gearbeitet wird, Finanzangelegenheiten zuverlässig behandelt werden und die Sicherheit der Patienten gewährleistet ist. Der große Fachkräftemangel verschärft die Belastung noch, indem die wenigen Mitarbeiter mit immer mehr Dokumentationsvorschriften belastet werden, anstatt sich um die Beratung und Versorgung der Patienten zu kümmern.

Zur besseren Veranschaulichung einzelner Beispiele im weiteren Verlauf dieser Lektüre werde ich in den weiteren Darstellungen auf einige Fachbegriffe zu sprechen kommen, weshalb ich dir diese vorab kurz vorstellen möchte.

Wird ein Arzneistoff in eine bestimmte Anwendungsart eingearbeitet, ist das Produkt, das du als Patient schließlich anwendest, die Arzneiform bzw. Darreichungsform. Dazu gehören Tabletten, Kapseln, Granulate, Salben, Tropfen, Sprays usw. Die fertige Darreichungsform, die den Arzneistoff enthält, wird dadurch zum Arzneimittel. Ein Fertigarzneimittel (FAM) liegt erst dann vor, wenn ein fertiges Arzneimittel in eine Verpackung samt Beipackzettel getan wird. Natürlich sind die verschiedenen Medikamente unterschiedlich stark und haben darum verschiedene Gefahrenpotenziale, weshalb wir einige davon mit weniger Bedenken aushändigen können als andere. Im Folgenden einige Beispiele:

An der Universität hieß es, dass es ein Kunstfehler sei, Patienten ein Nasenspray mit Konservierungsstoffen zu geben, da diese die Schleimhäute zusätzlich schädigen.[8] Allerdings gibt es Patienten, die genau auf solche Sprays bestehen und glauben, dass unkonservierte Varianten gar nicht wirken können. Ein solches Spray nach erfolgter Aufklärung herauszugeben, ist im Allgemeinen als vertretbar einzustufen, zumal die Patienten gelegentlich bereits süchtig und längst nicht mehr empfänglich für eine Beratung sind, die sie ohnehin schon bekommen hatten. Die harte Wahrheit lautet, dass wir einen solchen Patienten nicht auf Entzug setzen können und das Geld lieber selbst nehmen, als dass er sich sein Spray in der Nachbarapotheke holt und sich eventuell noch über den Kundenservice beschwert. Ja, ich teile diese Meinung hiermit ausdrücklich. Wäre ich für die Ausbildung eines Nachwuchspharmazeuten zuständig, würde ich die Abgabe eines Nasensprays demonstrativ verweigern, einfach nur um zu zeigen, wie jähzornig die Patienten werden können. Ein befreundeter Apotheker berichtete mir davon, wie er die Herausgabe eines Nasensprays an eine Patientin verweigert hatte. Und noch schlimmer! Er hat ihr daraufhin ins Gesicht gesagt, dass er dahinter einen Medikamentenmissbrauch bzw. eine Sucht vermute. Lass es mich so ausdrücken: Die anschließende Explosion, die lautstark bis auf die Straße zu hören war, hat er überlebt. Du kannst dir vorstellen, dass er dafür bei einem profitorientierten Apothekenleiter schnell seine Koffer hätte packen können.

Wesentlich bedenklicher dagegen sind Fälle wie dieser hier: Ein Mann wollte bei mir für seine Frau Magentropfen kaufen. Das war einer der seltenen Fälle, in denen ich die Abgabe verweigert habe, denn einer plötzlichen Eingebung folgend hatte ich ihn gefragt, ob die Frau schwanger sei, was er bestätigte. Obwohl ich selbst ein großer Freund von pflanzlichen Arzneimitteln (Phytopharmaka) bin und sie sich im Allgemeinen durch eine gute Wirksamkeit und hervorragende Verträglichkeit auszeichnen, stehen sie zu Recht in der Sichtwahl und dürfen demnach nur nach Beratung ausgehändigt werden. Es ist ein absoluter Trugschluss, dass Medikamente auf pflanzlicher Basis besser oder sicherer seien als die chemisch-synthetischen Medikamente. Pflanzliche Arzneimittel werden nahezu ausschließlich durch Extraktion mit Alkohol gewonnen. Zwar sind die Mengen in fertigen Produkten so gering, dass sie selbst für Kleinkinder ab sechs Monaten zugelassen sind, jedoch ist nicht bekannt, ab welcher Menge der Alkohol den Fötus schädigt. Außerdem sind die Zusammensetzungen der einzelnen Extrakte selbst bei exzellent erforschten Arzneipflanzen, wie dem Baldrian (Valeriana officinalis), noch nicht in allen Details bekannt und die Anwesenheit gefährlicher Inhaltsstoffe kann daher nicht ausgeschlossen werden. Deshalb sind Produkte mit derart geringen Mengen für Schwangere und Stillende trotzdem absolut tabu.

Hinzu kommt, dass auch einige Phytopharmaka erst ab 18 Jahren zugelassen bzw. erlaubt sind. Ginkgoblätterextrakt ist sehr wirksam gegen Altersvergesslichkeit, jedoch ist weitaus weniger bekannt, dass solche Präparate die Wirkung von Medikamenten verstärken, die die Blutgerinnung hemmen, und deshalb nicht mit diesen kombiniert werden dürfen. Eine Kombination aus zwei Blutverdünnern gehört zu den ernsteren Beispielen, bei denen sich zwei Medikamente nicht vertragen, da der Patient an inneren Blutungen oder banalen Schnittverletzungen sterben kann.

Im Dritten Staatsexamen fällst du durch, wenn du einem Patienten drei Packungen Paracetamol auf einmal verkaufst, ohne die Menge zu hinterfragen. Letzteres habe ich in der Praxis getan. Wohlgemerkt, ich hatte die Abgabe nicht verweigert, sondern einfach nur gefragt, ob das denn wirklich nötig sei. Der Patient war sofort empört, drohte wie üblich damit, die Apotheke zu wechseln, und fragte mich, ob ich ihm Selbstmord unterstellen wolle. Paracetamol ist ein sehr sicheres Medikament, das sogar in Schwangerschaft und Stillzeit bedenkenlos eingesetzt werden kann. Vergleichbar mit Alkohol, wird es über die Leber abgebaut, die sich bei normaler Dosierung problemlos erholen kann (deshalb bitte nie Paracetamol zusammen mit Alkohol einnehmen). Bei gnadenloser Überdosierung führt es jedoch zu Leberversagen. Selbst in Deutschland wird es schwierig, innerhalb weniger Tage eine neue Spenderleber zu erhalten. Es gibt zwar ein Gegenmittel, allerdings müsste es noch am selben Tag gespritzt werden. Ähnlich erging es einem von mir sehr geschätzten Kollegen. Er verweigerte die Abgabe von mehreren Packungen Loperamid gegen Durchfall, da große Mengen des Wirkstoffs extra auf Rezept vom Arzt verordnet werden können, wenn es einen medizinischen Grund dafür gibt. Für sein Vorgehen erhielt er vom Patienten eine vernichtende Google-Bewertung, die er als die »vermutlich schlechteste seines Lebens« bezeichnete.

In einem Podcast wurde ich gefragt, ob ASS das beste Medikament sei. Die kurze Antwort lautet: »Nein.« Es ist vielleicht das bekannteste und mit am besten beworbene Medikament, weshalb es in der Sichtwahl jeder Apotheke zur Schau gestellt wird, obwohl die Verkaufszahlen verglichen mit Ibuprofen und Paracetamol eher gering sind. Manche Kollegen sind sogar der Meinung, dass dieser Wirkstoff mit langer Tradition nach den heutigen Sicherheitsstandards gar keine Marktreife mehr bekommen würde, da er, zumindest als Schmerzmittel, für viele Patienten zu einer ernsten Gefahr werden kann.

Eher wenige Patienten wissen, dass ASS erst ab 14 Jahren eingenommen werden darf, da ansonsten die Gefahr des lebensgefährlichen Reye-Syndroms besteht, ein Krankheitsbild, bei dem die Leber verfettet, der Körper den selbstgemachten Ammoniak nicht mehr zu Harnstoff entgiften kann und es so zu einer Flüssigkeitsansammlung im Gehirn kommt, die wiederum zu einer schweren Hirnschädigung führen kann, bei der die Patienten u. a. starkes Erbrechen, Krämpfe, Kurzatmigkeit, Schwäche, Bewusstseinsstörungen bis hin zu Atemstillstand und Koma erleiden. Andererseits ist ASS sehr gut zur Therapie des Kawasaki-Syndroms, einer entzündlichen Multiorganerkrankung mit Fieber, Ausschlag, geröteten Augen und Entzündungen am Herzen geeignet.

Wie bei allen Medikamenten kann nicht gesagt werden, ob es pauschal das beste Medikament ist. Es hängt immer vom einzigartigen Patienten und seiner Situation ab, welches Medikament das beste für ***ihn*** *ist.*

Es ist zudem wenig bekannt, dass die alltäglichen Schmerzkiller wie Ibuprofen und ASS bei Asthmatikern schwere Asthmaanfälle auslösen können. Das ist keine blanke Theorie. Ich musste einem Patienten am Telefon schon einmal eine Alternative vorschlagen, da er darüber in anderen Apotheken nicht in Kenntnis gesetzt und durch das Schmerzmittel ins Krankenhaus eingeliefert worden war. Mehrere Patienten bestätigten mir, dass durch Medikamente ausgelöste (iatrogene) Asthmaanfälle schlimmer sind als normale. Das Gleiche gilt für starke ätherische Öle, die deshalb für Kinder unter zwei Jahren gänzlich verboten sind. Ihnen droht Erstickungsgefahr.

Antiallergika machen sehr oft deshalb müde, weil sie den gleichen Wirkstoff enthalten, der sich auch in Schlafmitteln befindet. Für Menschen mit vergrößerter Prostata, Engwinkelglaukom oder Herzschwäche sind solche Präparate nicht geeignet, wobei hier ebenfalls die Einnahmedauer berücksichtigt werden muss.

Schmerzmittel, Schlafmittel und Abführmittel gehören ebenso wie Nasensprays zu den Medikamenten, die bei übermäßigem Gebrauch paradoxe Wirkungen entfalten und genau die Beschwerden verursachen, gegen die du sie anfangs eingenommen hast. Glaubst du dann noch, dass du die Menge an Medikamenten erhöhen musst, um wieder die anfängliche Wirkung zu bekommen, bist du endgültig im Teufelskreis gefangen und hast den ersten Schritt zur Sucht getan. Vielleicht nimmst du sogar zusätzliche Arzneimittel gezielt gegen die Nebenwirkungen der ursprünglichen Medikamente.

Hustenstiller mit dem Wirkstoff Dextrometorphan sind für Asthmatiker ebenso ungeeignet, da diese im Gehirn ansetzen und dort das Atemzentrum unterdrücken. Das Gefährliche daran ist, dass der Patient im Schlaf nicht merkt, dass er zu wenig Sauerstoff bekommt, und das Atmen vergessen kann, zumal solche Hustenstiller besonders gern zur Nacht eingenommen werden. Es gibt jedoch auch noch andere Produkte, die von der Selbstbedienung ausgeschlossen sind, obwohl sie auf den ersten Blick völlig harmlos erscheinen.

Die typischen Hustensäfte, die du aus der Werbung kennst, sollten bei Kindern unter zwei Jahren grundsätzlich nicht eingesetzt werden, obwohl sie dafür sogar geeignet sind. Das hat den Grund, dass das Immunsystem bei Kindern in einem so zarten Alter noch nicht voll entwickelt ist und eine schwere Infektion, die mit ernsthaften Gesundheitsrisiken verbunden sein kann, vorher vom Arzt ausgeschlossen werden muss. Bekommt das Kind vor dem Arztbesuch so einen Hustensaft, kann dies dem Arzt die Ursachenfindung massiv erschweren, nicht zuletzt, da die Symptome wahrscheinlich schon nachgelassen haben.

Augentropfen sind nichts anderes als künstliche Tränenflüssigkeit. Sie sind sehr häufig Medizinprodukte und enthalten noch nicht mal einen Wirkstoff. Welche Gefahr geht von ihnen aus? Keine, sofern du sie nach Ablauf der Haltbarkeitsfrist wegwirfst. Tust du es nicht und überlagerst sie mutwillig, wie bei Lebensmitteln, riskierst du, dass sich darin Keime ansiedeln, die du nicht in deinem Auge haben willst, denn sie können dich im schlimmsten Fall dein Augenlicht kosten.

Was meinst du, warum eine simple Elektrolytlösung für jemanden gefährlich sein sollte, die nur aus Wasser, Salz und Traubenzucker besteht und schon bei Kindern gegen Durchfall eingesetzt wird? Sie kann schnell zu einem großen Problem für Diabetiker oder Menschen mit Nierenschwäche werden.

Diese Liste könnte ich noch lange fortsetzen, deshalb bitte ich dich um Verständnis, wenn wir neugierig werden, was du mit den Präparaten vorhast. Es ist nur zu deinem Besten.

DIE KUNST DER GUTEN BERATUNG

Schauen wir uns auf der anderen Seite Internetapotheken an. Sie stellen weder selbst Medikamente her noch übernehmen sie Nachtdienste. Ich habe die Erfahrung gemacht, dass die Patienten ganz besonders im Notdienst zu schätzen wissen, dass die öffentliche Apotheke für sie da ist. Auch wenn es meistens um die üblichen Verdächtigen geht: Schmerzmittel, Antibiotika, Hustensäfte, Nasenspray, Schlafmittel und natürlich »die Pille danach«. Letztere ist übrigens das einzige Präparat, bei dem ich noch nie über den Preis diskutieren musste, obwohl sich in der Verpackung wirklich nur eine einzige Pille befindet und diese bis zu 40 Euro kostet.

Frage ich die Patienten, warum sie im Internet einkaufen, fällt auf, dass das liebe Geld in der Regel der einzige Grund ist. Doch der Schein trügt. Was auf den ersten Blick wie Abzocke erscheint, ist manchmal regelrechter Patientenschutz. Höhere Preise können dafür sorgen, dass die Kaufbereitschaft für unnötige Produkte mit Suchtgefahr sinkt. Wenn es darum geht, dir das beste Produkt anzubieten, gibt es neben den gesundheitlichen Aspekten noch viele andere Faktoren zu berücksichtigen. Eine Beratung erfolgt nur in einem lebendigen und vor allem vertrauensvollen Gespräch. Ein solches Vertrauensverhältnis haben die Patienten nicht zum Beratungscallcenter in einer Internetapotheke, sondern nur zu ihrem vertrauten Umfeld im Geschäft vor Ort, was mir Patienten immer wieder bestätigen. Oder möchtest du extra einen Fremden anrufen und ihm ausführlich von deiner Blasenschwäche berichten, weil du Saugeinlagen brauchst? Wahrscheinlich wendest du dich lieber an den netten Apotheker, den du schon seit Jahren kennst.

Was ist besser: ein einfaches Schmerzmittel oder ein Kombipräparat gegen Erkältungen? Das hängt von dir, deinen Bedürfnissen und deinen persönlichen Vorlieben ab. Ein einfaches Schmerzmittel erfüllt seinen Zweck, ohne den Körper so stark zu belasten, und kann mit mehr Medikamenten kombiniert werden, während das Kombipräparat mehrere Beschwerden auf einmal lindert und du kein zusätzliches Geld für weitere Präparate gegen Husten und Schnupfen ausgeben musst. *Jedes Medikament hat seine eigenen Vor- und Nachteile.* Abhängig davon, ob du Sicherheitsbedenken oder den Preis in den Vordergrund stellst, wirst du bei unseren Empfehlungen immer etwas bemängeln können. Deshalb habe ich mich bei meinem Bühnenauftritt so sehr darüber empört, wie bekannte Fernsehsender mit ihren Reportagen und versteckten Kameras unsere Arbeit in den Apotheken mit regelrechten Hetzkampagnen »aufdecken«.[9] Fernsehsender leben ebenfalls von Manipulation und Meinungsmache, oder anders ausgedrückt: von besonders interessanten Dingen, wie Skandalen und Drama. Je nachdem, was sie senden wollen, wirst du von der Apotheke entweder gefährdet oder abgezockt.

Aufgrund meiner Ausbildung und des dir bekannten Leitsatzes »Zu Risiken und Nebenwirkungen lesen Sie die Packungsbeilage und fragen

Sie Ihren Arzt oder Apotheker« bin ich darauf gepolt, immer die Gefahren durch Medikamente vor Augen zu haben. Denn ich bin persönlich für deine Sicherheit verantwortlich. Deshalb bin ich dir so unendlich dankbar dafür, dass du dieses Buch liest und mir damit die Chance gibst, Aufklärung zu betreiben. Das ist der Grund, weshalb ich an das Credo unseres Berufsstandes glaube, das von unserer höchsten Standesvertretung (ABDA) und dem Gesetzgeber vertreten wird: Medikamente sind keine reinen Konsumgüter, sondern haben als Heilmittel den Stellenwert der ganz **besonderen Waren**. Ihre Herstellung, ihre Kontrolle und ihr Verkauf erfordern höchste Qualitätsstandards, da es um die Gesundheit und damit um das Leben unserer Mitmenschen geht. Medikamente sind hochwirksame Waffen gegen Krankheiten. Richtig eingesetzt können sie Leben retten, Beschwerden lindern und in Form von Impfstoffen (ich spreche hier bewusst von den etablierten Impfungen, wie Masern, Polio, Tetanus etc.) Krankheiten verhindern. Bei falscher Anwendung können sie großen Schaden anrichten oder sogar tödlich sein. Beim Militär gab es schon genug Fälle, in denen Soldaten versehentlich ihre eigenen Kameraden getötet haben, weil sie ihre Pistolen mit Spielzeugen verwechselt hatten. Ebenso haben sich Menschen schon beim Training mit Samurai-Schwertern selbst schwere Verletzungen zugefügt, da sie den Respekt vor ihren Waffen verloren hatten. Das Gleiche gilt für Arzneimittel. Deshalb hat die Bundesapothekerkammer eine Leitlinie mit Beratungsempfehlungen und einen Fragenkatalog erstellt, die für eine gelungene Beratung erfüllt sein sollen.

Im Studium haben wir in Endlosschleife gelernt, dass wir die Spezialisten sind und die Patienten intensiv beraten müssen, damit sie durch die richtige Anwendung ihrer Medikamente gesund werden oder sich zumindest besser fühlen. Dazu gehören auch die in zahllosen Fortbildungs- und Rhetorikseminaren pausenlos gepredigten offenen Fragen, wohingegen wir geschlossene Fragen vermeiden sollen. Geschlossene Fragen sind simple Ja-oder-Nein-Fragen, z. B. »Haben Sie das Medikament heute eingenommen?«, während offene Fragen komplexer sind und eine ausführliche Antwort erfordern, wie etwa: »Wann haben Sie Ihr Medikament eingenommen?« Dahinter steckt der Gedanke, dass der Patient häufig gar nicht weiß, welche Aspekte in der Beratung für ihn wichtig sind, und deshalb nicht von sich aus darauf zu sprechen kommt.

Wir müssen ihn also durch einen geschickt gesteuerten Informationsfluss dazu bringen, uns möglichst viele Informationen zu liefern, die uns Hinweise darauf geben, was wir dem Patienten an Infos mitgeben müssen, um sicherzustellen, dass er über sein hochwirksames Medikament gut informiert ist und keine groben Anwendungsfehler macht.

Die Kunst besteht darin, dem Patienten nur die für ihn unbedingt notwendigen Anwendungshinweise zu geben und alles Unwichtige wegzulassen, da er sich sonst überfordert fühlt. Dies muss aus mehreren Gründen vermieden werden. Zum einen stärkt es die so existenziell wichtige Vertrauensbindung zwischen Patienten und Berater nicht, was natürlich dazu führt, dass sich der Patient nicht verstanden fühlt, und den Umsatz gefährdet. Ja, das gebe ich zu, so viel Ehrlichkeit muss sein. Zum anderen wirkt es sich negativ auf die Therapietreue (Compliance/Adhärenz) des Patienten aus, sodass die vom Arzt verordneten Medikamente entweder gar nicht, nicht konsequent oder falsch eingenommen werden. Der Mensch ist von Natur aus nicht in der Lage, ein Übermaß an Informationen vollständig zu verarbeiten, sodass der Patient schon nach kurzer Zeit einen Großteil der Hinweise wieder vergessen hat und sich vielleicht gerade an die wichtigsten Informationen nicht mehr erinnern kann. Entgegen dem akademischen Dogma habe ich mir sehr schnell angewöhnt, gezielt geschlossene Fragen zu stellen, um die Gespräche so kurz wie möglich zu halten, da sich viele Patienten sonst genervt oder gar angegriffen fühlen und schon nach wenigen Sekunden wieder zur Tür hinaus verschwinden. Auf meine Frage, für wen ein gewünschtes Erkältungsmittel, das erst ab 16 Jahren geeignet ist, gedacht sei, erhielt ich einmal die Antwort »Behalt deinen Scheiß!« und der Patient ging. Vermutlich direkt in die nächste Apotheke. Manche Apothekenbesitzer sind darüber so verärgert, dass sie (kein Scherz!) festlegen, wie lange eine Beratung ihrer Mitarbeiter dauern darf, und dies mit einer Stoppuhr überprüfen. Diese Lektion musste ich ebenfalls auf die harte Tour lernen. *Eine zu ausführliche Beratung bei jedem einzelnen Patienten nach streng dogmatischen Vorgaben war schon für so manchen Apothekenleiter ein Kündigungsgrund! Sogar in den Apotheken, die ich als gut und empfehlenswert einschätzen würde.*

Natürlich gibt es für alle wichtigen Informationen immer noch die sehr ausführlichen Beipackzettel. Studien haben jedoch gezeigt, dass wir uns Informationen besser merken können, wenn wir sie hören, statt zu lesen.[10] Mit Abstand am wichtigsten sind die Dosierungsempfehlungen und die täglichen Höchstmengen der Medikamente.

Ganz ehrlich, früher hätte ich nie gedacht, dass ich eine so intensive Ausbildung benötige, da ich alle Informationen sowieso auf Knopfdruck am Computer bekomme. Deshalb kritisieren manche Patienten etwas zynisch: »Zu Risiken und Nebenwirkungen lesen Sie die Packungsbeilage und fragen Sie Ihren Arzt oder Apotheker, dann liest er sie Ihnen vor.«

Gestatte mir bitte eine kurze, provokante Zwischenfrage: Macht es dir viel Spaß, das Handbuch zu deinem neuen Computer durchzulesen, oder fragst du lieber jemanden, der sich damit schon etwas länger auskennt?

Zu dem Beruf gehört viel mehr, als einfach nur eine Warnmeldung am Computer abzulesen. Gibst du als Apotheker mehrere Blutdrucksenker ab, wird dir der Computer standardmäßig sagen, dass sich die Medikamente in die Quere kommen und für den Patienten gefährlich werden, da die blutdrucksenkende Wirkung stark verstärkt wird. Der Computer erkennt nicht, dass dies in den allermeisten Fällen genau so vom Arzt gewollt ist, um den Blutdruck im gewünschten Bereich einzustellen und durch die Kombination unterschiedlicher Wirkstoffe bewusst eine stärkere Wirkung zu erzielen. Deshalb erfordert es viel Erfahrung, Fachwissen und eine sorgfältige Risikoeinschätzung des verantwortlichen Apothekers, die vorliegenden Informationen richtig zu deuten und zu bewerten. Da Patienten mit Bluthochdruck in der Regel zusätzlich auch Wassertabletten (Diuretika) verschrieben bekommen, die zwangsläufig zu geringfügigen Elektrolytstörungen führen, müsste ich nach dem Verständnis der Standardarbeitsvorschriften jedes einzelne Mal eine schriftliche Einverständniserklärung des Patienten einholen, in der er mich von meiner Schweigepflicht entbindet, um seinen Arzt fragen zu dürfen, ob die Verschreibung kein Versehen war, weil der Patient durch die gleichzeitige Einnahme von Blutdrucksenker und Wassertabletten einen erheblichen Natriumverlust erleiden kann. Wir nehmen über unsere Nahrung, besonders wenn sie verarbeitet ist, so viel Natrium auf, dass wir damit reichlich überversorgt sind. Selbst bei einem Mangel würde es dem Patienten kaum spürbar schlecht gehen. Viele Patienten haben einerseits einen Mangel an Vitaminen oder Mineralstoffen, ohne es überhaupt zu bemerken, während andererseits unbehandelter Bluthochdruck tödlich enden kann. Deshalb ist es sinnvoller, den Patienten nicht grundlos zu beunruhigen und die Information in der Beratung zu verschweigen, dass seine Medikamente streng genommen nicht verträglich sind.

Da wir allzu oft einen sehr hohen Patientenandrang bei chronischem Personalmangel haben, müssen wir uns in der Beratung immer wieder kurzfassen, selbst wenn diese ausdrücklich gewünscht ist. In der Regel beobachtest du in den Apotheken eine Situation, die ich als Busphänomen beschreiben möchte: Normalerweise gibt es feste Zeiten, zu denen die Apotheke leer bleibt, bis urplötzlich ganze Menschenhorden auf einmal hereinkommen und das sehr oft unmittelbar bevor die Apotheke schließt. Ich habe es schon in vielen Apotheken erlebt, dass die Warteschlangen bis zur Straße reichten, obwohl das Geschäft zwei Minuten zuvor noch gähnend leer war. Es ist, als hätten sich die Leute in einer geheimen Facebook-Gruppe verabredet. Da wir unseren Patienten natürlich keine endlosen Wartezeiten zumuten möchten, bleibt uns oft nichts anderes übrig, als die Packungen auszuhändigen, das Geld zu wechseln und sofort den nächsten dranzunehmen. Das erinnert mich leider sehr oft an eine Massenabfertigung, die mit einer gewissenhaften Beratung, wie sie die Bundesapothekerkammer vorschreibt, nicht umzusetzen ist. Denn am Ende des Tages ist es genau diese Beratung, auf die wir als ganze Apothekerschaft so stolz sind und die uns vom Internethandel unterscheidet. Sie unterstreicht das Menschliche und das gesellschaftliche Miteinander. Und ja, die Beratung ist unverzichtbar, wie wir an einigen von zahlreichen Beispielen sehen konnten. Die Medikamente, die du in der Apotheke sehen kannst, sind völlig unbedenklich, solange sie richtig angewendet werden. Das bedeutet jedoch noch lange nicht, dass sie auch jeder nehmen darf. Mit zunehmender Erfahrung und durch zahlreiche Patientengespräche gelingt es dem pharmazeutischen Personal am Verkaufstisch, typische Fehler und die wichtigsten Risiken zu erkennen, sodass wir gezielter vorgehen können.

Als frisch gebackener Uni-Absolvent war es für mich eine einzige Katastrophe. Es war, als ob ich plötzlich als Englischlehrer von der Hochschule kam und als Vollzeitkraft in einem Asia-Imbiss als Kellner arbeiten sollte. Ich übertreibe nicht, wenn ich dir sage, dass ich im wahren (Arbeits-)Leben eine völlig neue Sprache lernen musste. Ich warf mit Fachbegriffen um mich, die mir fünf Jahre lang ununterbrochen eingetrichtert wurden und die für mich alltäglich waren, und konzentrierte mich so sehr darauf, keine wichtigen Auskünfte zu vergessen, dass ich die Reaktionen der Patienten nicht bemerkte, viel zu viel redete und kaum Fragen beantworten konnte. Aufgrund der zu großen Konkurrenz durch Internetapotheken und einer empfundenen Geringschätzung der Leistung sehen sich viele Studenten demnach in der Apotheke kaum ausreichend gefördert und streben stattdessen lieber eine Stelle in der Pharmaindustrie an.

Am erschreckendsten war für mich diese beängstigende Hilflosigkeit, wenn die Patienten ihre Beschwerden schilderten und wissen wollten, wie ich bestimmte Produkte bewerte, um eine sinnvolle Empfehlung auszusprechen. Im Ernst, ich konnte es nicht. An der Uni waren wir waschechte »Wirkstoffidioten«. Ich lernte alles Mögliche darüber, wie sie aussehen, wie sie reagieren, wie sie zusammengemischt werden, was sie mit dem Körper anstellen und wie der Körper versucht, sie wieder loszuwerden, sogar wie sie sich im dreidimensionalen Raum ausrichten, aber ich hatte keine Ahnung, wo zum Geier sie drinstecken! In der Apotheke geht es nicht mehr darum, dass du einzelne Wirkstoffe kennen musst, von denen der Patient häufig noch nie gehört hat, sondern es geht um die verfügbaren Präparate auf dem Markt, zwischen denen der Patient die Qual der Wahl hat. Jedenfalls so lange, bis ihm die Werbung eingeredet hat, was er kaufen soll. In Windeseile wurde mir demonstriert, dass die Patienten häufig nicht wussten, wie ihr Wunschpräparat heißt, oder den Namen verwechselten. Hin und wieder irrten sie sich bei den Farben der Verpackungen oder beim Hersteller, obwohl sie die Packungen nach eigenen Angaben schon seit vielen Jahren bekommen. Aber in den meisten Fällen konnten sie genau zwei Dinge mit exakter Präzision nennen: die Werbung, in der das Präparat vorgestellt wurde, und den Preis. Ein Patient hatte sich bei einer ehemaligen Chefin nach dem Nasenspray »mit dem nackten Mann« erkundigt. Wir können ohne zu übertreiben festhalten, dass es in der Apotheke im Wesentlichen um zwei Dinge geht: *Produktkenntnis und Geld.* Sicherlich geht es auch um Sicherheit und Verantwortung, ebenso wie um Fachwissen, allerdings sind das eher Begleiterscheinungen.

Grundsätzlich gilt die Devise der Ersten Hilfe. Solange der Patient durch sein Wunschpräparat nicht stark geschädigt wird, bekommt er es. Hat der Patient hingegen bestimmte Beschwerden und weiß nicht, welches Arzneimittel das passende für ihn ist, dürfen wir zeigen, was wir können.

CHECKPOINT APOTHEKE

Im letzten Satz des § 1 Absatz 1 der Berufsordnung der Apothekerkammer Nordrhein (AKNR) heißt es: »*Die Apothekerin und der Apotheker handeln eigenverantwortlich und fachlich* ***unabhängig****. Sie üben einen, seiner Natur nach, freien Beruf aus.*«

Dieser Punkt ist sehr wichtig, da viele Patienten uns für den verlängerten Arm der Pharmaindustrie halten. Das kann ich gut nachvollziehen, schließlich verkaufen wir deren Produkte weiter, jedoch möchte ich ganz klar betonen, dass wir ebenso dem Einfluss der Pharmaindustrie unterliegen und unter dem Druck, der von ihrer Seite ausgeübt wird, leiden. Die Pharmakonzerne schicken ihre Referenten in die Apotheken in der Hoffnung, dass ihre neuen Präparate dort in die Grundausstattung aufgenommen werden, was natürlich die Wahrscheinlichkeit erhöht, dass das pharmazeutische Personal diese auch eher empfehlen wird und sie somit in den Händen der Patienten landen werden. Da viele dieser Medikamente verschreibungspflichtig sind, besuchen die Pharmareferenten ebenfalls die Ärzte und motivieren sie dazu, diese Packungen zu verschreiben, gelegentlich durch finanzielle Anreize.[11] Verschreiben die Ärzte die neuen Arzneimittel der Konzerne häufiger und bringen die Patienten diese Rezepte dann in ihre Stammapotheke, werden die Medikamente früher oder später wegen der hohen Nachfrage dauerhaft ins Sortiment aufgenommen. Die Wartezeiten für die Patienten verkürzen sich dadurch und die neuen Kassenschlager der Pharmaindustrie haben ihre Abkürzung in den Geldbeutel der Patienten gefunden.

Noch bequemer ginge es nur, wenn sich Ärzte und Apotheker die Patienten gegenseitig vorbeischicken würden, was in Deutschland durch das Zuweisungsverbot genau aus diesem Grund verboten ist. Der Gesetzgeber stellt hier den Verbraucherschutz in den Mittelpunkt und sorgt dafür, dass sich die Heilberufler nicht gegenseitig an denselben Patienten bereichern. Deshalb ist die freie Apothekenwahl in Deutschland eine der tragenden Säulen unseres Gesundheitssystems. Der Patient darf sich seine Apotheke selbst aussuchen und wird nicht zum Spielball korrupter Ärzte, die ihn an die Apotheke verweisen, die das entsprechende Medikament schon vorbereitet hat und je nach Arzneimittel fette Gewinne einstreicht. Aus dem gleichen Grund trennte der Stauferkaiser Friedrich II. mit dem Edikt von Salerno die Berufe des Arztes und des Apothekers: um sicherzustellen, dass sich derjenige, der Arzneimittel verkauft, nicht gleichzeitig die Taschen füllt, indem er eine Krankheit diagnostiziert, für die das teure Medikament eingesetzt werden kann.

Seit dem 01.01.2024 ist das E-Rezept in Deutschland offiziell verpflichtend. Bis dahin war es die Hoffnung der Onlineapotheken, genau an diesem Prinzip der freien Apothekenwahl zu rütteln, indem die Ärzte das E-Rezept ausstellen und du es mit nur wenigen Klicks online bei den Internetapotheken bestellen kannst, ohne erst in die Apotheke gehen zu müssen. Deshalb erschienen an Bahnhöfen und anderen öffentlichen Orten viele Werbeplakate, auf denen die Einführung verheißungsvoll durch die Onlineversender angekündigt wurde. Viele Patienten misstrauen den Pillen aus dem Internet zu sehr und nehmen lieber den Weg in die Apotheke, zumindest solange sie dort höflich und wertschätzend bedient werden. Und das aus gutem Grund: Je teurer Medikamente werden, umso größer ist die Gefahr, besonders im unübersichtlichen Internet an Fälschungen zu geraten, die selbst für Fachleute oft schwer zu erkennen sind.

Derzeit (Stand Oktober 2023) befinden sich sowohl gefälschte Rezepte als auch gefälschte Präparate der Diabetesspritze Ozempic® auf dem Markt, die beim Abnehmen helfen soll. Weil die Nachfrage ungebrochen hoch ist und das Medikament rund 220 Euro pro Monat kostet, haben wir damit ideale Voraussetzungen, um auf dem Rücken verzweifelter Menschen mit Übergewicht Profit zu schlagen. Im Übrigen sehr zum Leidwesen zahlloser Diabetiker, die nicht mehr an ihr dringend benötigtes Medikament kommen, da es ihnen von unzähligen Menschen mit dem Wunsch nach schnellem Gewichtsverlust weggenommen wird. *Diese Spritzen sind so heißbegehrt, dass Fälscher anstelle der Wirkstoffe Semaglutid und Dulaglutid einfach Insulinpens als Abnehmhilfen in Umlauf bringen, was zu lebensgefährlichem Abfall des Blutzuckers führen und Patienten ins Koma und in den Tod treiben kann.*[12]

Im Internet kannst du dir auf gängigen Verkaufsplattformen alles Mögliche bestellen. Es ist kein Problem, dort noch schnell leere Originalverpackungen von Medikamenten zu kaufen, bevor die Aufsichtsbehörde überhaupt darauf aufmerksam wird, sie dann mit einer Fälschung neu zu befüllen und anschließend gewinnbringend weiterzuverkaufen. Zu allem Überfluss werden Medikamente zum überwiegenden Teil im Ausland hergestellt, allen voran in China und Indien, weshalb sie allzu häufig nicht direkt nach Deutschland kommen, sondern über mehrere Staaten quer durch Europa transportiert werden. Grundsätzlich besteht bei jedem Zwischenstopp die Möglichkeit, dass die Packungen manipuliert oder vertauscht werden.[13]

Um den Arzneimittelfälschungen entgegenzuwirken, wurde am 09.02.2019 das Securpharm-System eingeführt. Seitdem befindet sich, bis auf wenige Ausnahmen, auf jeder rezeptpflichtigen Medikamentenpackung ein QR-Code, der wie ein Fingerabdruck für das Medikament ist. Er enthält die individuelle Seriennummer, einen Produktcode, das Verfallsdatum und die Produktionsreihe (Charge). Verlässt die Packung das Werk des Herstellers, wird der Code aktiviert und erst in der Apotheke wieder deaktiviert. Wird in der Apotheke eine Packung gescannt, die sich nicht deaktivieren lässt, deutet das auf eine gefälschte Packung hin, die sich nicht mehr im Umlauf befinden darf. Zusätzlich müssen die Arzneimittel so verpackt werden, dass die Packung offensichtlich beschädigt werden muss, um das enthaltene Medikament entnehmen zu können. Auf diese Weise werden Manipulationen an den Verpackungen und damit die Verbreitung von gefälschten Arzneimitteln erschwert.

DAS DRAMA DER RABATTVERTRÄGE

Wenn es ein Thema gibt, das in der Apotheke mehr als jedes andere für Protest, Diskussionen, Wut, Verzweiflung, Arbeit und Frust auf beiden Seiten sorgt, dann ist es die Frage, warum wie viel für ein Medikament bezahlt werden muss, das auf Rezept verordnet wurde. Dahinter steckt das berüchtigte Prinzip der Rabattverträge, die seit 2007 zwischen der Pharmaindustrie und den gesetzlichen Krankenkassen vereinbart werden. Leider zeigt sich hier in aller Deutlichkeit, dass wir im Gesundheitssystem eine Zweiklassengesellschaft haben, die zwischen privat und gesetzlich Versicherten unterscheidet. Kein anderes Thema erfordert so viel Arbeit und Erklärungszeit wie die Rabattverträge. Schon einer meiner ehemaligen Ausbilder an der Universität verkündete uns vollkommen zu Recht, dass Rabattverträge eine Schande für unser Land seien. Passenderweise gibt es sie europaweit nur in Deutschland. Wie viel du für deine Medikamente bezahlen musst, steht im Sozialgesetzbuch V (SGB V). Dort heißt es in § 12 mit dem passenden Namen »Wirtschaftlichkeitsgebot« im ersten Absatz schwarz auf weiß: »Die Leistungen müssen ausreichend, zweckmäßig und wirtschaftlich sein; sie dürfen das Maß des Notwendigen nicht überschreiten. Leistungen, die nicht notwendig oder unwirtschaftlich sind, können Versicherte nicht beanspruchen, dürfen die Leistungserbringer nicht bewirken und die Krankenkassen nicht bewilligen.«

Im Klartext bedeutet das nichts anderes als: »*Du darfst für deine Behandlung nur das absolut nötige Minimum bekommen und es darf deine Krankenkasse nur so wenig wie möglich kosten, ansonsten musst du selbst bezahlen.*« Das ist das Fundament der Zweiklassengesellschaft zwischen Kassen- und Privatpatienten.

Darüber hinaus gibt es einen gewaltigen juristischen Dorn im Auge der Pharmaindustrie: das Heilmittelwerbegesetz. Dieses besagt, dass für verschreibungspflichtige Medikamente wegen des hohen Risikos, das von ihnen ausgeht, keine Werbung gemacht werden darf. Das ist der Grund, weshalb du (zumindest offiziell) in keiner Apotheke Rabattmarken mit rezeptpflichtigen Medikamenten sammeln kannst. Das würde nämlich bedeuten, dass du extra zum Arzt gehst, um dir ein Medikament verschreiben zu lassen, das du womöglich gar nicht brauchst oder dir vielleicht sogar gesundheitliche Schäden zufügt, nur weil du damit in der Apotheke sparen kannst. Würde dir das Apothekenteam Treuepunkte für verschreibungspflichtige Medikamente geben, würde es auf diese Weise Rabatte auf diese bedenklichen Heilmittel geben und damit illegale Werbung für sie machen. Für Internetapotheken gilt der Grundsatz aktuell jedoch nicht, weshalb diese dafür werben, dass du deine Rezepte bei ihnen einlösen kannst, um Rabatte zu bekommen, oder mit deinem Rezept an Gewinnspielen für hochwertige E-Bikes und andere lukrative Prämien teilnehmen kannst.[14] Und warum? Damit du dank der Boni im Internet einkaufst und nicht darauf achtest, was dir angeboten wird. Hauptsache, du hast den Köder geschluckt in der Hoffnung, ein Schnäppchen zu machen und einen Bonus abzustauben.

Auf den ersten Blick sieht das Prinzip wie eine Nebensächlichkeit aus und mancher Apotheker mag sich grundlos um seine Einnahmen sorgen. Jedoch hat Rechtsanwalt Maciej Szupunar am Europäischen Gerichtshof die ganze Tragweite dieser Marketingmanipulation aufgedeckt und gibt zu bedenken, dass diese Internetverkaufsplattformen ein massives Gesundheitsrisiko darstellen, da die Patienten der Gefahr des Überkonsums ausgesetzt sind und zum Kauf von Medikamenten verleitet werden, die ihre Gesundheit schädigen könnten.[15] Das ist übrigens der Grund, weshalb wir dir ohne Rücksprache mit dem Arzt bei logistischen Problemen prinzipiell immer nur eine kleinere Menge eines Arzneimittels aushändigen dürfen, aber für eine größere Menge die Zustimmung des Arztes und damit ein neues Rezept brauchen.

Genauso wichtig wie die freie Apothekenwahl ist auch die Festpreisbindung für unser Gesundheitssystem. Während die Apotheke die Preise für nichtrezeptpflichtige Arzneimittel selbst festlegen darf, sind die Preise für rezeptpflichtige Medikamente vorgeschrieben, sodass sie in allen Apotheken gleich viel kosten. Das ist sinnvoll, denn wenn die eine Apotheke Medikamente wesentlich günstiger anbietet als die andere, wirst du voraussichtlich dort hingehen, wo du sie dir eher leisten kannst. In der Tat dürfen Internetapotheken Patienten mit derartigen Rabatten auf rezeptpflichtige Medikamente locken, die Vor-Ort-Apotheken jedoch nicht. Die Gründe dafür sehen wir uns später im Kapitel »Kleine Spende, große Wirkung« an. Wird von den Internetapotheken ein solcher finanzieller Vorteil gewährt, verleitet es den Patienten dazu, seine Arzneimittel im Netz einzukaufen, wodurch das Apothekensterben beschleunigt wird. Statt den Internethandel mit rezeptpflichtigen Arzneimitteln zu verbieten, war das Beste, was uns die Politik daraufhin anbot, ebenfalls in den Preiskampf mit den Internetapotheken einzusteigen und unsererseits weniger Geld für rezeptpflichtige Medikamente zu nehmen,[16] sodass wir im Endeffekt noch stärker versuchen müssten, möglichst viele Arzneimittel unter die Leute zu bringen, selbst diejenigen, die mit noch größeren Gesundheitsrisiken einhergehen.

GÜNSTIGE VS. TEURE REZEPTE

Um die Kostenfrage zu klären, müssen wir uns die einzelnen Rezeptarten genauer anschauen. Es gibt noch weitere, ich gehe hier jedoch nur auf diejenigen ein, die für die Bezahlung eine Rolle spielen.

- Privatrezept
- Grünes Rezept
- Kassenrezept

PRIVATREZEPT

Ein Privatrezept muss der Patient in der Apotheke stets komplett selbst bezahlen, jedoch tritt er bei den meisten Arzneimitteln nur in Vorkasse und bekommt das Geld von seiner Krankenversicherung zurück, nachdem die Apotheke quittiert hat, dass er das Rezept eingelöst und sein Medikament bekommen hat. Der große Vorteil des Privatrezeptes bzw. der privaten Krankenversicherung ist, dass Rabattverträge hierbei keine Rolle spielen und der Patient grundsätzlich immer unkompliziert das Medikament seiner Wunschfirma bekommen darf. Auch für uns gibt es weniger strikte Vorgaben bei der Bearbeitung von Privatrezepten. Auf Privatrezepten werden mit Vorliebe sogenannte »Lifestyle-Medikamente« verschrieben. Hierbei handelt es sich um Arzneimittel, die du aus medizinischer Sicht nicht unbedingt brauchst, sie jedoch nimmst, weil sie eine Wirkung haben, die mit einem gewissen Luxus in deinem Leben verbunden ist. Die prominentesten Beispiele dafür sind »die Pille«, Potenzmittel, Haarwuchsmittel und Raucherentwöhnungsmittel. Nähern wir uns dem illegalen Bereich an, findest du auf diesen Rezepten auch Anabolika, Dopingmittel und Abnehmspritzen. Wie schon zuvor erwähnt, sind die Wirkungen dieser Medikamente für deine Gesundheit nicht zwingend notwendig und werden daher nicht bezahlt, sodass du die vollen Kosten selbst tragen musst. Privatrezepte sind drei Monate lang gültig.

GRÜNES REZEPT

Die besten Geschichten schreibt bekanntlich das Leben. Seifenopern spielen deshalb im »echten« Leben. Diese erleben wir in den Apotheken mit den Grünen Rezepten, die das Drehbuch für die tägliche Seifenoper sind: »Gute Krankenkassen, schlechte Krankenkassen.« Ein solches Rezept kennen wir auch als Arztempfehlung und nichts anderes ist es. Auf diesem Rezept dürfen zwar verschreibungspflichtige Medikamente stehen, in der Regel verordnet der Arzt aber frei verkäufliche Präparate. Hintergrund ist der Kontrahierungszwang, das heißt, dass ein Medikament auf einem Privatrezept oder einem rosa Kassenrezept von der Apotheke abgegeben werden muss. Ist ein Arzneimittel verschreibungspflichtig, ist ein Rezept die einzige Möglichkeit, an dieses Medikament zu kommen, weil der Arzt erst bestätigen muss, dass du dieses Präparat unbedingt brauchst. Wenn es nach der Einschätzung des Arztes Arzneimittel gibt, die du dir selbst kaufen kannst und die sehr sinnvoll sind, um deine Beschwerden zu lindern, dann kann er dir empfehlen, dich selbst mit diesem Medikament zu behandeln. Notiert er diese Empfehlung schriftlich, erhältst du ein Grünes Rezept. Die Logik dahinter ist aus Sicht der Krankenkasse einfach: Da die Arzneimittel darauf nicht zwangsläufig vom Arzt verschrieben werden müssen, könntest du dir (oder vielmehr der Krankenkasse) den Arztbesuch sparen und das Medikament gleich selbst kaufen, weil du es ohnehin selbst bezahlen müsstest. Das Grüne Rezept bedeutet jedoch, dass du offenbar so starke Beschwerden hast, dass du extra zum Arzt gehen musstest – und genau hier trennt sich die Spreu vom Weizen. Eine gute Krankenkasse erkennt die Notwendigkeit dieser »Selbstmedikation« eher an, wenn der Arzt dies durch sein Grünes Rezept offiziell bestätigt hat, und akzeptiert, dass du dir das Medikament nicht aus Lust und Laune kaufst, sondern weil du es tatsächlich brauchst. Für eine gute Krankenkasse ist das Grund genug, dir mit diesem Grünen Rezept die (variablen) Kosten für das Präparat zu bezahlen. Einer schlechten Krankenkasse hingegen ist deine Gesundheit das nicht wert. Auf diesen Rezepten ist in der Regel sogar vermerkt, ob du es bei vielen gesetzlichen Krankenkassen oder gar nicht zur Erstattung einreichen kannst.

Das Grüne Rezept ist im Wesentlichen ein Privatrezept, das du komplett selbst bezahlen musst.

KASSENREZEPT

Solche Rezepte sind als die klassischen »Rosa« Rezepte bekannt. Die überwältigende Mehrheit aller ärztlichen Verordnungen sind genau solche Rezepte und sie sind die offiziellen Dokumente der Wurzel allen Übels. Sie können zwar drei Monate lang in deiner Apotheke eingelöst werden, *die Krankenkasse bezahlt die Kosten jedoch nur innerhalb der ersten 28 Tage nach Ausstellungsdatum.* Aufgrund des Kontrahierungszwangs muss die Krankenkasse das Medikament innerhalb dieser Frist bezahlen, ob sie will oder nicht.

Natürlich kannst du davon ausgehen, dass sie es nicht bezahlen will. Das geht schon bei Formfehlern auf den Rezepten los, wie etwa einer fehlenden Telefonnummer der Arztpraxis: Geben wir ein Arzneimittel ab, das der Krankenkasse zu teuer ist, genügt es, wenn wir vergessen, zusätzlich zur maschinellen Kennzeichnung handschriftlich eine Begründung auf das Rezept zu schreiben, warum es dem Patienten nicht zugemutet werden kann, ihm die von der Krankenversicherung geforderte Alternative auszuhändigen, um uns die Bezahlung komplett zu verweigern (Retaxation). Die Krankenkasse ist eine Versicherung wie jede andere und möchte am liebsten ununterbrochen Geld, in Form von Beiträgen, einnehmen, aber nichts davon ausgeben, auch nicht für medizinische Behandlungen ihrer Versicherten, die je nach Schwere der Krankheit schnell sehr kostspielig werden können.

Deshalb braucht die Krankenkasse andere legale Wege, um sich bei der Kostenübernahme herauszuwinden: Sobald der Patentschutz für ein neues Medikament nach 20 Jahren ausgelaufen ist, darf jedes andere Pharmaunternehmen dieses nach dem Erfolgsrezept des Originalherstellers nachmischen. Da diese Kopien der Originalmedikamente in aller Regel wesentlich preiswerter sind, bezahlt die Krankenkasse bis auf wenige Ausnahmen nur diese Nachahmerprodukte (Generika). Aber selbst die Nachahmerprodukte verschiedener Pharmahersteller unterscheiden sich noch im Preis. Damit die Krankenkassen nicht permanent Preise vergleichen müssen, um sicherzugehen, dass deine Behandlung nie teurer wird als unbedingt nötig, schließen sie mit den Pharmakonzernen direkte Verträge, in denen von vornherein festgelegt wird, welche Firmen dir welche Medikamente zur Verfügung stellen sollen. Auf diese Weise arbeiten die einzelnen Krankenkassen mit den Herstellern zusammen, die ihnen dafür den größten Rabatt zugesichert haben. Zu diesen Herstellerrabatten sind die Pharmaunternehmen übrigens gesetzlich verpflichtet (Preismoratorium).[17] Und es wird noch interessanter: Die Krankenkassen legen für die verschiedenen Medikamente individuelle Beträge fest und bestimmen damit, welchen Preis sie maximal für ein Arzneimittel zu zahlen bereit sind (Festbetrag). Die Krankenkasse will Geld sparen, die Pharmaindustrie will mehr Geld erhalten. Keine guten Voraussetzungen, um miteinander ins Geschäft zu kommen – du kannst dir vorstellen, dass es schwierig wird, einen gemeinsamen Preis zu finden. An dieser Stelle wird es richtig bemerkenswert, denn es kommt tatsächlich vor, dass die Patienten nur die Präparate eines bestimmten Herstellers vertragen, was der Arzt auf dem Rezept durch ein Kreuz neben dem betroffenen Medikament kennzeichnen muss (Aut-idem-Kreuz).

Vielsparer Krankenkasse
Zufall
Reiner
Waldstraße 22
77789 Heilbad
01. 01. 99
112697442 | X195633873 | 1000 1
964496675 | 876757691 | 30. 01. 24
X Turboheiler 700 mg, 100 Stück N3,
1x täglich
Stefan Schmerzweg
Rheumatologe
Olympia-Allee 3
77789 Heilbad
0215/9375590
6664
2704427004

Anderenfalls darf der Patient nicht sein Wunschmedikament bekommen, sondern muss sich mit dem zufriedengeben, was für die Krankenkasse am günstigsten ist. Hier kommt die sogenannte Bioäquivalenz ins Spiel. Entscheidend für die Wirkung eines Medikaments sind der Arzneistoff und dessen Stärke. Die exakte Zusammensetzung der Hilfsstoffe und der Produktionsprozess dürfen hingegen unter einer Bedingung abweichen: Der Hersteller des Nachahmerproduktes spart viel Geld, weil er den Arzneistoff nicht mehr neu testen und zulassen muss. Stattdessen muss er lediglich beweisen, dass bei seinem Nachahmerprodukt genau die gleiche Wirkung in genau der gleichen Zeit, mit gewissen Toleranzbereichen, eintritt wie beim Original. Wenn du zum Beispiel lactoseintolerant bist, kann es sein, dass du die Tabletten von Hersteller A besser verträgst als die von Hersteller B, da Lactose ein häufig verwendeter Füllstoff ist, um daraus stabile Tabletten zu pressen, und Hersteller A durch seinen eigenen Herstellungsprozess darauf verzichten kann. Es ist wichtig zu verstehen, dass der Arzt bei einem verschreibungspflichtigen Arzneimittel in erster Linie nur den Wirkstoff, dessen Stärke und die Packungsgröße vorgibt, *aber die Krankenkasse entscheidet, welches Medikament du am Ende bekommst.* Wenn du das Medikament nicht verträgst, muss der Arzt es kennzeichnen oder du hast Pech gehabt.

Die Ärzte setzen dieses Kreuz auch nicht besonders gern, weil sie ebenfalls dem Wirtschaftlichkeitsgebot verpflichtet sind. Sie haben pro Quartal ein festes Kontingent, das sie einhalten müssen. Günstigere Präparate dagegen können sie öfter verschreiben und damit mehr Menschen helfen. Überschreiten sie dieses Kontingent, weil sie das Kreuz bei zu vielen der teureren Medikamente setzen, werden die Ärzte in Regress genommen und müssen der Krankenkasse Schadensersatz aus eigener Tasche bezahlen.[18] Während meiner Weiterbildung zum Ernährungsberater hatte ich einen Arzt gefragt, unter welchen Voraussetzungen Ärzte das Kreuz setzen, das den Austausch eines Präparates verbietet. Er antwortete mir, dass er grundsätzlich kein Problem damit habe, das Kreuz zu setzen, *solange er es medizinisch begründen könne.* Da es aber kein Wunschkonzert sei und auch die Ärzte an das Wirtschaftlichkeitsgebot gebunden seien, könne er das nicht machen, wenn alle das Original haben wollen. Nur bei bestimmten Medikamenten, die eine sogenannte enge therapeutische Breite haben, sind die Toleranzbereiche der Verträglichkeit so gering, dass sie auf eine Substitutionsausschlussliste genommen werden. Stehen Wirkstoffe auf dieser Liste, dürfen die entsprechenden Präparate generell nicht ausgetauscht werden, wodurch automatisch nur abgegeben werden darf, was auf dem Rezept steht. Dazu gehören die häufig verordneten Schilddrüsenhormone und viele Epilepsiemedikamente.

Der Krankenkasse ist das jedoch egal. Solange das Medikament die gleiche Wirkung hat, schreibt sie dir vor, welche Firma du zu nehmen hast, auch wenn du die Medikamente einer anderen deutlich besser verträgst. Diese Rabattverträge müssen die Pharmafirmen nicht offenlegen. Sie sind streng geheim.[19] Und noch viel schlimmer: *Sie können sich innerhalb weniger Monate ändern, sodass du nur deshalb auf ein neues Produkt umgestellt wirst, das du noch nicht kennst.* Diese Rabattverträge sorgen dafür, dass meine Kollegen und ich ein gutes Fünftel unserer Arbeitszeit dafür aufwenden müssen, den Patienten zu vermitteln, warum sich die Packung jetzt von der unterscheidet, die sie sonst immer bekommen hatten, oder warum sie jetzt auf einmal mehr bezahlen müssen. Dadurch werden sie verständlicherweise massiv verunsichert, zumal der Hersteller gelegentlich auch noch seine Packung rein optisch ändert, was sogar noch das Risiko erhöht, gefälschte Arzneimittel in Umlauf zu bringen. Gerade Senioren, vor allem Demenzpatienten, haben damit ernste Schwierigkeiten und bestehen auf die Verpackungen, die sie schon gut kennen.

Dazu noch ein kurzer Funfact: Wenn eine pharmazeutische Fachkraft in Ausbildung ein Privatrezept bearbeitet, muss sie das Medikament laut Apothekenbetriebsordnung vor der Abgabe vom verantwortlichen Apotheker überprüfen lassen, bei Kassenrezepten erst **nach** der Abgabe, wenn der zuständige Approbierte nicht mehr eingreifen kann.[20] So steht es um die Patientensicherheit bei den gesetzlichen Krankenkassen. Natürlich kontrollieren wir in der Praxis bei jedem Rezept vorher, was da abgegeben wird, unabhängig vom Versichertenstatus.

Jetzt kommt das Tragische: Für mich als Apotheker besteht immer die Gefahr der Retaxation. Die Apotheke kauft alle Medikamente erst ein. Anschließend schickt sie das Rezept an ein Rechenzentrum und die Krankenkasse des Patienten erstattet sodann den Verkaufspreis des

Arzneimittels. Sofern wir dem Patientenwunsch nachkommen und ein Präparat abgeben, das die Krankenkasse nicht genehmigt, weil ihr der gewünschte Hersteller keinen ausreichend hohen Rabatt geben wollte, bezahlt uns die Krankenkasse anschließend keinen Cent. Das bedeutet, dass die Apotheke dem Patienten das Medikament aus eigener Tasche bezahlt und es praktisch verschenkt. Deine Apotheke übernimmt damit für dich ein gewaltiges finanzielles Risiko, das in der Realität schon oft mit voller Breitseite zugeschlagen hat.

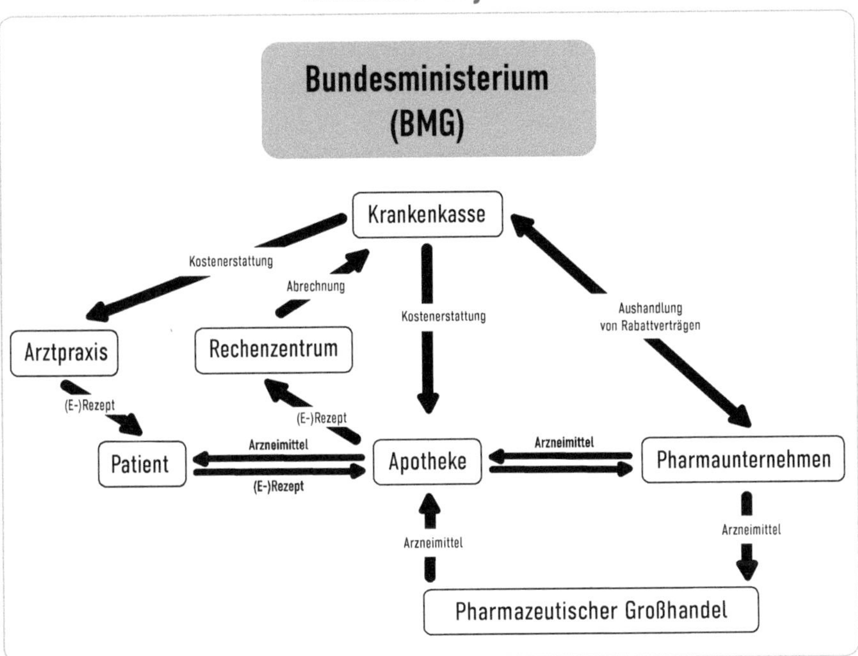

Die größte Katastrophe ereignete sich, als das Apothekenrechenzentrum AvP in Düsseldorf am 15.09.2020 Insolvenz anmeldete.[21] Für die betroffenen Kollegen brach von heute auf morgen ihr gesamtes Leben zusammen, weil dieses Rechenzentrum nicht mehr da war. Hunderte Apotheken, die ihre Rezepte an dieses Rechenzentrum geschickt hatten, waren akut in ihrer Existenz bedroht.

Auch wenn gesundheitliche Dienstleistungen in der Apotheke erbracht werden, bleiben wir auf den Kosten sitzen, wenn diese Dienstleistungen nicht von der Krankenkasse genehmigt werden. Voraussetzung für die Erbringung dieser Dienstleistungen ist eine sogenannte Präqualifizierung der Apotheke durch die Krankenkasse. In der Apotheke werden nicht nur Medikamente auf Rezept verordnet, sondern häufig auch Hilfsmittel, wie Blutzuckermessstreifen, Nadeln, Blutdruckmessgeräte, Milchpumpen, Windelhosen (Inkontinenzeinlagen), Inhalationshilfen und andere Verbrauchsmaterialien. Damit wir diese Hilfsmittel von der Krankenkasse bezahlt bekommen, müssen wir erst die Präqualifizierung bei der »zuständigen Stelle« beantragen. Anschließend wird überprüft, ob die Apotheke zur Abgabe der jeweiligen Hilfsmittel geeignet ist. Dies umfasst logistische Anforderungen, wie barrierefreie Zugänge, die Anwesenheit von Beratungsräumen usw. Werden die Voraussetzungen als ausreichend bewertet, stellt die Prüfinstanz der Apotheke eine Bestätigung aus, die von jeder Krankenkasse akzeptiert werden muss, sodass die Apotheke die Hilfsmittelverträge mit den Krankenkassen abschließen kann. Da die Apotheke die Präqualifizierung selbst bezahlen muss, bedeutet es, dass eine Apotheke mit zusätzlichen Kosten konfrontiert wird, wenn sie den Patienten einen noch besseren Service bieten möchte. Hinzu kommt der monströse bürokratische Aufwand für die Genehmigungsverfahren, Kostenvoranschläge, Rezeptbearbeitung, Unterschriften, Faxe, Bestätigungen abwarten und dokumentieren. Am 14.07.2023 demonstrierte in Düsseldorf der gesamte Berufsstand gegen die Gesundheitspolitik von Gesundheitsminister Karl Lauterbach von der SPD. Es wurde eine Anpassung des Honorars gefordert, um dem Apothekensterben entgegenzuwirken und der überbordenden Bürokratie Rechnung zu tragen. Eine Kollegin berichtete davon, wie sie eine komplette Liege angefertigt hatten und austauschen mussten, weil diese ganze 20 cm höher war, als die Präqualifizierungsstelle akzeptierte. Im Übrigen hat Lauterbach vorgeschrieben, dass die Apotheke den Krankenkassen zusätzlich einen höheren Rabatt in Form des Apothekenabschlags gewähren muss.[22, 23] Da die gesetzlichen Krankenversicherungen die rezeptpflichtigen Medikamente nach der Abgabe durch die Apotheke bezahlen, sind sie gewissermaßen Großkunden der Apotheken, weshalb die Politik die Apotheken zu einer Art »Mengenrabatt« gegenüber den Krankenkassen verpflichtet hat.

MEHRKOSTEN UND LUXUSMEDIKAMENTE

Eines der gravierendsten Probleme in unserem Gesundheitssystem ist, dass es Arzneimittel gibt, die nicht nur kostspielig sind, sondern zu einem großen Teil von dir selbst bezahlt werden müssen, selbst dann, wenn du voll und ganz auf sie angewiesen bist. Solche Preise für deine Gesundheit zahlen zu können, ist wahrhaftiger Luxus. Es gibt Medikamente auf dem Markt, die so hochpreisig sind, dass sie im oberen vierstelligen Bereich oder sogar darüber liegen. Werden uns diese Arzneimittel von der Krankenkasse retaxiert, bedeutet es einen dementsprechend hohen Verlust. Dieser Verlust wirkt sich unmittelbar auf die wirtschaftliche Lage der Apotheke und damit auf ihren Fortbestand aus. Ein Kollege aus Nordrhein-Westfalen musste einen finanziellen Schaden über 8.000 Euro verkraften, weil ihm die AOK die Abgabe des Medikaments Humira® mit dem Rheumamittel Adalimumab nicht bezahlen wollte. Der Apotheker tat der Patientin einen Gefallen und händigte ihr das Präparat aus, an das sie schon gewöhnt war und mit dem sie somit am besten umgehen konnte. Diese Vorgehensweise unterstützt maßgeblich den Therapieerfolg, da die Patienten bekannte Arzneimittel am zuverlässigsten bzw. fehlerfrei anwenden. Stattdessen schrieb die Krankenkasse die Behandlung mit dem Nachahmerprodukt Amgevita vor. Besonders kurios ist die Tatsache, dass dem Apothekenbesitzer das Geld nicht gezahlt wurde, obwohl das vorgeschriebene Alternativmedikament exakt genauso viel kostete wie das Originalpräparat. Somit verweigerte die gesetzliche Krankenversicherung des Patienten die Bezahlung des Medikaments, ohne dass es für sie mit einem finanziellen Schaden verbunden war, und zwar nur, weil die Krankenkasse in Form von Rabattverträgen mit den Herstellern der Nachahmerprodukte zusammenarbeitet, nicht aber mit dem Originalhersteller.[24] Gerade bei den Krebsmedikamenten gibt es viele Neuentwicklungen, für die die Pharmaindustrie sehr hohe Preise verlangt. Verweigert die Krankenkasse uns die Bezahlung, entsteht ein gewaltiger finanzieller Schaden für die Apotheke.

Das bedeutet nichts anderes, als dass ich meinen Job als angestellter Apotheker los bin und der Apothekenbesitzer im Extremfall sein Geschäft für immer schließen muss und ruiniert ist, wenn ich den Patientenwünschen zu oft nach-

komme. Und das nur, weil die Krankenkasse Geld sparen will. Schon ein einziges Medikament kann dafür sorgen, wenn es teuer genug ist. Sehr viele davon, die zudem einen Großteil des Gewinns der Pharmahersteller ausmachen,[25] finden wir bei Arzneimitteln gegen HIV, Hepatitis C, Multiple Sklerose, Mukoviszidose und allen voran bei den Krebsmedikamenten. Anhand dieser Beispiele zeigt sich deutlich, dass Pharmaunternehmen besonders intensiv an der Entwicklung von Arzneimitteln gegen lebensbedrohliche Erkrankungen interessiert sind. Zwar ist das prinzipiell sehr zu begrüßen, jedoch verlangen sie gleichzeitig für die Arzneimittel gegen Krankheiten, bei denen die Patienten am meisten leiden, die höchsten Preise. Beim bisher kostspieligsten Auftrag, den ich für einen Patienten bearbeitet hatte, ging es um Medikamente im Gesamtwert von 44.469 Euro und 86 Cent. Hätte die Krankenkasse die Kosten nicht übernommen, weil wir gegen ihre Rabattverträge verstoßen hätten, hätte es die Apotheke ein Vermögen gekostet. Und das war immer noch nicht genug: Eine Kollegin offenbarte mir, dass Krankenkassen Vertragsärzte beschäftigen, die das Aut-idem-Kreuz – also genau das Kreuz, das die Patienten vor den Rabattverträgen und den bereits aufgetretenen Nebenwirkungen und persönlichen Bedenken schützen soll – extra bei dem Rabattpartner ihrer Krankenkasse machen, damit nur diese eine Firma den Exklusivauftrag bekommt, den Patienten mit ihrem Arzneimittel versorgen zu dürfen.

Vielleicht hast du dich auch schon einmal gefragt, wie die Preise für Medikamente überhaupt zustande kommen. Generell gilt, dass du die Kosten für Medikamente unter fünf Euro, wie ASS, selbst zahlst. Von den Rezeptgebühren kannst du dich aktiv befreien lassen, wenn dich die Beiträge für deine Medikamente mehr als zwei Prozent deines jährlichen Bruttoeinkommens kosten und es schon damit zu einer enormen finanziellen Belastung für dich wird, einfach nur regelmäßig deine Medizin zu bezahlen. Verkauft die Apotheke ein Medikament zu einem Preis zwischen fünf Euro und 50 Euro, übernimmst du fünf Euro selbst, den Rest bezahlt deine Krankenkasse für dich. Bei einem Preis zwischen 50 und 100 Euro bezahlst du stattdessen 10 Prozent des Verkaufspreises, um die Krankenkassen zu entlasten, und bei den Blockbuster-Arzneimitteln, die wir in der Branche liebevoll »Hochpreiser« nennen, wird der Eigenanteil gedeckelt und du zahlst nur 10 Euro vom gesamten Preis deines Medikaments.

Preis des rezeptpflichtigen Arzneimittels	Eigene Kosten des Patienten
Unter 5 €	Alles
5 bis 50 €	5 €
50 bis 100 €	10 % vom Medikamentenpreis
Über 100 €	10 €

Selbst wenn der Arzt aber das Aut-idem-Kreuz setzt, kommen noch die Mehrkosten hinzu. Ja, die heißen tatsächlich so. Genau wie der Name vermuten lässt, kosten manche Medikamente mehr als andere und weichen vom gerade beschriebenen Schema ab. Wenn ein Medikament nach anerkannten, wissenschaftlichen Erkenntnissen das Mittel der Wahl bei einer bestimmten Erkrankung ist, dient es als Maßstab für alle anderen Arzneien zu diesem Anwendungsgebiet. Das heißt, jedes neue Arzneimittel wird in seiner Wirksamkeit mit dem bisher besten Mittel verglichen. Gelegentlich kommt es vor, dass neue, weiterentwickelte Medikamente besser sind als die bisherigen Standardarzneien und in überzeugenden klinischen Studien echte gesundheitliche Vorteile für die Patienten gezeigt haben, wie etwa eine höhere Überlebenswahrscheinlichkeit oder eine eindeutige bessere Wirkung oder weniger Nebenwirkungen. Die Entscheidung über einen etwaigen Zusatznutzen trifft der Gemeinsame Bundesausschuss (G-BA). Er gibt auf der Grundlage seines Urteils eine Empfehlung an das »Institut für Qualität und Wirtschaftlichkeit im Gesundheitswesen« (IQWiG) ab. Hierbei gilt der simple Grundsatz: *»Wenn der G-BA nicht der Meinung ist, dass das neue Medikament besser für den Patienten ist, dann ist es das auch nicht, selbst wenn der Patient es anders sieht!«* Darum ist es wenig verwunderlich, dass die Angehörigen des G-BA von vielen meiner Ausbilder als Theoretiker kritisiert werden, die keinerlei Praxisbezug haben und nicht direkt mit den Auswirkungen auf das Leben leidender Mitmenschen konfrontiert sind. Ich spreche täglich mit diesen hilfsbedürftigen Menschen und weiß daher, dass der G-BA den Patienten dadurch eine ganze Menge an Lebensqualität nimmt bzw. deren Leidensdruck erhöht.

Was bedeutet das in der Praxis? Nichts allzu Erfreuliches: Wenn der G-BA einem Medikament keinen Zusatznutzen bescheinigt und das IQWiG dies bestätigt, ist es für die Krankenkasse nicht besser als das Standardmittel. Die Krankenkasse setzt dann den Preis des Standardarzneimittels als Festbetrag fest. Möchtest du ein anderes Präparat haben, das diesen Festbetrag übersteigt, ist die Krankenkasse der Meinung, dass du stattdessen genauso gut das billigere Standardmedikament nehmen kannst, da das teurere Produkt laut dem G-BA keinerlei gesundheitliche Vorteile bietet, aber dafür sorgt, dass die Krankenkasse unnötig Geld ausgeben muss. Deshalb möchte dir die Krankenkasse in einem solchen Fall nur den Preis für die Standardtherapie (Festbetrag) bezahlen. Holst du dir in der Apotheke dennoch die vom Arzt verschriebene Weiterentwicklung ab, musst du die Differenz selbst übernehmen. Dies gilt selbst dann, wenn der Hersteller des moderneren Arzneimittels einen Rabattvertrag mit der Krankenkasse geschlossen hat und damit bereit ist, sich an den Kosten zu beteiligen. Bei den Rabattverträgen geht es um die Frage, ob dein Arzneimittel überhaupt von der Krankenkasse bezahlt wird. Die Mehrkosten hingegen erhöhen die Rezeptgebühren. Konkret bedeutet das: Wenn dein Diabetesmedikament beispielsweise 120 Euro kostet und du zuzahlungspflichtig bist, zahlst du 10 Euro Rezeptgebühren. Hat dir der Arzt jedoch ein weiterentwickeltes Diabetesmedikament, das 140 Euro kostet, verschrieben, weil es dir damit besser geht als mit der Standardtherapie, zahlst du nicht mehr 10 Euro, sondern stattdessen 30 Euro. Voraussetzung hierfür ist, dass der G-BA die Weiterentwicklung nicht für überlegen hält.

(Medikamentenpreis – Festbetrag) + Rezeptgebühren = Mehrkosten

Beispiel: (140 Euro – 120 Euro) + 10 Euro = 30 Euro

Manchmal kann es sogar passieren, dass du gar nichts bezahlen musst, obwohl du gebührenpflichtig bist. In diesem Fall hat die oberste Vertretung der Krankenkassen, der GKV-Spitzenverband, eingestanden, dass die Krankenkassen den vollen Preis verkraften können, wenn der Pharmahersteller sein Arzneimittel so günstig verkauft, dass es mindestens 30 Prozent unter dem Festbetrag liegt. Kinder bis zum vollendeten 12.

Lebensjahr sind stets von den Rezeptgebühren befreit, sofern sie eine Entwicklungsstörung haben bis zum vollendeten 18. Lebensjahr.

Und nun wird es interessant: Diese Mehrkosten gelten auch *für alle Gebührenbefreiungen* und müssen damit selbst von Kindern bezahlt werden. In der Apotheke gehört es zur Tagesroutine, den verblüfften Patienten zu erklären, warum sie trotz Befreiung plötzlich etwas dazubezahlen. Zumindest im Nachtdienst wissen die Patienten diesen Service sehr zu schätzen und zahlen die Zusatzgebühr in der Regel bereitwillig. Das am weitesten verbreitete Beispiel für Mehrkosten dürften die Schilddrüsenhormone sein, die täglich abgegeben werden. Dank den Mehrkosten haben sie ungewöhnliche Rezeptgebühren von beispielsweise 5,72 Euro. Mehrkosten sind wirklich ein leidiges Thema. Das obige Beispiel war noch vergleichsweise normal und führt in eher wenigen Fällen zu echten Problemen, jedoch gibt es andere Fälle, die zeigen, welcher Wahnsinn sich hinter diesem Konzept verbirgt, und die veranschaulichen, dass der G-BA mit dem Leben von Menschen pokert.

Im Falle einer Patientin kam nur ein ausgewähltes Medikament mit Mehrkosten infrage, um die verbliebenen zwei Prozent ihrer Sehkraft zu erhalten. Diese Patientin hatte vor Gericht verloren, sodass sie neben ihrer Krankheit mit zusätzlichen Kosten belastet ist, die sie immer wieder leisten muss. Die betreffende Krankenkasse zog einen medizinischen Gutachter hinzu, der zu dem Ergebnis kam, dass die Zusatzkosten für jenes Medikament nicht von der Krankenkasse übernommen werden dürfen, da es für den speziellen Fall nicht zugelassen bzw. gedacht ist (Off-Label-Use) und es keine ausreichenden wissenschaftlichen Hinweise darauf gebe, dass dieses Arzneimittel die Situation der Patientin verbessert.

Im medizinischen Gutachten der Patientin sollten folgende Fragen geklärt werden:

1. »Handelt es sich um eine lebensbedrohliche Erkrankung? Falls nein, handelt es sich um eine schwerwiegende, die Lebensqualität auf Dauer nachhaltig beeinträchtigende Erkrankung?«

2. »Stehen andere für diese Indikation zugelassene Arzneimittel vorrangig zur Behandlung zur Verfügung oder gibt es alternativ andere vertragliche Behandlungsmöglichkeiten?«

3. »Existiert eine qualifizierte Studienlage, die eine klinisch relevante Wirksamkeit bei vertretbarem Risiko belegt?«

4. »Falls nein, besteht bei Einsatz des Arzneimittels im Off-Label-Use zumindest eine auf Indizien gestützte, nicht ganz entfernt liegende Aussicht auf einen Behandlungserfolg?«

5. »Ist das beantragte Arzneimittel für die Versicherte zwingend medizinisch notwendig und wirtschaftlich?«

6. »Ist es aus rein medizinischer Sicht nachvollziehbar, dass das Arzneimittel eingesetzt werden soll?«

7. »Liegt ein atypischer Einzelfall vor?«

8. »Ist die Übernahme aus rein medizinischer Sicht empfehlenswert?«

9. »Wird die Übernahme der Mehrkosten sozialmedizinisch befürwortet?«

Zusammengefasst:
Braucht die Patientin dieses spezielle Medikament wirklich, weil es ihr schlecht genug geht, gibt es nichts Billigeres und wie hoch ist die Chance, dass der Einsatz des Präparates überhaupt etwas bringt? Gibt es zusätzlich noch einen guten Grund, warum es sich hier um eine begründete Ausnahme handelt, und ist es überhaupt nachvollziehbar, es zu bezahlen?

Außerdem müssen alle der folgenden Voraussetzungen erfüllt sein, damit die Krankenkasse die Zusatzkosten übernimmt, wenn das Arzneimittel zweckentfremdet wird: »Behandlung einer ‚schwerwiegenden' Erkrankung (lebensbedrohlich/Lebensqualität nachhaltig beeinträchtigt) **und** keine andere Therapie (medikamentös oder nicht-medikamentös zulasten der Krankenkasse) verfügbar **und** aufgrund der Datenlage begründete Aussicht auf einen Behandlungserfolg (zulassungsreife Daten/Phase-3-Daten)«

Unter diesen Voraussetzungen besteht eine »übergeordnete Leistungspflicht«:

1. »Es liegt eine akut lebensbedrohliche oder regelmäßig tödliche Erkrankung vor **und** es ist keine andere Therapie medikamentös oder nichtmedikamentös zulasten der Krankenkasse verfügbar **und** es gibt Indizien, die eine nicht ganz entfernt liegende Aussicht auf Heilung oder spürbare positive Einwirkung auf den Krankheitsverlauf versprechen.«

2. »Es liegt eine seltene unerforschbare Krankheit vor, bei der der Nutzen nach wissenschaftlichen Erkenntnissen das Risiko rechtfertigt.«

Aus dem Gutachten ging hervor, dass es sich bei Morbus Behçet, einer Erkrankung, bei der die Blutgefäße vom Immunsystem angegriffen werden, was zu Entzündungen führt, tatsächlich um eine schwerwiegende Erkrankung handelt, bei der Erblindung und Organschäden drohen, wenn die Krankheit nicht behandelt wird. ABER es liegt trotzdem kein Notstand vor, weil sich der Krankheitsverlauf unter dem Präparat nicht geändert hat. Auch nach der Rechtsprechung des Bundessozialgerichts (BSG) reiche es für einen Notstand nicht aus, dass die Erkrankung unbehandelt zum Tode führt. Dies treffe, so der Gutachter, »auf nahezu jede schwere Erkrankung ohne therapeutische Einwirkung zu.« Laut Gericht muss hingegen »die Erkrankung trotz des Behandlungsangebots mit vom Leistungskatalog der Gesetzlichen Krankenversicherung regulär umfassten Mitteln lebensbedrohlich sein.«

Übersetzt: *Nach Ansicht des Gutachters liegt kein besonderer Ausnahmefall vor, da es günstigere Medikamente gibt und es der Patientin noch nicht schlecht genug geht.*

Die Krankenkasse zahlt also erst, wenn die Patientin trotz aller Standardmedikamente sterben könnte und nur durch ihr Spezialmedikament am

Leben bleiben würde. Hinzu kommt, dass für eine Bezahlung der Mehrkosten eine sogenannte strenge Indikationsstellung gegeben sein muss. Das bedeutet, dass ein Medikament nur für einen ganz bestimmten Zweck angewendet werden darf. Da dieses Arzneimittel im vorliegenden Fall keine Zulassung gegen die entsprechende Erkrankung hat, ist dieser Punkt formal nicht erfüllt, weshalb eine sozialmedizinische Kostenübernahme durch die Krankenkasse im Gutachten nicht empfohlen wird. Im Gutachten wurde bestätigt, dass die Einnahme anderer Arten von Medikamenten aufgrund gefährlicher Nebenwirkungen und anderer Vorerkrankungen zu riskant ist und eine Wirkungslosigkeit verbunden mit einer Verschlimmerung der Krankheit zu befürchten wäre. Außerdem wird ausdrücklich betont, dass eine Behandlung der Erkrankung notwendig ist und sich das Spezialmedikament gut dafür eignet, weil es schon seit langer Zeit erfolgreich eingenommen wird, ohne dass es zur Verschlimmerung der Krankheit oder zu nennenswerten Nebenwirkungen gekommen ist, auch wenn in der wissenschaftlichen Fachliteratur keine Hinweise gewonnen wurden, aber dennoch »Hinweise generierende Indizien für ein positives Nutzen-Risiko-Verhältnis ableitbar« sind.

So weit, so gut, aber hier kommt der Haken: Es gibt günstigere Nachahmerprodukte, die sie noch nicht ausprobiert hat und stattdessen nehmen soll. Eine Ausnahme liegt nur dann vor, wenn die Patientin alle anderen der günstigeren Medikamente so schlecht verträgt, dass der Arzt auch noch die Nebenwirkungen behandeln muss, als wären sie eine vollwertige Krankheit. Außerdem muss der Arzt diesen Umstand eindeutig nachweisen (bzw. melden), nachdem die billigeren Standardmedikamente korrekt über einen »therapeutisch relevanten Zeitraum« angewendet wurden.

Fazit: *Die Einnahme des Wirkstoffs werde als sinnvoll erachtet, aber die Übernahme der Mehrkosten sei nicht notwendig, da es Nachahmerprodukte gebe und der Fall keine besondere Ausnahme sei.*

Ähnlich sieht es bei einem anderen Patienten aus, der so stark allergisch gegen Maisstärke ist, dass er danach mit Atemnot und lebensbedrohlichen Kreislaufbeschwerden ins Krankenhaus eingeliefert wird und daher nur ein bestimmtes Medikament eines ganz bestimmten Herstellers bekommen darf, der auf Maisstärke verzichtet. Der Arzt hat das Kreuz gesetzt, was uns nicht nur dabei hilft, auf die Suche nach einer maisstärkefreien Alternative zu verzichten, sondern auch Verwechslungsgefahren in der Apotheke verhindert. Es ist für den Patienten ein wichtiger Vorteil, da er sein benötigtes Medikament genau kennt und durch Festlegung auf einen einzelnen Hersteller auch kein Arzneimittel eines Rabattpartners versehentlich ausgewählt werden kann, das dann doch die (für ihn) gefährliche Stärke beinhaltet. Durch das Kreuz steht die Eignung des Präparats außer Frage. Trotz dieser eindeutigen Faktenlage hat sich die Krankenkasse geweigert, die Mehrkosten zu übernehmen, und sich damit vor Gericht durchgesetzt, sodass der Patient für den Erhalt seiner Gesundheit tief in die Tasche greifen muss.

Trauriger Spitzenreiter meiner bisherigen Laufbahn war ein Patient, der für ein Krebsmedikament Mehrkosten in Höhe von 25.269 Euro und 33 Cent aus eigener Tasche bezahlen sollte. Der Arzt hatte das Kreuz gesetzt, um den Austausch durch die Rabattarzneimittel zu verbieten. Sicher können wir über die größere Bedeutung dieses Falls streiten, jedoch verdeutlicht dieses Beispiel sehr gut, wovon wir sprechen, wenn wir immer sagen, dass die Krankenkasse ihre Patienten sterben lässt.

Du denkst, es geht nicht schlimmer? Leider doch. Es gibt immer noch wahnsinnigere Ideen auf der Jagd nach niedrigeren Kosten. Für den Fall, dass es keine günstigen Nachahmerprodukte von Arzneimitteln gibt, hat sich die Politik einen weiteren Trick einfallen lassen, um weniger Geld bezahlen zu **müssen**: Laut gesetzlicher Vorschrift haben Apotheken eine Importquote zu erfüllen, das heißt, dass wir einen Anteil der Medikamente aus dem Ausland beschaffen müssen, wenn es von einem Arzneimittel Exemplare aus dem Ausland gibt, die mindestens 15 Euro oder 15 Prozent günstiger sind als das Original. Wir reden hierbei allerdings nicht nur von »normalen« Importen, bei denen die gleichen Arzneimittel im Ausland hergestellt und zu günstigeren Preisen erworben werden. Es handelt sich nicht selten um Reimporte. Das sind Medikamente, die in Deutschland hergestellt, dann ins Ausland verkauft und anschließend günstiger wieder zurück nach Deutschland eingekauft werden, um die Ausgaben zu senken, sodass der Hersteller keinen Verlust durch Preisnachlass in Kauf nehmen muss.[26] Das erhöht zwar die Gefahr, an Fälschungen zu geraten, ist dem Staat bzw. den Krankenkassen aber recht, um Kosten im Gesundheitssystem einzusparen.[27] Die gute Nachricht lautet: All das muss dich nicht kümmern, wenn du Asylbewerber bist, denn in diesem Fall werden nicht nur die normalen Rezeptgebühren, *sondern auch die Mehrkosten für dich übernommen.*[28, 29]

Machen wir das Ganze anschaulich.

Stell dir vor, deine Lieblingscola wäre ein Medikament. Sie ist medizinisch notwendig, damit du nicht verdurstest. Deshalb muss dir deine Krankenkasse grundsätzlich eine Cola bezahlen. Jetzt kann es natürlich sein, dass deine Lieblingscola wesentlich teurer ist als jede andere. Auch die Alternative würde ihren Zweck erfüllen und dafür sorgen, dass du nicht verdurstest, nur schmeckt sie wahrscheinlich nicht so gut und dir wird übel, weil du sie herunterwürgen musst. Aus diesem Grund bestehst du auf deine Lieblingscola, jedoch schüttelt die Krankenkasse den Kopf. Sie sieht es überhaupt nicht ein, mehr zu bezahlen als die günstigste Cola, nur weil du dir den Luxus des besseren Geschmacks gönnen möchtest. Medizin soll nicht schmecken, sie soll wirken. Würde es dir wirklich schlecht genug gehen, würdest du jede noch so günstige Variante schlucken, solange es dir dadurch besser geht. Solltest du jedoch gegen einen bestimmten Farbstoff allergisch sein, der nur in deiner Lieblingscola fehlt, sodass du unbedingt dein Wunschprodukt brauchst, bestehst du darauf, dass es dir bezahlt wird. Jetzt sagt deine Krankenkasse, das sei zwar ein überzeugendes Argument, aber dein Arzt müsse diese medizinischen Bedenken bestätigen, damit du dir den besseren Geschmack nicht einfach mit einer dreisten Lüge erschleichst. Wenn der Arzt nun bestätigt, dass du nur deine Lieblingscola bekommen darfst, weil du gegen vergleichbare Produkte allergisch bist, kann es dennoch sein, dass die Krankenkasse dir nur insofern entgegenkommt, als sie lediglich den Teil des Preises übernimmt, den sie auch für die günstigste Cola bezahlt hätte, und du den Rest, um den dein Wunschprodukt teurer ist, selbst zahlen musst. Und zwar deshalb, weil das zuständige Expertengremium (G-BA) nicht gesagt hat, dass deine Lieblingscola grundsätzlich besser ist als alle anderen. Du hast nur sehr viel Pech und bist ausgerechnet allergisch, also ein tragischer Einzelfall.

Wie du siehst, liegt es nicht an der Apotheke, wenn du dein Wunschmedikament nicht oder zumindest nur zu höheren Kosten erhältst. Stattdessen ergibt es sich dadurch, dass die Politik Ausgaben minimieren möchte. Wir haben inzwischen zwar einen neuen Gesundheitsminister, jedoch demonstriert dieses 15 Jahre alte Satire-Video vortrefflich, wie sich Krankenkassen bis heute verhalten: YouTube: Extra 3 - Die Sendung mit dem Klaus: Krankenkassen.[30]

MEDIKAMENTENMANGEL UND SEINE FOLGEN

Trotz allem können wir froh darüber sein, dass wir die Pharmaindustrie haben, denn ohne sie müssten Abertausende von Patienten an schweren Krankheiten leiden, ohne ihre Beschwerden lindern zu können. Das Problem ist nur, dass es der Pharmaindustrie nicht um Erste Hilfe, Nächstenliebe oder Gesundheit geht, sondern nur um Profitsteigerung, denn ihr wahres Gesicht zeigt sie seit dem Jahr 2022. Infolge der Coronapandemie kam es bis heute zu beispiellosen Lieferengpässen. Deutschland, die einstige Apotheke der Welt, war leergeräumt. Am 30.11.2023 fehlten immer noch 946 Arzneimittel auf dem Markt.[31] Da nicht alle Lieferengpässe erfasst werden, ist die Dunkelziffer deutlich höher. Die Situation ist noch viel schlimmer als in den Medien dargestellt. Stattdessen beschuldigt Lauterbach die Apothekerschaft der Panikmache.[32] Seine Aussage empört die Berufsgruppe nicht nur maßlos, sondern hat auch noch zu einem Notruf an Bundestag und Bundeskanzler in Gestalt einer historischen gemeinsamen Pressekonferenz[33] geführt. In dieser baten die obersten Standesvertretungen aller Apotheker, Ärzte und Zahnärzte darum, den Gesundheitsminister zu stoppen.[34, 35] Bitte werde nicht krank, sonst musst du dich selbst in den Apotheken davon überzeugen, wer recht hat.

Wir sprechen hier von vielen gängigen Medikamenten, rezeptpflichtig und freiverkäuflich gleichermaßen und solchen, die für Patienten mit schweren Leiden absolut unverzichtbar sind. Betroffen war im Winter 2022 wirklich alles: Herzmedikamente, Magenschutz, Cholesterinsenker, Diabetesmedikamente einschließlich Insulinpens, Thrombosespritzen, Asthmasprays, Antibiotika, Entwässerungstabletten, Hustensäfte,

Nasensprays, Mittel gegen Sodbrennen (Antazida), Halsschmerzpastillen, Magenberuhigungsmittel, Erkältungsmittel, Fiebermedikamente, verschiedene Schmerzmittel, Impfstoffe, Betäubungsmittel, Krebsmedikamente und vieles mehr. Tag für Tag standen verzweifelte Eltern vor mir, die schon in mehr als zehn verschiedenen Apotheken versucht hatten, Fiebersäfte für ihre Kinder zu finden und auch von uns enttäuscht wurden, weil sie in ganz Deutschland nicht zu bekommen waren. Bekamen wir eine überschaubare Menge an Nachschub, war dieser spätestens nach einer Woche wieder verschwunden. Obwohl sich die Krise in Windeseile herumsprach, verschrieben Ärzte weiterhin Fiebersäfte, woraufhin wir nur Fieberzäpfchen als Ersatz anbieten konnten. Als die Ärzte dazu übergingen, Fieberzäpfchen zu verschreiben, dauerte es nur wenige Wochen, bis diese ebenfalls nicht mehr beschafft werden konnten. Jetzt hatten wir überhaupt keine Möglichkeiten mehr. Im Jahr 2024 waren Asthmasprays so schwer zu bekommen, dass wir extra Präparate ausländischer Firmen aus Spanien und den USA importieren mussten, einschließlich fremdsprachiger Packungsbeilage.

Das war ein beklemmendes Ohnmachtsgefühl, als mich die Eltern, deren Kinder manchmal Fieber bis zu 40 °C hatten, fragten, was sie jetzt nur machen sollen, und ich ihnen sagen musste, dass wir nichts mehr für sie tun können, dass das Kind viel trinken soll, am besten die Füße unter der Decke rausstrecken soll und dass sie das Kind ins Krankenhaus bringen müssen. Die Situation war über Monate so deprimierend, dass ich mich richtig wertlos gefühlt hatte. Ich war unfähig, den Patienten zu helfen, und kam wir vor wie ein Roboter, der den Menschen in Dauerschleife sagen muss, dass sie umsonst gekommen sind, und ihnen viel Glück bei der weiteren Suche in anderen Apotheken wünscht. Mit der Zeit verwandelte sich die Verzweiflung in Wut und die Patienten wurden immer ungeduldiger, frustrierter und streitsüchtiger, manchmal sogar aggressiv. Es war wie im Krieg: Wir mussten die selten gewordenen Fiebersäfte rationieren und darauf achten, dass Familien keine Hamsterkäufe, wie beim Toilettenpapier, tätigten. Doch manchen Eltern reichte auch das vorrätige Medikament nicht und sie verlangten explizit den Fiebersaft ihrer Lieblingsmarke. Nimm es mir nicht übel, aber für so etwas fehlt mir wirklich jedes Verständnis. Solange es keine andere Möglichkeit gibt, überhaupt ein passendes Medikament aufzutreiben, geht es den

Menschen meiner Auffassung nach immer noch zu gut, wenn sie sich sogar noch über eine medizinische Grundversorgung beschweren, ohne die sie sonst vollkommen mit ihrem Leid allein wären. Einige Eltern beschwerten sich selbst darüber, dass sie ganze 20 Meter zur Arztpraxis zurücklaufen mussten, um ein Rezept ändern zu lassen, damit wir ihnen ein alternatives Medikament aushändigen konnten, oder darüber, dass sie für Paracetamol (den günstigsten aller Wirkstoffe) Mehrkosten in Höhe von 74 Cent bezahlen mussten.

Bis heute schütteln Diabetiker den Kopf, wenn wir sie auf Wartelisten setzen müssen, die zwei DIN-A4-Seiten umfassen, und ihnen nicht sagen können, wann wir ihre Spritzen bekommen. In nahezu jeder einzelnen Woche habe ich Patienten erlebt, die die Suche nach Ozempic® in der siebten Apotheke frustriert aufgaben. Ein Patient berichtete sogar, dass er alle Apotheken in Köln erfolglos danach abgesucht hatte. Nicht einmal die Hersteller erteilten uns auf Anfrage eine Auskunft darüber, wann sie uns diese wichtigen Arzneimittel wieder zur Verfügung stellen können. Im Übrigen verhindert die Pharmaindustrie durch die hoch veranschlagten Preise, dass Millionen Menschen Zugang zu Insulin bekommen.[36] Ich fürchte, die Zeiten, in denen Menschen wie Frederick Grant Banting und Charles Herbert Best für die Entdeckung des Insulins auf Patentanmeldungen verzichteten, um dieses lebenswichtige Hormon der Welt zu schenken,[37] sind vorbei. Inzwischen musste ich in der Apotheke feststellen, dass sogar die ersten Insuline vom Markt genommen werden. Sanofi hat offiziell bestätigt, die Produktion von drei Insulinen weltweit dauerhaft einzustellen, um die Lieferung der häufiger verordneten Insuline sicherzustellen.[38] In der jetzigen Situation, da ich diese Zeilen schreibe, sind die Lieferengpässe bei den Antibiotika ganz besonders tragisch.[39] Noch heute sind ganze Wirkstoffe, wie das Antidepressivum Fluoxetin, unabhängig von Stärken, Packungsgrößen und Herstellern, nicht erhältlich, sodass wir den Ärzten komplett andere Arzneistoffe vorschlagen müssen, um die Patienten zu behandeln. Das bedeutet sehr oft, dass Therapien spontan umgestellt werden müssen, mit allen damit verbundenen gesundheitlichen Risiken. Gelegentlich werden Patienten, wenn überhaupt, erst in anderen Städten fündig, die 20 km oder noch weiter entfernt liegen.[39] Am schlimmsten betroffen sind Kinder, denn für sie gibt es kaum Alternativen zu den Trockensäften, da sie die großen Tabletten nicht schlucken können[40] und ansonsten kaum geeignete Dosierungen auf dem Markt sind. Die Lage ist so dramatisch, dass einige Kollegen dazu übergegangen sind, Fieber- und Antibiotikasäfte in der Apotheke herzustellen und damit den Bedarf immer noch nicht decken können. Kollegen haben mir von Krebspatienten berichtet, die in der Apotheke zusammengebrochen sind, weil es keine Möglichkeit mehr gab, ihnen ihre Medikamente zu beschaffen. Ich selbst musste einen Patienten, der ein hochpreisiges onkologisches Medikament benötigte, wieder fortschicken, weil sein Arzneimittel nicht erhältlich war.

So etwas machen wir selbstverständlich nicht gern, weder aus ethisch-moralischen Gründen noch aus kaufmännischer Sicht, weil uns dadurch eine ganze Menge Geld entgeht. Von so einem Medikamentenmangel profitiert niemand, außer vielleicht die Krankenkasse. Wir werden routinemäßig nach den Gründen für so viele fehlende Arzneimittel gefragt. Es gibt viele, aber der Großteil hängt damit zusammen, dass unsere Medikamente überwiegend in China, Indien oder anderswo im Ausland hergestellt werden, natürlich weil es, wie immer, günstiger ist.[41] Gelegentlich sind diese Umstände auf Schwierigkeiten im Produktionsprozess zurückzuführen, weil ein Gerät kaputt ist oder das Unternehmen eine Inspektion nicht bestanden hat oder die nötigen Ausgangsstoffe nicht in der erforderlichen Qualität erhältlich sind.[42, 43] In dieser Hinsicht ist es gut, dass wir auf viele Nachahmerprodukte zurückgreifen können, wenn ein einzelner Hersteller Probleme bei der Produktion hat.

Ein viel größeres Problem ist jedoch, dass die dringend benötigten Medikamente im Ausland viel öfter zu bekommen sind. Das wiederum liegt ebenfalls daran, dass die deutschen Krankenkassen sparsam sind und den Pharmaherstellern im Ausland weitaus mehr für ihre Waren gezahlt wird.[44] Ein Patient berichtete mir davon, dass ihm im Krankenhaus offenbart wurde, dass ein Arzneimittel trotz seiner hohen Beliebtheit in Deutschland aus dem Handel genommen wird, weil der Hersteller es in Österreich für 13 Euro, in Deutschland jedoch nur für sechs Euro verkaufen kann und sich die Pharmaindustrie deshalb lieber auf die lukrativeren, ausländischen Märkte konzentriert. So machen die Pharmariesen auch vor kranken Kindern nicht halt, wenn es darum geht, Märkte mit zu geringem Profit zu vernachlässigen.[45] Zu allem Überfluss hat China ein neues Antispionage-Gesetz eingeführt, welches die Medikamentenversorgung zusätzlich gefährden könnte. Durch den großen Spielraum dieses Gesetzes haben sowohl interne Firmenmitarbeiter als auch ausländische Behörden Sorge, die notwendigen Inspektionen der Werke in China vorzunehmen. Diese sind notwendig, um das Good Manufacturing Practice (GMP)-Zertifikat zu erteilen, mit dem garantiert wird, dass der Hersteller die strengen behördlichen Vorgaben des Importlandes an die pharmazeutische Produktqualität beim Herstellungsprozess einhält. Ohne diese verpflichtenden Inspektionen bzw. Zertifikate dürfen keine Arzneimittel der betreffenden Hersteller importiert werden. Die Situation wird dadurch verschärft, dass bereits ein Mitarbeiter des japanischen Pharmaunternehmens Astellas 2023 wegen Spionagevorwürfen festgenommen wurde. Betroffen ist unter anderem das Unternehmen Dr. Friedrich Eberth Arzneimittel. Friedrich Eberth beliefert fast alle deutschen Krankenhäuser mit Antibiotika aus China. Laut Geschäftsführer Paul Pach laufen die Zertifikate für ein Arzneimittel und einen kompletten Wirkstoff Ende 2024 aus und kein anderer Lieferant sei dazu in der Lage, einen Ausfall des chinesischen Nachschubs zu kompensieren.[46]

Es kann sogar vorkommen, dass es in der Apotheke zu einem sogenannten Defekt kommt. Ein Medikament ist erhältlich und wird auf Wunsch des Patienten von der Apotheke bestellt, aber der Großhandel verkündet nach erfolgtem Auftrag spontan, dass er die Ware doch nicht liefern kann. Der Patient, der auf sein Arzneimittel wartet, kommt umsonst.

Leider gibt es noch eine weitere Steigerung. Es reicht nicht, dass die Pharmaunternehmen die Versorgung der Patienten gefährden, indem weniger im Inland produziert wird, *sondern sie nehmen auch noch unverzichtbare Medikamente vom Markt, weil sie nicht mehr gut genug daran verdienen.* Lauterbach setzte dem Ganzen am 28.10.2022 mit dem GKV-Finanzstabilisierungsgesetz die Krone auf. Um die Haushalte der Krankenkassen zu entlasten, wurde ein Spargesetz verabschiedet, mit dem die Medikamentenausgaben der Kassen in Höhe von jährlich 50 Milliarden Euro gesenkt werden sollen.[47] Auch hier spielte der G-BA eine tragende Rolle. Indem er vielen Medikamenten keinen Zusatznutzen bescheinigte, konnten die Pharmaunternehmen keine höheren Preise mehr verlangen und brachten mehrere neue

Krebsmedikamente gar nicht erst auf den Markt oder nahmen sie sogar wieder zurück und stellten die Produktion ein.[48] Im Übrigen bekommen wir nach langer Forderung nun eine Pauschale dafür, eine Alternative zu einem nicht lieferfähigen Medikament herauszusuchen. Es ist Herrn Lauterbach ganze 50 Cent wert,[49] dass wir Menschen helfen und damit oftmals Leben retten! Unabhängig von deiner politischen Gesinnung kann ich dir aus meiner eigenen, leibhaftigen Erfahrung berichten, dass Dr. Martin Vincentz das ganze Ausmaß des Problems ungeschönt beschreibt, wenn er im NRW-Landtag den Gesundheitsminister dafür kritisiert, dass Cannabis legalisiert wird[50, 51], aber die Beschaffung wichtiger Medikamente zweitrangig ist.[52]

Die Situation erinnert ein wenig an eine Szene aus dem Film »Snakes on a plane«, in dem ein Kronzeuge während seines Flugs von Hawaii zum Mordprozess nach Los Angeles beseitigt werden soll, indem Massen von durch Pheromone angestachelte Giftschlangen ins Flugzeug geschmuggelt und mitten in der Luft freigelassen werden. Als der führende Schlangenexperte der USA, Dr. Stephen Price zurate gezogen wird, erhält er aus dem Flugzeug Fotos der blinden Passagiere und stellt entsetzt fest, dass sie noch nicht einmal vom amerikanischen Kontinent stammen. Der beisitzende FBI-Beamte Hank Harris versteht das Problem nicht und fordert ihn auf, einfach das passende Gegenmittel für die einzelnen Arten zu beschaffen, woraufhin Price ihn darüber aufklärt, dass die wenigsten Krankenhäuser überhaupt ein Gegenmittel gegen so viele fremde Schlangenarten haben. Darauf fragt Harris ihn, was sie nun tun sollen, worauf der Schlangenexperte Price antwortet, er sei nicht sicher, ob sie überhaupt etwas tun können.

Der Vergleich mit unserem Medikamentenmangel mag etwas übertrieben sein, aber mit der aktuellen Gesundheitspolitik entwickelt es sich genau in diese Richtung. Eine Zusammenfassung von Lauterbachs Plänen, um weiteren Apothekenschließungen in Zeiten von Inflation, Energiekrise, Personalmangel und Apothekensterben entgegenzuwirken, findest du in diesem Video (YouTube: LAUTERBACH ZERLEGT APOTHEKEN).[53] Kurzfassung: Um das Apothekensterben zu stoppen, sollen einfach mehr Filialen eröffnet, dort günstigeres Personal beschäftigt und deshalb auf die Anwesenheit von Apothekern verzichtet werden.

GEHEIMNISSE AUS DEM LABOR

Die Apotheken auf diese Weise abzuschaffen, wäre fatal, denn sie können noch viel mehr als nur Medikamente einzukaufen, weiterzuverteilen, zu kontrollieren und zu beraten. Wenn es keine passenden Präparate auf dem Markt gibt, stellen wir selbst Salben, Kapseln, Flüssigkeiten und andere Produkte her. Als in der Corona-Zeit in den Drogerien das Desinfektionsmittel ausverkauft war, haben wir es für die Bevölkerung hergestellt.[54] Jede Präsenzapotheke muss über ein Labor und ein Nachtdienstzimmer verfügen. Da wir nach der Berufsordnung für Apotheker dafür sorgen müssen, dass hilfsbedürftige Patienten an ihre überlebensnotwendigen Medikamente kommen, muss jede Apotheke auch eigene Arzneimittel (Rezepturen), meistens in Form von Salben, im Labor herstellen, wenn es auf dem Markt keine passenden Medikamente gibt, zum Beispiel für Kinder in einer ganz speziellen Dosierung. Dies erledigen die PTAs und der Apotheker muss die einzelnen Arbeitsschritte kontrollieren und die fertigen Produkte abschließend genehmigen. Seit dem tragischen Vorfall mit den geschädigten Säuglingen im Wuppertaler Krankenhaus, den ich im Teil 1 im Kapitel über das Pharmaziestudium erwähnte,[55] ist eine Plausibilitätsprüfung vorgeschrieben, damit sich so etwas nicht wiederholt. Die verantwortlichen Apothekerinnen hatten nichts anderes getan, als einen Verordnungsfehler des Arztes vorbehaltlos auszuführen. Deshalb muss jede neue Rezeptur, die zum ersten Mal in der Apotheke auftaucht und nicht im Herstellungslexikon, dem Neue Rezeptur Formularium (NRF), gelistet ist, auf ihre Sinnhaftigkeit (Plausibilität) überprüft werden. Dazu gehören unter anderem:

- Die Eignung der Darreichungsform
- Die Art der Anwendung
- Die Dosierung
- Die Stabilität
- Ob das Therapiekonzept des Arztes erkennbar und geeignet ist und vieles mehr

Erst wenn dies vom Apotheker als durchführbar genehmigt wurde, darf das Produkt hergestellt werden. Hierfür werden Ausgangsstoffe verwendet, die zunächst von der Apotheke eingekauft und auf ihre Qualität geprüft werden müssen, denn die pharmazeutische Qualität erfüllt höchste Ansprüche und Minderqualität darf nicht für medizinische Zwecke verwendet werden. Auch hierfür haftet der verantwortliche Apotheker mit seiner Unterschrift, wenn er bestätigt, dass diese Ausgangsmaterialien in deine Medikamente eingearbeitet werden dürfen, weil sie die richtigen sind, keine inakzeptablen Verunreinigungen und die richtige Menge an Wirkstoff enthalten, statt beispielsweise mit Füllmittel oder Wasser gestreckt zu sein. Eine Apotheke ist dazu verpflichtet, mindestens zu überprüfen, ob der gelieferte Ausgangsstoff der bestellte ist. Sofern ein Prüfzertifikat mitgeliefert wird, das die Reinheit und den Gehalt garantiert, kann auf diese Prüfungen in der Apotheke verzichtet werden. Zur Identitätsprüfung ist die Apotheke jedoch verpflichtet, denn es könnte sein, dass beim Hersteller ein Stoff versehentlich in ein falsches Gefäß abgefüllt wurde und du anschließend Kortison in deine Salbe tust, obwohl du ein Antibiotikum einarbeiten wolltest und es womöglich noch gnadenlos überdosiert wird. Deshalb wird noch einmal überprüft, ob in der Lieferung drin ist, was draufsteht, bevor du als Patient zu Schaden kommst. Ist das Ergebnis positiv, erlaubt der Apotheker durch seine Unterschrift die Verwendung der Substanz und gibt sie zur Verarbeitung frei.

Dass diese Vorgehensweise sinnvoll ist, zeigte sich, als eine Apotheke Schlagzeilen machte, weil eine Glucose-Mischung für einen Test auf Schwangerschaftsdiabetes mit dem Lokalanästhetikum Lidocain verunreinigt war und zum Tod einer 28-jährigen Frau und ihres kleinen Kindes führte. Die verantwortliche Apothekerin hatte ein Gefäß mit dem Inhalt eines anderen wiederaufgefüllt, statt es nachzukaufen, und musste sich dafür gar wegen versuchten Mordes durch Unterlassen verantworten.[56] Ähnlich sieht es bei Hustensäften für Kinder aus, die sehr häufig Glycerol als Konsistenzgeber enthalten und dadurch noch dazu süß schmecken. Menschen mit hoher krimineller Energie schrecken in ihrer Profitgier nicht einmal davor zurück, statt Glycerol das chemisch ähnliche Ethylenglykol in die Hustensäfte einzuarbeiten. Ethylenglykol schmeckt genauso süß, ist aber nichts anderes als Frostschutzmittel! Damit vergiften Fälscher sogar vorsätzlich Kinder, indem sie Hustensäfte strecken.[57]

Im nächsten Schritt muss eine Herstellungsanweisung verfasst werden, um dem Amtsapotheker zu beweisen, dass das Arzneimittel nach einem verlässlichen Konzept hergestellt wird. Der Apotheker genehmigt es und erst jetzt wird dein Medikament angefertigt. Als Letztes überprüft der Apotheker, ob das Produkt in Ordnung ist, und gestattet durch seine Unterschrift auf dem Herstellungsprotokoll, dass alles mit rechten Dingen zugegangen ist, sauber gearbeitet wurde und der Patient ein einwandfreies Arzneimittel von höchster Qualität erhält. Und hier trennt sich die Spreu vom Weizen.

Ich schreibe es nicht gern, aber die Wahrheit ist, dass es für etliche schwarze Schafe in der Branche zu zeitaufwendig und umso weniger lukrativ ist, so viel Arbeit für einen einzelnen Patienten zu erledigen. Hinzu kommt, dass Ausgangsstoffe ein Verfallsdatum haben und ohne Wenn und Aber entsorgt werden müssen, wenn diese abgelaufen sind. Das bedeutet, dass du auf einer ganzen Menge teurem Wirkstoff sitzen bleibst, den du wegschmeißen musst, und ein dickes Minusgeschäft machst, wenn du einen teuren Ausgangsstoff für einen einzigen Patienten bestellen musst. Darum gibt es zu viele Kollegen, die nicht nur die Ausgangsstoffprüfungen verweigern, sondern unter einem Vorwand gar keine Rezepturen anfertigen, obwohl sie bei Medikamenten, die auf Rezept verordnet werden, aufgrund des Kontrahierungszwangs gesetzlich dazu verpflichtet sind. In so einer Apotheke könnte ich niemals arbeiten und musste das glücklicherweise auch noch nie, aber ich weiß, dass es sie gibt. Ein extrem tragisches Beispiel ereignete sich in einem der größten Skandale der gesamten Medizingeschichte. Der als »Todesapotheker« bekannt gewordene Kollege Peter S. aus Bottrop wurde 2016 von seinen Mitarbeitern angezeigt und 2018 wegen schweren Betrugs und Verstoßes gegen das Arzneimittelgesetz in über 14.500 Fällen zu 12 Jahren Haft verurteilt. Zusätzlich wurde ihm die Approbation entzogen und ein lebenslanges Berufsverbot verhängt.[58] Peter S. hatte in großem Stil Krebsmedikamente qualitativ völlig minderwertig hergestellt, um es noch würdevoll auszudrücken. Er kaufte wenig Wirkstoff ein, ließ sich viel mehr Wirkstoff bezahlen und behielt das übriggebliebene Geld. Zu diesem Zweck hatte er flüssige Medikamente in Form von Infusionslösungen entweder mit zu wenig Wirkstoff oder gänzlich ohne Arzneistoff hergestellt. Er nahm sogar seinen Hund mit in das Sterillabor,[59] sodass die Gefahr bestand, dass Patienten durch einen septischen Schock (Blutvergiftung) sterben könnten, da Keime leichter in die Behältnisse eindringen können. Tragischerweise konnte er nicht wegen Tötung angeklagt werden, da es nicht möglich war, genau zu beweisen, ob die Krebspatienten an ihrer Krankheit starben oder aufgrund der minderwertigen Rezepturen.

Die Frage lautet aus meiner Sicht daher nicht, ob du in die Apotheke gehen sollst, um dir deine Medikamente zu holen, sondern *in welche*.

GUTE APOTHEKE ODER SAFTLADEN?

Deshalb möchte ich dir hier eine Reihe von Merkmalen vorstellen, anhand derer du die Qualität einer Apotheke einschätzen kannst. Natürlich bedeutet das noch lange nicht, dass die Apotheke automatisch schlecht ist, nur weil sie zufällig einen dieser Punkte nicht erfüllt. Das hier sind keine K.-o.-Kriterien. Doch je mehr dieser Indizien zutreffen, umso sicherer kannst du dir sein, dass du dort gut aufgehoben bist.

1. Du wirst begrüßt.
2. Du fühlst dich willkommen.
3. Das Team ist gut gelaunt.
4. Die Mitarbeiter stellen Rückfragen.
5. Das Labor ist sauber und gepflegt.
6. Die Apotheke hat ein NIR-Gerät.
7. Die Apotheke besteht deine Testkäufe.
8. Die Apotheke ist mit Zertifikaten ausgezeichnet.
9. Die Apotheke ist gut besucht.
10. Es gibt eine Stammbesetzung statt immer neue Gesichter.
11. Du wirst dort als Patient statt als Kunde wahrgenommen.

Lass uns ins Detail gehen.

DU WIRST BEGRÜSST

Klingt wie eine Selbstverständlichkeit, doch ich garantiere dir, es gibt Kollegen, die dafür extra auf Verkaufsschulungen geschickt werden müssen, und ich meine **Verkaufsschulungen**. Wie hoch ist die Wahrscheinlichkeit, dass du nicht willkommen bist, wenn es dir niemand sagt und dich niemand wahrnimmt? Ist niemand in der Apotheke, ist buchstäblich niemand für dich da. Gibt es ein treffenderes Sinnbild dafür, dass es in so einer Apotheke nicht um dich geht, wenn sich dort nicht einmal die Mühe gemacht wird, einen einfachen Gruß auszusprechen? Ganz abgesehen davon, dass es auch darum geht, eine allgemeine Wohlfühlatmosphäre und ein angenehmes Klima zum Arbeiten und Einkaufen zu schaffen. Bestimmt hast du selbst schon erlebt, dass es sich nicht gut anfühlt, wenn du nicht von jemandem begrüßt wirst. Des Weiteren ist eine freundliche Begrüßung ein erstes Indiz dafür, dass die Mitarbeiter in der Apotheke zufrieden sind und ihre Arbeit gern machen, was die Grundvoraussetzung für zuverlässige Arbeit und Kompetenz sind, denn nur wenn du deine Arbeit gern machst, machst du sie auch gründlich und bietest mehr als das unbedingt erforderliche Mindestmaß. An der Begrüßung kannst du häufig direkt die Motivation des Personals messen und ein Gefühl dafür bekommen, ob du dieser Apotheke vertrauen kannst. Höre auf dieses Bauchgefühl.

DU FÜHLST DICH WILLKOMMEN

Wenn du in eine Apotheke gehst und schon ein schlechtes Gefühl hast, gibt es dafür einen Grund. Dein Unterbewusstsein hat aus ähnlichen Situationen in deiner Vergangenheit gelernt. Es greift auf die Erinnerungen an solche Ereignisse zurück, die für dich unerfreulich ausgegangen sind, erfasst automatisch, was unter der Oberfläche liegt, und weist dich darauf hin, dass es nicht so ist, wie es zu sein scheint. Abgesehen davon blockiert ein schlechtes Gefühl auch deine Offenheit gegenüber den angebotenen Dienstleistungen. Du gehst unbewusst in eine Blockadehaltung und kannst dich gegenüber den Mitarbeitern nicht öffnen. Das ist deshalb problematisch, weil gegenseitiges Vertrauen die Grundvoraussetzung ist, um ein gemeinsames Ziel zu erreichen: deine Gesundheit zu fördern.

Lange Rede, kurzer Sinn, vertraue auf dein Bauchgefühl. Wenn du dich dort nicht wohlfühlst, ist das kein gesundes Gefühl und genau dafür steht die Apotheke, denn Medikamente nimmst du schließlich, um dich besser und gesünder zu fühlen statt schlechter. Ich hatte schon Vorstellungsgespräche, bei denen ich mich wie lebendig begraben fühlte und froh war, die Apotheke wieder verlassen zu können. Natürlich habe ich dort nicht angefangen.

DAS TEAM IST GUT GELAUNT

Eine nicht zu unterschätzende Grundvoraussetzung für guten Service. Ist das Team gut gelaunt, geht es ihm gut und du kannst davon ausgehen, dass ein harmonisches Arbeitsklima herrscht, in dem sich alle gegenseitig unterstützen und es keine internen Streitigkeiten gibt. Es gibt nichts Schlimmeres als Mobbing am Arbeitsplatz und gerade in der Apotheke kann es nicht gut gehen, wenn Kollegen sich den schwarzen Peter zuschieben oder sich sogar gegenseitig bei der Arbeit sabotieren. Der Leidtragende solcher Revierkämpfe wirst du als Patient sein, denn die Arbeit der Apothekenmitarbeiter ist der Dienst an deiner Gesundheit. Deshalb gehe ich so weit zu behaupten, dass Apothekenpersonal, das sich selbst bekriegt, deine Gesundheit gefährdet. Mitarbeiter, die ihren Dienst nur widerwillig ausführen und sich frustriert dazu überwinden müssen, ihren Aufgaben nachzukommen, können keine gute Qualität liefern, da jegliche Motivation fehlt und das wirst du spüren. Herrscht stattdessen ein gesundes Betriebsklima, wird es auch auf deine Gesundheit abfärben.

DIE MITARBEITER STELLEN RÜCKFRAGEN

Wie oben beschrieben ist es die Pflicht eines jeden Apothekenmitarbeiters, genau zu überprüfen, welche Option für dich die beste ist. Meine Kollegen und ich wissen, wie viele Falschinformationen im Internet kursieren und dass Diagnosen gern selbst gestellt werden, ohne monatelang auf einen Arzttermin zu warten. Darum wird ein verantwortungsvoller Apothekenmitarbeiter etliche Rückfragen stellen, um sicherzugehen, dass es keine Missverständnisse gibt oder sogar noch eine bessere Lösung für dich möglich ist. Fragen im Allgemeinen zeigen auch, dass sich dein Gesprächspartner wirklich für dich interessiert, und ich bin mir sicher, dass du genau das erwartest. Eine vernünftige Beratung ist nicht möglich, ohne Fragen zu stellen. Darüber hinaus sind diese Fragen ein Beweis für die vorhandene Expertise des pharmazeutischen Personals, denn wahres Wissen zeigt sich erst im Gespräch, wenn es keine vorgefertigten Antworten gibt, sondern dein Gesprächspartner auf deine eigenen Einwände, Probleme und Vorstellungen eingehen muss. Mit Rückfragen bietet dir der Mitarbeiter kostenlos seine ganze Erfahrung, zusätzliches Expertenwissen und wertvollen Service an. Gib ihm diese Chance, sich um dich zu kümmern. Oder möchtest du lieber jemanden vor dir haben, der nur dein Geld kassiert und dann froh ist, dass du wieder gehst, als wärst du ein x-beliebiger Vagabund?

DAS LABOR IST SAUBER UND GEPFLEGT

Nur die wenigsten Apotheken sind so gebaut, dass du einen direkten Blick in das Labor werfen kannst. Was spricht dagegen, dass du dir als Patient das Labor einmal kurz zeigen lässt? Du musst nicht beurteilen können, ob alle Sicherheitsvorschriften eingehalten werden oder ob es geeignete Fluchtwege oder genug Feuerlöscher gibt. Der erste Eindruck zählt und den Zustand eines Labors kannst du selbst als Laie gut erfassen. Fühlst du dich zu Hause wohl, wenn es unordentlich ist? Eine gepflegte Umgebung spricht für Sorgfalt und zeigt, dass die Apotheke in der Lage ist, den vorgeschriebenen Hygieneplan umzusetzen. Dein Vorteil ist, dass die Apotheke nicht damit rechnet, auf diese Weise kontrolliert zu werden. Das bedeutet, dass sie dir auf diese Anfrage ihr wahres Gesicht zeigen muss. Natürlich ist der Apothekenbesitzer nicht dazu verpflichtet, dieser Bitte nachzukommen, aber was spricht dagegen, die Karten offen auf den Tisch zu legen, solange er im Herstellungsbereich keine Zytostatika verarbeitet, vor denen er dich schützen muss?

Vor vielen Jahren war ich in einer Apotheke, in der ich ein Labor vorfand, das in einem ziemlich bemitleidenswerten Zustand war. Die Arbeitsgeräte sahen aus, als wären sie auf dem günstigsten Trödelmarkt gekauft worden und funktionierten nicht mehr einwandfrei. In den Schubladen lagen abgenutzte Metallspatel und sogar noch Hornlöffel, die vorne völlig kaputt waren und auseinanderklafften, sodass sich Rückstände in den Öffnungen ablagern konnten, was die Reinigung massiv erschwerte. Die Arbeitsflächen waren vergilbt und der Abzug wies mehrere Brandflecken auf. Säure hatte sich durch die Abdeckung gefressen und schwarze Verfärbungen deuteten auf verschüttetes Silbernitrat hin. Dies wäre ein Indiz dafür, dass die Apotheke die Identität der Ausgangsstoffe vorbildlich überprüft, wenn es da nicht eine kleine Ungereimtheit gegeben hätte. Die Prüfchemikalien im Gefahrenschrank waren verstaubt, mit Pulverresten verkrustet und dienten somit anscheinend rein dekorativen Zwecken. Das sprach dafür, dass anscheinend **keine** vorgeschriebenen Stoffprüfungen durchgeführt wurden, was sich schließlich bewahrheiten sollte. Seitdem habe ich mir fest vorgenommen, dass ich mir bei jedem Vorstellungsgespräch genau das Labor ansehe, nicht zuletzt, da ich dafür verantwortlich bin, was dort passiert und für die Qualität der dort hergestellten Arzneimittel hafte. Allerdings müssen wir bedenken, dass die Ausstattung eines Labors auch vom Alter des Gebäudes und dem Budget der Apotheke abhängt. In einer kleinen, traditionellen Apotheke wirst du kaum ein Bild vorfinden, wie es sich in einem modernen Forschungslabor bietet, jedoch kannst du dir in jedem Fall einen vielsagenden Eindruck verschaffen.

DIE APOTHEKE HAT EIN NIR-GERÄT

Ein NIR-Gerät ist eine Maschine, mit der charakteristische Bausteine in der chemischen Struktur der Ausgangssubstanzen durch elektromagnetische Wellen im Infrarot (IR)-Bereich angeregt werden. Dadurch werden diese Strukturbestandteile in Schwingungen versetzt, die von dem Gerät gemessen und aufgezeichnet werden können (IR-Spektrum). Anschließend wird das erhaltene Bild mithilfe einer Datenbank verglichen, in der die bekannten Bilder der Stoffe gespeichert sind, deren Identität du nachweisen möchtest. Möchtest du beispielsweise überprüfen, ob du vom Lieferanten eine Dose Paracetamol bekommen hast, nimmst du ein solches Spektrum mit einem kleinen Teil deiner Lieferung auf und vergleichst es mit dem Spektrum aus der Datenbank, das durch echtes Paracetamol (Referenz) erhalten wurde. Dadurch kann die Identitätsprüfung von Ausgangsstoffen schnell, effizient, sicher, relativ einfach und mit wenig Personalaufwand durchgeführt werden.

Dieses Kriterium ist kein absoluter Mindeststandard. Der Fairness halber muss gesagt werden, dass diese Prüfgeräte ein recht seltener Anblick in der Apotheke sind und definitiv nicht zur Standardausstattung gehören, schließlich kosten sie gut und gern um die 10.000 Euro. Aber wo Wille und Bedarf sind, da sind auch Finanzierungsmöglichkeiten. Ich kann dir versprechen, dass alle Apotheken, in denen ich ein solches Gerät vorfand, stets ein vortreffliches Beispiel für unsere pharmazeutische Zunft waren und ich gern dort gearbeitet habe. Vorbildlichkeit, saubere, gewissenhafte Arbeit und Effizienz wurden hier großgeschrieben. Der Wille, sich ein teures NIR-Gerät anzuschaffen, zeigt nicht nur, dass die Apotheke ihrer Pflicht nachkommt, die Identität von Ausgangsstoffen zu prüfen, sondern auch, dass das Labor ein wichtiger und gefragter Teil der Apotheke ist. Anscheinend wird es jeden Tag in Anspruch genommen. Es zeigt ebenso, dass ein großer Bedarf besteht, weil viele Arzneien dort hergestellt werden, für die wiederum eine Vielzahl an Ausgangsstoffen geprüft werden muss. Das NIR-Gerät hilft nicht nur, das Labor sauber zu halten, sondern ermöglicht einen umfassenderen Arbeitsschutz für die Mitarbeiter, da diese mit weniger Chemikalien umgehen müssen und damit einem geringeren Gefahrenpotenzial ausgesetzt sind. Ganz zu schweigen davon, dass es die Effizienz im Betriebsablauf um ein Vielfaches erhöht.

Ich kann aus jahrelanger Laborerfahrung bestätigen, dass es enorm aufwendig ist, solche Stoffprüfungen durchzuführen. Du musst den Arbeitsplatz vorbereiten, die Chemikalien bestellen, korrekt lagern, sichern und kontrollieren, Laborgeräte aufbauen und zum Schluss alle Chemikalienabfälle fachgerecht als Sondermüll entsorgen und dann noch alles säubern, spülen und aufräumen. Du kannst dir vorstellen, dass dies so manchem Apothekenleiter ein Dorn im Auge ist, weshalb er auf diese Prüfungen oder die Anfertigung der Rezepturen lieber ganz verzichtet. Gerade wenn du viele Rezepturen anfertigen musst, hast du dafür bei der dürftigen Personalsituation keine zeitlichen Kapazitäten, dich vorbildlich dieser Vorschrift zu widmen. Deshalb ist es sinnvoll, das Geld in ein solches Gerät zu investieren, das dir innerhalb von fünf Minuten verlässliche und belastbare Ergebnisse für die Revision liefern kann. Mit einem NIR-Gerät beweist die Apotheke, dass sie hohe Ansprüche an sich selbst stellt, Wert auf qualitativ hochwertige Arbeit legt und bereit ist, darin zu investieren. Mit anderen Worten: Deine Gesundheit ist es der Apotheke wert, dafür zusätzliches Geld auszugeben. Frag doch nach, ob deine Apotheke so etwas benutzt.

DIE APOTHEKE BESTEHT DEINE TESTKÄUFE

Es ist ein weit verbreitetes modernes Marketinginstrument, die Ware vor dem Kauf erst zu testen. Was spricht dagegen, dies auch bei einer Dienstleistung zu tun? Das Kernelement, für das die Apotheke steht und das sie selbst in den Vordergrund stellt, ist die Beratung. Überzeuge dich selbst und führe doch mal in der Apotheke einen Testkauf durch. Das ist kein Exklusivrecht der Apothekerkammer. Erkundige dich ruhig einmal nach einem bestimmten Produkt, mit dem du dich gut auskennst, oder sprich mit den Mitarbeitern zu einem Thema, bei dem du gut mitreden kannst, stell dich ein wenig dumm und schau, ob dich die Antworten überzeugen. Ich selbst habe das schon bei zwei Apotheken gemacht.

Da mir von der langen Computerarbeit ohnehin die Augen brannten, ging ich mit meiner Großmutter in eine Apotheke und erkundigte mich dort nach einem Produkt gegen meine gereizten, trockenen Augen, ohne erkennen zu lassen, dass ich fachkundig bin. Die Beratung war in der Tat sehr zufriedenstellend. Die Kollegin erwähnte, als ich sie nach meinen Beschwerden fragte, dass sie keine Diagnosen stellen dürfen, empfahl mir ein Produkt (auch noch kostengünstig), das sie als natürliches Antibiotikum vorstellte. Obwohl ich das bei diesem anthroposophischen Mittel anders sehe, ist es durchaus eine Ansichtssache, weshalb ich diesen Punkt vernachlässigen möchte. Daraufhin bat ich sie in die Beratungskammer und gab mich hinter verschlossenen Türen zu erkennen. Die Kollegin war so erschrocken und niedergeschlagen, dass sie mir aufrichtig leidtat, obwohl ich nur aus Interesse gefragt hatte, ohne sie bloßstellen zu wollen. Sie merkte an, dass sie erst kürzlich einen anderen Testkäufer gehabt hatte, was ich natürlich nicht wissen konnte. Alles in allem war ich sehr zufrieden, kommunizierte es ihr auch und merkte als konstruktive Kritik lediglich an, dass sie sich nach meinen Lebensumständen erkundigen könnte, um die Bildschirmarbeit als Ursache zu finden. Auf meine demonstrative Frage, ob ich noch etwas beachten muss, hätte ich mir einen Hinweis auf das Haltbarkeitsdatum der Augentropfen gewünscht, da diese Produkte verkeimen und zu ernsten Augeninfektionen führen können. Abschließend erwähnte ich, dass sie mich noch darauf hinweisen solle, den Arzt aufzusuchen, wenn die Symptome nicht besser oder gar schlimmer werden. Eine gute Apotheke wird Testkäufe, wie sie von der Apothekerkammer propagiert werden, als wertvolle Kritik verstehen.

Hier noch ein weiteres Beispiel: Der Filialleiter einer anderen Apotheke sah mich an, als ob ich mich gerade vor seinen Augen an der Kasse vergriffen hätte, als ich ihm die Hand reichte und verweigerte mir eine Auskunft, nur weil ich offensichtlich nicht vorhatte, etwas zu kaufen. Er wollte wissen, was ihm ein Gespräch bringe, kam mit einer Ausrede, dass er weiterarbeiten müsse (schließlich kenne ich die Arbeitsabläufe in einer Apotheke genau) und obwohl es natürlich sein gutes Recht war, lehnte er eine Frage nach einem Termin ab mit der Begründung, dass er mich nicht kenne. Dieser Kollege erwies sich als dermaßen arrogant, dass ich wissen wollte, ob diesem Verhalten eine ausreichende Beratungsqualität gegenübersteht.

Ich erkundigte mich nach einer Packung Migränetabletten und kaufte gleichzeitig eine Packung Paracetamol. Der Herr, der vor mir hinter dem Tresen stand, beriet mich gut und bestand sogar meinen Test, indem er mich darauf hinwies, dass die Migränetabletten ebenfalls Paracetamol enthielten und dies bei der Dosierung berücksichtigt werden müsse. Zwar hatte er sich bei der Höchstmenge vertan, jedoch klärte er mit mir meine Symptome ab, um die Möglichkeit einer Coronainfektion auszuschließen, was mir sehr gut gefiel, da wir dieses Gespräch auf dem Höhepunkt der Pandemie führten. Ein großer Fehler war hingegen, dass er nicht fragte, ob das Migränemittel für mich oder jemand anders war, denn hätte ich es für eine hochschwangere Frau mitgebracht, hätte er gewaltige Probleme bekommen. Bei dem Hustenstiller, den ich ebenfalls gekauft hatte, tappte er in die nächste Falle, denn er hatte nicht gefragt, ob ich unter Asthma leide. In diesem Fall hätten die Tabletten auf keinen Fall abgegeben werden dürfen.

Fazit: Beratung erfolgt, sehr bemüht mit vielen guten Punkten, aber leider die rote Ampel überfahren.

Als ich am nächsten Tag die verantwortliche Vertretung damit konfrontierte, war ich sehr angenehm überrascht, wie professionell er sich verhielt. Er bedankte sich und sagte, dass er diese Rückmeldung als wertvolle Information für die zukünftige Beratungsleistung schätze. Du siehst, solange die Kritik positiv, wertschätzend und vor allem konstruktiv ist, hilfst du dem Apothekenpersonal mit solchen Testkäufen sogar, die Beratungsqualität aktiv zu verbessern.

DIE APOTHEKE IST MIT ZERTIFIKATEN AUSGEZEICHNET

Es gibt viele Wege, um die Extrameile zu gehen. Auch wenn Zertifikate heutzutage sehr oft überbewertet werden und genauso wenig über Qualität aussagen wie Schulnoten, sollte das niemanden davon abhalten, sie zu präsentieren, wenn diese durch prestigeträchtige Maßnahmen erworben wurden. Es gibt viele Zertifikate, die eine Apotheke erwerben kann. Aus meiner Sicht sind sie alle ein seriöser Ausdruck dafür, dass die Apotheke daran arbeitet, erstklassige Qualität zu erbringen, die über das gesetzliche Minimum hinausgeht, zumal die Apotheke für ehrlich verdiente Zertifizierungen bezahlen muss.

Eine Apotheke kann für ein gut funktionierendes Qualitätsmanagementsystem (QMS) ausgezeichnet werden. Das ist zwar verpflichtend, jedoch zeigt die Zertifizierung, dass die Apotheke gute Arbeit leistet und ihre Abläufe stimmen. Darüber hinaus kann eine Apotheke nach ATHINA (Arzneimitteltherapiesicherheit in Apotheken) zertifiziert werden und dadurch bestätigen, dass sie in der Lage ist, ein Medikationsmanagement durchzuführen und damit komplexe Therapiepläne mit mehreren Medikamenten auf ihre Optimierung hin zu überprüfen, was den Patienten einen erweiterten und hochwertigen Service bietet. Sogar die regelmäßige Teilnahme an Fortbildungen kann von der Apothekerkammer zertifiziert werden, wenn 150 Fortbildungspunkte erworben werden. Diese müssen innerhalb von drei Jahren erreicht werden. Bedenken wir, dass ein einzelner Fortbildungsabend mit drei Punkten honoriert wird, zeugt das Fortbildungszertifikat zu Recht davon, dass sich der Teilnehmer sehr darum bemüht, sein Wissen zu erweitern und neue Kompetenzen zu erwerben. Ringversuche, die mit dem Zentrallaboratorium der Deutschen Apotheker (ZL) durchgeführt werden, sind ebenfalls ein sehr beachtliches Qualitätsmerkmal, denn damit weist die Apotheke nach, dass ihre selbst hergestellten Arzneimittel die strengen gesetzlichen Anforderungen tatsächlich erfüllen, was in einem externen Labor getestet und bestätigt wurde.

In allen Fällen kannst du dir sicher sein, dass solche Apotheken mehr bieten, als nur die Standards zu erfüllen.

DIE APOTHEKE IST GUT BESUCHT

Qualität spricht sich herum. Es heißt: Je besser der Club, umso strenger der Türsteher. Entsprechend lang ist die Warteschlange. Eine Finanzdienstleistungsgesellschaft warb während meines Studiums damit, dass sie permanent ausgebucht ist, was sich allerdings schnell durch die sehr flexiblen Termingestaltungen widerlegen ließ. Ob ein Dienstleister permanent ausgebucht ist, erkennst du sofort, wenn du versuchst, einen

Termin zu bekommen. Bei meinem Bühnenmentor musste ich bis zu drei Wochen warten, bis ich einen neuen Termin für ein Folgegespräch buchen konnte, und als mir dies aufgrund eines technischen Fehlers im Programm nicht gelang, war selbst der früheste Termin in drei Wochen schon wieder vergeben, bevor ich mich eintragen konnte. Natürlich behaupte ich nicht, dass du in einer guten Apotheke ständig warten musst, jedoch zeugt es von einer hohen Nachfrage, wenn du gelegentlich mal in der Schlange stehst. So etwas kannst du nicht vortäuschen. Diese Beliebtheit hat sich die Apotheke erarbeitet.

ES GIBT EINE STAMMBESETZUNG STATT IMMER NEUER GESICHTER

Ich wurde einmal gefragt, ob es vorgeschrieben ist, dass Apotheker regelmäßig den Betrieb wechseln müssen. Nein, müssen wir nicht. Das wäre sicher nicht im Interesse eines Apothekenleiters, schließlich ist der Fachkräftemangel in der Pharmazie so eklatant, dass regelmäßig Kollegen aus dem Ruhestand für die Apotheke reaktiviert werden müssen. In meiner Lehrzeit stand ich als Apotheker in Ausbildung mittags allein im Handverkauf, weil die Filialleiterin mit Beten beschäftigt war. Eine Kollegin verkündete anonym in der Fachpresse, dass es kein Wunder sei, dass es immer dieselben Apotheken sind, die nach Personal suchen, und damit hat sie vollkommen recht. Ich habe schon in einigen Apotheken mit hoher Personalfluktuation gearbeitet und in keiner davon war ich dauerhaft glücklich. Als ich während meiner Zeit als wissenschaftlicher Mitarbeiter in einem dieser Betriebe gebeten wurde, doch bei den Studenten Werbung für die Apotheke zu machen, um Nachwuchs zu rekrutieren, musste ich erwidern, dass ich bessere Gründe brauche, als den Studenten mitzuteilen, dass viele neue Kollegen kommen und gehen.

Die Gründe hierfür können verschieden sein: Vielleicht ist der Chef zu schlecht gelaunt. Vielleicht stimmt die Chemie unter den Kollegen nicht. Vielleicht kann der Mitarbeiter die Geschäftsphilosophie nicht mit seinem Gewissen vereinbaren. Vielleicht wurde er durch ein besseres Gehalt abgeworben. Vielleicht sind die Patienten zu anstrengend. Vielleicht kann sich der Mitarbeiter nicht entfalten oder es bieten sich ihm zu wenige Aufstiegsmöglichkeiten oder die geografische Lage der Apotheke ist zu ungünstig. Und ja, manchmal schlägt schlichtweg der Klapperstorch zu.

Manche Apotheken sind sogar so chronisch unterbesetzt, dass sie sich für Vertretungen an Vermittlungsagenturen wenden müssen und dafür hohe dreistellige Summen pro Tag zahlen, zuzüglich Entfernungspauschale, Provision und gegebenenfalls Unterkunft. Wenn eine Apotheke ihrem eigenen Personal schon nicht gefällt, warum sollte sie dann für dich als Patient attraktiv sein?

DU WIRST DORT ALS PATIENT STATT ALS KUNDE WAHRGENOMMEN

Ein sehr unterschätzter Punkt, den ich in dieser Form selbst in den guten Apotheken noch nie erlebt habe. Meine Ausbildung war sehr intensiv und hat mich geprägt. Immer wieder wurde mir beigebracht, dass wir es mit hilfsbedürftigen Menschen zu tun haben, die dringend fachkundige, medizinische Hilfe benötigen. Patienten eben. Und dann diese typische Apothekenrhetorik: Kundenkarten, Kundenanfragen, Kundendaten, Kundenrechnungen, Kundenbestellungen, Kundenwünsche, Kundentelefonate, Problemkunden, Kunden, Kunden, KUNDEN! Dieses Wort hat sich in der Apothekenwelt so weit verbreitet, dass ich mich manchmal selbst dabei ertappe, wie ich es gebrauche und mich aktiv dagegen wehren muss, es zu übernehmen. Für mich ist jemand, der zu uns hereinkommt, viel mehr als nur ein wandernder Geldbeutel. Es ist ein Mensch, um den wir uns kümmern müssen. Ein Mensch, der uns sein Vertrauen schenkt und kommt, weil wir ihm mit Rat und Tat zur Seite stehen sollen. Im Übrigen kommt er zu uns und nicht zur (Internet-)Konkurrenz. Ist er es allein aus diesem Grund nicht wert, ihm eine Wertschätzung entgegenzubringen, die über die Dankbarkeit von Umsatzsteigerung hinausgeht? In einer guten Apotheke steht immer der Mensch im Mittelpunkt und dazu gehört, dass wir manchmal auch »Nein« sagen, wenn wir denken, dass dein Wunschmedikament dir nicht guttut.

DIE GEFAHR IM NETZ

In der Praxis hat sich gezeigt, dass die meisten Patienten in die Apotheke gehen, weil sie dem Internet nicht vertrauen. Von der Sinnhaftigkeit konntest du dir bis hierher ein gutes Bild machen. Dennoch kommen jeden Tag Patienten in die Apotheke, die uns entweder detailgetreu ein Präparat aus der Werbung beschreiben oder ihr Smartphone zücken und uns das Produkt zeigen, das wir oft gar nicht bestellen können, weil es nur im Ausland vertrieben wird. In seltenen Fällen können wir zwar Medikamente aus dem Ausland importieren, wozu wir grundsätzlich verpflichtet sind, jedoch gelten dafür gewisse Regeln. Wir dürfen das nur, wenn das gewünschte Medikament im Herkunftsland und in Deutschland im Handel zugelassen ist. Möchtest du etwas aus dem Ausland bestellen, was von jemandem in der Garage zusammengebraut wurde und als geheimes Wundermittel exklusiv im Ausland verkauft wird – keine Chance!

Leider sind es nicht ausschließlich die sozialen Medien, die so viele Falschinformationen verbreiten, dass ich mir manchmal vor Wut den Kittel von den Schultern reißen möchte. Du kennst sicher die Warnungen, niemals deine Symptome zu googeln. Keine Angst, wir haben alle schon gesündigt, selbst ich mit meinem Haarausfall. Wenig überraschend wurde mir auf vielen Seiten direkt zu einer Haartransplantation geraten. Eine sehr kostspielige Lösung, versteht sich. Das Lied »Never Google Your Symptoms« fasst perfekt zusammen, warum es dir oft nur Schmerz und Kummer bereitet, wenn du mit Hilfe von Dr. Google Arzt spielst, aber du höchst selten Erleichterung oder auch nur Klarheit bekommst. (YouTube: Henrik Widegren – Never Google Your Symptoms).

In dem Lied heißt es unter anderem: »Googelst du Husten und Diagnose, dann hast du Tuberkulose!«[60] Als gewissenhafter Wissenschaftler habe ich mir den Spaß gemacht, das tatsächlich mal auszuprobieren. Gleich an vierter Stelle von 6,86 Millionen Suchergebnissen findest du die »Lungenärzte im Netz« (Stand 20.11.2023, abgerufen 22:49 Uhr), die dir eine Liste mit möglichen Ursachen zur Verfügung stellen. Du kannst zwischen Asthma, Tuberkulose oder Lungenkrebs frei wählen.[61]

Und wie sieht es mit anderen Quellen aus, zum Beispiel mit Foren? Diese sind überaus beliebt und leicht zu finden. Allen voran haben die beiden Foren »www.gutefrage.net« und »www.gesundheitsfrage.net« beträchtliche Prominenz erlangt. Stellst du hier simple Fragen, wie beispielsweise, ob du Ibuprofen in der Stärke 600 mg nur auf Rezept bekommst, erhältst du sehr spannende Antworten. Die Gemeinschaft ist sich nicht einig und deshalb bekommst du dort solche Auskünfte:

- Ja.
- Nein.
- Vielleicht.
- Nein, nicht in Deutschland.
- Ja, wenn du mit dem Apotheker befreundet bist.
- Ja, aber der Apotheker geht in den Knast.

Tabletten mit 600 mg Ibuprofen bekommst du hierzulande übrigens ausschließlich mit Rezept.

Funfact: Auf die Idee, dass du einfach drei rezeptfreie Tabletten mit 200 mg nehmen kannst, kommt das Arzneimittelgesetz nicht.

Aber vielleicht hast du keine Schmerzen, sondern warst einfach nur ein bisschen unvorsichtig und willst bloß wissen, ob die Pille danach wirklich eine Schwangerschaft verhindert? Eine der beruhigenden Antworten lautet: »Ja, deshalb heißt sie ja die Pille danach. Kannst du hinterher noch nehmen, da sie eine Schwangerschaft verhindert.« Ich habe schlechte Nachrichten für dich. Das sind echte Fake News! Die Pille danach gab es früher nur auf Rezept und als sie aus der Verschreibungspflicht entlassen wurde, hat unser Gesetzgeber beschlossen, dass du eine ausführliche Beratung bekommen musst. Das ist zu begrüßen, da du durch Anwendungsfehler trotz Pille danach schwanger werden kannst, weil du nicht darüber aufgeklärt wurdest, wie sie richtig einzunehmen ist, wie sie wirkt, wann es keinen Sinn ergibt, sie zu nehmen, und welche Fehler du unbedingt vermeiden musst. Das ist der Grund, weshalb dieses Präparat per Gesetz nicht im Internet verkauft werden darf. Wird es dir im Netz angeboten, kannst du dir sicher sein, dass es illegal ist.

Übrigens ist www.gutefrage.net genau das Forum, in dem du Fragen wie die der zwölfjährigen »Einhorn Juliaaaaa« findest, die sich öffentlich danach erkundigt, ob sie noch Jungfrau sei, wenn sie im Rahmen pubertärer Experimente einen Stift seit einem halben Jahr bereits sechs Zentimeter in ihren Körper eingeführt hat. Bei diesen Beispielen handelt es sich sogar noch um vergleichsweise harmlose Varianten.

Schon lange vor dem Aufstieg von TikTok und seinen tödlichen Challenges existierten Anleitungen, wie sich Kinder DXM-Bomben basteln können, um sich damit in einen Rausch zu versetzen. DXM steht für den Wirkstoff Dextrometorphan, der in frei erhältlichen Hustenkapseln enthalten ist und problemlos im Internet bestellt werden kann. Auch dadurch kamen bereits Kinder zu Tode.[62] Der passende www.gutefrage.net-Beitrag von »Top-User« john201050 dazu lautet: »Hustensaft macht breit.« Immerhin betont er, dass dieser Hustensaft Codein enthält und nur mit Rezept zu bekommen ist.

Bitte entscheide selbst, wie fachlich kompetent diese Foren sind und ob du dir hier Rat holen möchtest, wenn es um deine Gesundheit geht.

IN KÜRZE

- Eine Apotheke lebt von ihrem Service, nicht von hohen Preisen.
- Internetapotheken sind immer günstiger als Apotheken vor Ort, werden aber längst nicht so streng kontrolliert.
- Deine Symptome bei Google zu recherchieren, wird dich nur fertigmachen.
- Das beratende Apothekenpersonal haftet persönlich für deine Sicherheit.
- Nur in der Apotheke vor Ort bekommst du die beste Beratung.
- Es gibt nicht das eine beste Medikament, das allen anderen überlegen ist.
- Die öffentliche Apotheke ist auch im Notfall für dich da.
- Wenn du dein Wunschmedikament auf dem Rezept nicht bekommst, liegt es nicht an der Apotheke, sondern an deiner Krankenkasse.
- Die Krankenkasse legt mehr Wert auf Kosteneinsparungen als auf deine Gesundheit.
- Die Politik begünstigt Pharmaindustrie, Krankenkassen und Internetapotheken auf Kosten der Apotheken und Patienten.

TEIL 3

DIE MANIPULATION

SO WIRST DU MANIPULIERT!

Wie du siehst, halte ich nicht viel von Produkten, die du im Internet findest. Gerade im Internet ist es für die Aufsichtsbehörden besonders schwierig, gegen die Flut von illegalen Anbietern vorzugehen, die ihren Firmensitz bevorzugt im Ausland haben. Obwohl das Netz kein rechtsfreier Raum ist, haben Betrüger hier besonders leichtes Spiel, da sie ein hohes Maß an Anonymität genießen, die Erstellung und Verbreitung gefälschter Websites relativ unkompliziert ist und sie vor allem täglich so viel Werbung schalten können, dass die Behörden die schiere Masse nicht mehr bewältigen können. Vielleicht hast du bereits diese glanzvollen E-Mails bekommen, in denen dir eine »Gelddruckmaschine«, ein Hauptgewinn, K2-Tropfen, die Variante »Ketoxplode«-Abnehmgummis oder andere, noch nie dagewesene Mittel zur Fettvernichtung im Schlaf angepriesen werden. Manchmal erhältst du sogar Angebote für neue Superpillen, die versprechen, deine Potenz zu steigern, selbst dann, wenn du eine Frau bist. Vermutlich sind wir alle schon einmal Opfer von Betrugsmaschen im Internet geworden. Die Abzocker toben sich hier so sehr aus, dass die Polizei regelmäßig vor neuen oder ähnlichen Maschen warnt, die aktuell im Umlauf sind. Aber das Schlimmste kommt noch: *Die Betrüger sind in aller Regel noch dazu bestens in psychologischen Verkaufstaktiken geschult.* Sie machen sich die Ängste, Sorgen, Nöte, Wünsche und vor allem die Verzweiflung ihrer Opfer zunutze, um sie gezielt zu schädigen. Nicht zuletzt deshalb sind Einkäufe im Internet und ganz besonders Produktempfehlungen immer mit größter Vorsicht zu genießen, solange du sie nicht auf einer offiziellen Seite eines zertifizierten Onlineshops findest.

So viel zu den schlechten Nachrichten, kommen wir jetzt zu den guten: Die Maschen laufen immer nach ähnlichen Mustern ab. Dabei ist es völlig egal, wer sie anwendet, denn die Verkaufspsychologie dahinter ist immer die gleiche. Auf dem Höhepunkt der Coronapandemie wurde eine außerordentlich perfide Variante des Enkeltricks ins Leben gerufen. Betrüger gaben sich am Telefon als Klinikpersonal, Ärzte oder Angehörige aus, die mit dem Coronavirus infiziert waren. Sie teilten den Opfern mit, dass sie sich in einem kritischen Zustand befänden und dringend ein neues Medikament bräuchten. Um die vorgetäuschte Behandlung zu ermöglichen, verlangten die Betrüger bis zu 30.000 Euro Bargeld.[63, 64] Eine 71-jährige Seniorin wurde in Wuppertal um 10.000 Euro gebracht.[65] Die zugrunde liegenden Methoden werden von seriösen Anbietern, Vermarktungsagenturen, Verkäufern im Einzelhandel, Internetmarketern, Telefonbetrügern und der Pharmaindustrie gleichermaßen genutzt. Sobald nur eine dieser Gruppen ihre manipulative Macht über dich verliert, werden dich auch die anderen nicht mehr kontrollieren können. Genau das wünsche ich mir für dich. Deshalb schreibe ich nicht nur dieses Buch für dich, sondern gebe dir damit ebenso einen Schutzschild an die Hand, der dir hilft, Angriffe auf deinen Geldbeutel und deine Gesundheit abzuwehren.

INFORMATION UND AUFKLÄRUNG

In einem Interview wurde ich gefragt, wie man sich vor solchen Betrugsmaschen schützen kann.

Das Schöne ist: Du hast den ersten Schritt schon getan, indem du dir dieses Buch gekauft hast. Sobald du weißt, wer dein Gegner ist, mit welchen Waffen er kämpft, wie er denkt, wann und wo er zuschlagen wird und wie du dich effektiv dagegen verteidigen kannst, verändert sich deine Wahrnehmung. Du wirst in Zukunft viel stärker auf Warnsignale achten, die dir früher nicht aufgefallen sind, als du noch weniger Erfahrung hattest. Wenn du dich bewusst darauf konzentrierst, die Methoden deines Gegenübers zu erkennen, brauchst du nur die entsprechende Übung und du wirst automatisch immer besser darin, dich dagegen zu wehren. In dieser Hinsicht ist unsere Aufmerksamkeit mit einem Boxkampf vergleichbar. Wenn du es mit einem (erfahrenen) Boxer zu tun hast, ist die Wahrscheinlichkeit hoch, dass du in Sekundenschnelle niedergestreckt wirst, wenn dir die Situation neu ist und du dich passiv verhältst. Hältst du dagegen deine Deckung oben, wirst du nicht nur sehr viel länger durchhalten, sondern deinem Gegenüber noch dazu Respekt einflößen. Dieses Buch und das Wissen um die Verkaufstricks sind deine Deckung! Es ist wie bei unserem Immunsystem, bei dem die spezialisierten Abwehrzellen erst dann aktiv werden können, wenn du zum zweiten Mal in Kontakt mit einem Krankheitserreger kommst. Bei einem Wiedersehen fangen die Immunzellen die Eindringlinge ab, bevor sie deinem Körper Schaden zufügen können. Damit wirst du immer stärker immun gegen die Manipulationstechniken, je öfter du mit ihnen konfrontiert wirst. Idealerweise passiert es in einem sicheren Trainingsraum statt in freier Wildbahn. Im Allgemeinen empfehle ich dir zwei Techniken, die ihre Wirkung garantiert nicht verfehlen. Und nun, willkommen in deinem Trainingsraum!

SCHUTZTECHNIKEN

STELLE VIELE RÜCKFRAGEN

Unbequeme Fragen – noch dazu, wenn sie unerwartet kommen – sind ein äußerst wirksames Gegenmittel, mit dem schon viele hinterhältige Halunken so kalt erwischt wurden, dass sie kurzerhand kapitulieren mussten. Du kannst sie wunderbar in der Apotheke während der Beratung nutzen, um die Kompetenz des Personals zu überprüfen. Ebenso, wenn du unerlaubt von Menschen angerufen wirst, die dir mit Schockanrufen Notfallmedizin für Angehörige verkaufen wollen, wie im Beispiel des Enkeltricks.[66] Eine wahre Fundgrube zu diesem Thema ist der YouTube-Kanal »Callcenter Fun«. Das Video, das ich in der nachfolgenden Übung erwähne, zeigt in bester Manier, wie die Betrüger völlig aus dem Konzept gebracht werden, nur weil sie ein paar simple Fragen beantworten müssen.

ÜBUNG:

Achte einmal genau darauf, wie oft der Betrüger in diesem Video die Floskel »Wie gesagt« verwendet, um jeder Nachfrage auszuweichen. (YouTube: Betrüger verlieren die Kontrolle nur wegen dieser einen Frage)[67]

Sie lesen lediglich routinemäßig ihr vorgefertigtes Verkaufsskript vor, ohne sich mit der Materie ernsthaft auseinanderzusetzen. Sobald Gegenwind vonseiten der Kunden bzw. Opfer aufkommt, der als Einwand bezeichnet wird, sind sie häufig überfordert und verweisen mit der Floskel: »Wie gesagt« auf ihr Skript (selbst wenn die Passagen überhaupt nicht zum Kontext der Frage passen). Damit hangeln sie sich an ihren Standardantworten entlang, auf die sie sich immer wieder beziehen müssen, wenn du Fragen stellst, die aus der Reihe tanzen. Im nächsten Video kannst du vortrefflich sehen, wie du mit zielgerichteten Fragen die Abzocker, die vorgeben, dich zu Produkten zu beraten, so sehr in die Bredouille bringen kannst, dass sie vor Verzweiflung regelrecht panisch die Flucht ergreifen. (YouTube: Callcenter trotz 5 Briefkastenfirmen erwischt, Anrufer in Probezeit verrät aus Versehen)[68]

Das Raffinierte an dieser Methode ist zudem, dass die Betrüger dem Opfer zwischen den Zeilen vermitteln, dass seine Frage überflüssig ist, da sie angeblich schon zuvor im Gespräch beantwortet wurde. Als Kunde hast du stets den Anspruch, gut beraten zu werden, egal in welcher Situation du dich befindest. Wahre Expertise zeigt sich stets im Gespräch auf Augenhöhe. Menschen, die es nicht gut mit dir meinen, zeichnen sich durch eine bemerkenswerte Detailarmut in ihren Erzählungen aus. Die schlimmsten und stümperhaftesten Betrüger sind nur darauf aus, dich zum Abschluss eines bestimmten Vertrags zu drängen, und kennen oft noch nicht einmal das Produkt, von dem sie ach so überzeugt sind.

In der Apotheke freue ich mich über Rückfragen. Das zeigt mir, dass meine Expertise geschätzt wird, und gibt mir gleichzeitig die Möglichkeit, das Vertrauen zum Patienten aufzubauen, das für eine vorbildliche Beratung dringend erforderlich ist. Von einem ehrlichen Beratungsgespräch, das von einem aufrichtigen Interesse des Patienten geprägt ist, profitieren beide Seiten: Der Berater lernt den Ratsuchenden besser kennen, um die Situation des Patienten zu verstehen, und der Patient bekommt auf dieser Grundlage die für ihn beste Empfehlung. Ganz zu schweigen davon, dass es den Kontakt für beide Seiten angenehmer macht.

Auch in der Pharmazie gibt es schwarze Schafe, die dich nur abkassieren wollen. Schnell und unkompliziert. Andererseits ist mir schon oft über Patienten berichtet worden, die sich ganz bewusst beraten ließen, dann aber ihre Medikamente günstiger im Internet kaufen. Dieses Vorgehen nennen wir in der Branche Beratungsklau. Natürlich befürworte ich diese Vorgehensweise prinzipiell nicht, jedoch kann ich es vollkommen nachvollziehen, wenn die Patienten es als eine Art Trotzreaktion an den Tag legen. Viele klauen die Beratung nur, weil sie sich für eine unfreundliche Behandlung durch das Apothekenpersonal und schlechten Service revanchieren wollen. Genau deshalb sind eine gute Beratung und gelungene Kommunikation für beide Parteien wichtig.

STELL DICH DUMM

Etwas schmeichelhafter ausgedrückt: Genieße es doch einfach mal, unterschätzt zu werden. Das ist eine Lehre aus der Weisheit des legendären chinesischen Generals Sun Tzu (ca. 544 - 496 v. Chr.), der in seinem Werk »The Art of War« (Die Kunst des Krieges) rät, den Feind glauben zu lassen, dass er dir überlegen sei, um ihn zu besiegen (»Erscheine schwach, wenn du stark bist, und stark, wenn du schwach bist.«). Eine gerissene Taktik, denn wer sich überlegen fühlt, vernachlässigt seine Deckung und wird unvorsichtig. Sollte dir jemand zum Beispiel erzählen, dass Tabletten gegen das Coronavirus von einem Nobelpreisträger aus Deutschland entwickelt wurden, kannst du sagen, wie gut du es findest, dass er die lebensrettende Medizin selbst verkauft. Korrigiert dich der Anrufer oder bestätigt er?

In unserer modernen zivilisierten Welt bedeutet das, dass er dir sein wahres Gesicht zeigt, sobald er glaubt, dich und die Situation vollständig unter Kontrolle zu haben. Genau das kannst du zu deinem Vorteil nutzen (siehe Kapitel »Gute Apotheke oder Saftladen?«). Dann stehst du nicht mehr passiv im Ring, sondern bist vorbereitet und Attacken nicht länger schutzlos ausgeliefert. Das ist eine sehr effektive Taktik, die dir viel darüber verrät, mit wem du es wirklich zu tun hast. Oft kannst du sie mit Rückfragen kombinieren, um die Expertise eines Verkäufers oder Experten auf Herz und Nieren zu überprüfen. Lehn dich zurück, stell Fragen, die du selbst ganz klar beantworten kannst, und überzeuge dich selbst, ob der Händler dir die Wahrheit sagt. Sobald jemand davon überzeugt ist, dass du ihm auf einem Gebiet unterlegen bist, öffnet er sich und wird unvorsichtig, da er denkt, dir alles erzählen zu können, ohne dass du den Wahrheitsgehalt seiner Aussagen zutreffend einschätzen kannst. An dieser Stelle lassen Betrüger ihre Masken fallen, weil sie in dir ein leichtes Opfer sehen und denken, dich in der Hand zu haben. Das führt häufig dazu, dass noch mehr Druck aufgebaut wird in der Hoffnung, deine Unsicherheiten zu verstärken und dich noch mehr in die Abhängigkeit des Betrügers zu bringen, der es nach eigenem Auftreten besser wissen muss als du. Besonders am Telefon, wo Zeit buchstäblich das Gehalt der Callcenter-Agenten ist, wirst du ständig unter Druck gesetzt, möglichst schnell zuzustimmen. Du sollst noch am selben Tag Bargeld von der Bank holen und es dem Boten geben oder dein Kind bekommt das lebensrettende Medikament nicht mehr rechtzeitig und stirbt. Hör zu und lerne.

Der große Vorteil dieser Vorgehensweise ist, dass der Verkäufer sie nicht durchschauen kann, solange du kein öffentlich ausgewiesener Experte in dem Bereich bist. Aber dann wärst du vermutlich gar nicht erst kontaktiert worden. Teste bewusst die Kompetenz des Anbieters sowohl inhaltlich als auch kommunikativ und hinsichtlich seiner Empathie. Lass dich in einem solchen Fall nicht einschüchtern, denn das machen Abzocker sehr gern. Vor allem dann, wenn sie merken, dass ihre ursprüngliche Taktik nicht mehr aufgeht und sie Panik bekommen, Geld zu verlieren. Allgemein ist jede **plötzliche** Verhaltensänderung ein Alarmsignal.

Praktischerweise sind diese Abwehrtechniken immer anwendbar, da du echtes Expertenwissen nicht vortäuschen kannst. An dieser Stelle versagt jedes Verkaufsskript. Bringt jemand nicht die nötige Geduld mit, um dir alles im Detail zu erklären, zum Beispiel wie genau die neuen Medikamente wirken, will er sich nicht mit dir auseinandersetzen, sondern nur möglichst schnell und unkompliziert an dein Geld herankommen. Aufrichtige und vorbildliche Händler nehmen sich Zeit, weil sie dich wertschätzen. Selbst wenn die Wertschätzung primär geschäftlichen Interessen dient, ist es ein starkes Signal, dir durch umfassende Information ernsthaft eine angemessene Wahlmöglichkeit zu geben. Kontrollverlust ist eine Eigenschaft, die die Spreu vom Weizen trennt. Ein Telefonbetrüger, der dir ein vermeintliches neues Super-Medikament für deine Verwandten bietet, wird dir immer Vorwürfe machen, wie du deine Angehörigen sterben lassen kannst und dass du sie für den Rest deines Lebens auf dem Gewissen hast und dir wünschen wirst, die Zeit zurückzudrehen bis zu diesem Punkt, um das Angebot doch noch anzunehmen. Wer möchte schon etwas mit einem solchen Menschentyp zu tun haben? Egal wie vermeintlich »dumm« eine Frage ist, ein wahrer Experte, dem es wirklich darum geht, dir das beste Angebot für deine Bedürfnisse zu machen, wird dir die Thematik so oft erklären, bis du wirklich in der Tiefe verstanden hast, worum es geht, und auf dieser Grundlage eine fundierte, rationale Entscheidung treffen kannst. Ist der Verkäufer dazu nicht in der Lage, kannst du das Gespräch direkt beenden. Ein Verhalten, das von Respektlosigkeit und Temperament geprägt ist, kannst du getrost als Beweis für mangelnde Fachkenntnis und Unprofessionalität werten. Nach all meinen Erlebnissen mit erfolgreichen Unternehmern und Geschäftsführern kann ich dir versichern, dass sich die wirklich Erfolgreichen stets im Griff haben und auch bei zugegebenermaßen sehr anstrengenden Kunden viel Geduld mitbringen, um eine gleichbleibend hohe Beratungsqualität sicherzustellen. Das ist das Geheimnis ihres Erfolgs. Das heißt im Umkehrschluss: Jemand, den du schnell aus der Fassung bringen kannst, ist nicht erfolgreich und obendrein brauchst du dir eine solche Respektlosigkeit wie in diesem Video (YouTube: Telefonbetrüger ärgern dumm stellen) nicht bieten lassen.[69]

Ein Verkäufer, der dir das Gefühl gibt, dass er dir überlegen ist, statt mit dir auf Augenhöhe zu kommunizieren, hat dein Geld nicht verdient! Solltest du ein Angebot ablehnen und der Anbieter explodiert daraufhin förmlich, ist das ein Garant dafür, dass er dich über den Tisch ziehen wollte. Ein einfühlsamer, seriöser Vertreter seiner Zunft hätte sein Bedauern bekundet und deine Entscheidung akzeptiert. Generell gibt es ein ganz typisches Verhaltensmuster bei Menschen, die versuchen, dir zu schaden. Wer es nicht gut mit dir meint, zeigt sein wahres Gesicht, sobald du aus seiner Falle zu entkommen drohst. Die zuvorkommenden Verkäufer werden dann sehr schnell emotional, unverschämt bis aggressiv und setzen dich mit Drohungen massiv unter Druck. Während Telefonbetrüger sehr häufig schon von Anfang an einen sehr aggressiven Ton anschlagen, ist es ein fast noch eindeutigeres Indiz, wenn jemand versucht, dir sympathisch zu erscheinen. Die Betonung liegt auf **versucht.** Wir sind sehr gut darin, unbewusst zu unterscheiden, ob das Verhalten unseres Gesprächspartners, also seine Mimik und Gestik, zu dem passt, was er sagt. Deshalb solltest du deinem schlechten bzw. guten Gefühl vertrauen! Aufgrund deiner bisherigen Erfahrungen hat dein Unterbewusstsein das Verhalten deines Gegenübers schon analysiert und eine Einschätzung vorgenommen. Mit zunehmender Erfahrung, die du durch Aufklärung und Übung erlangst, wirst du in der Lage sein, in Echtzeit genau zu beobachten, wie dieses schlechte Gefühl in dir entsteht. Es werden nicht nur die Alarmglocken bei dir klingeln, sondern du wirst auch genau sehen, wo die Warnlampen aufleuchten.

In dem Film »300« wird diese Vorgehensweise sehr anschaulich dargestellt: Der persische Gottkönig Xerxes versucht, mit dem tapferen König Leonidas von Sparta zu verhandeln, der sich seinem Eroberungsfeldzug widersetzt. (YouTube: Leonidas redet mit Xerxes)[70]

Bei seiner Ankunft in Griechenland verlangt Xerxes als »Vertragsabschluss« lediglich eine schlichte Gabe aus Erde und Wasser als Alternative zur Kriegserklärung, doch die Spartiaten unterwerfen sich nicht. Da sie nicht so leicht zu schlagen sind wie erwartet, greift Xerxes zu manipulativen Mitteln, um nicht noch mehr Ressourcen zu verlieren. So versucht er, Leonidas davon zu überzeugen, dass alles nur ein Missverständnis und eine Zusammenarbeit für beide Seiten nur von Vorteil sei, zumal sie so viel voneinander lernen könnten. Xerxes, der im wahrsten Sinne des Wortes auf seine Diener tritt und sie lediglich als Stufen auf seinem Weg zur Macht benutzt, behauptet, dass seine Gegner in bestimmten Bereichen klug genug seien, um ihm das Wasser zu reichen. Wie charmant! Natürlich geht diese Masche nicht auf, weshalb Xerxes noch etwas stärker in den Angriffsmodus geht und die Logik bzw. die große Intelligenz der Griechen lobt. Leonidas muss doch erkennen, dass Xerxes ihm mit der Kapitulation und der damit verbundenen Unterwerfung die beste Entscheidungsmöglichkeit vorgibt, um das Richtige zu tun. Vor allem, wenn die Alternative die völlige Auslöschung ist, während der persische König gleichzeitig seine militärische Überlegenheit betont. Diese Vorgehensweise ist eine Anlehnung an das telefonische Angebot, dir ein Medikament zu verkaufen, das dein Leben retten wird. Entweder direkt vor einer schlimmen Krankheit oder weil es dir dadurch so gut gehen wird, dass du ein neues Leben frei von Bauchfett, Schmerzen oder Scham beginnen kannst.

Weiterhin nimmt Xerxes das spartanische Volk (respektive den kranken Verwandten) in rhetorische Geiselhaft, um den Druck zu erhöhen, sodass Leonidas sich einer sadistischen Gewissensfrage stellen muss, weil die Folgen seiner Entscheidung damit noch weitreichender werden und nicht nur ihn persönlich betreffen. Schlussendlich macht Xerxes sein Angebot noch attraktiver und bietet Leonidas genau das an, wovon viele Männer träumen: Reichtum, Ruhm für ganz Sparta, Macht, Überlegenheit über seine Rivalen und Legendenstatus. Dabei versäumt er es nicht, durch seine Selbstdarstellung als Gottkönig seine außer Frage stehende Überlegenheit zu demonstrieren. Vergegenwärtige dir vor diesem Hintergrund, wie er Leonidas unmittelbar zuvor noch mit der griechischen Logik geschmeichelt hat.

Im wahren Leben habe ich selbst genau diese Taktik erlebt. Als ich als einziger Teilnehmer im ersten Anlauf meiner Übungsleiterausbildung durchgefallen war, wurde ich vom Lehrgangsleiter gefragt, ob ich die Entscheidung denn grundsätzlich nachvollziehen könne, *schließlich habe er mich als sehr rationalen Menschen erlebt*. Leugnest du bei so anerkennenden Worten, dass er recht hat und du dich ungerecht behandelt fühlst?

Leonidas gibt nun selbst zu, dass nur ein Wahnsinniger ein solches Angebot (»No brainer«) ausschlagen würde, woraufhin sich Xerxes schon als Sieger sieht. Aber es kommt ganz anders! Leonidas lehnt das Angebot ab und nimmt den Gott unter den Königen auch noch auf den Arm! Jetzt verliert Xerxes jede Hemmung und lässt seinem Zorn freien Lauf. Er tobt, wütet und droht Leonidas und seinem ganzen Volk schlimmste Konsequenzen an. Auf den Punkt gebracht: Er zeigt seine wahre Natur.

MODERNES INTERNETMARKETING

Diese Betrugsmaschen spielen sich heutzutage bevorzugt im Internet ab, weshalb wir uns genauer anschauen sollten, wie die Anbieter von dubiosen Trendpillen vorgehen, um dir etwas anzubieten und schlussendlich zu verkaufen. Fangen wir mit dem zugrunde liegenden organisatorischen Prozess, dem Internetmarketing, an. Viele moderne Unternehmen, die den Wert der Digitalisierung erkannt haben, nutzen diese Methode. Diese Kundengewinnungsstrategie wird von den Größten in ihren jeweiligen Branchen, sozusagen von all denen, die »es geschafft haben«, angewandt. Da ich von dem ein oder anderen dieser Experten unmittelbar unterwiesen wurde, wende ich diese Strategie selbst an. Sie ist so effektiv, dass auch ich häufig schwach werde und bei einem Angebot unbedingt zuschlagen muss, obwohl ich sie in- und auswendig kenne und genau weiß, was gerade mit meinem Verstand gemacht wird. Bitte unterschätze niemals den Effekt guter Werbung! Als Kampfsportler mit 20 Jahren Erfahrung kann ich dir sagen, dass es selbst für einen Profi sehr schwierig sein kann, einen Angriff von einem echten Könner abzuwehren. Nichtsdestotrotz ist es die absolute Grundvoraussetzung, ein Verständnis für solche Angriffe bzw. Manipulationen zu entwickeln, um diese unversehrt zu überstehen. Alles, was danach kommt, ist Übung. So weit, so gut, lass uns beginnen.

DAS ERFOLGSREZEPT DER BESTEN

Am Anfang des Internetmarketings steht als erste von sechs Phasen immer die Werbung. Wie könnte es auch anders sein? Jemand, der dir etwas verkaufen will, ist darauf angewiesen, dass du überhaupt von ihm erfährst. Hierfür stehen dem gerissenen Anbieter zwei Wege offen.

Der erste Weg ist, bezahlte Werbung auf Kanälen zu schalten, auf denen du sehr viel Zeit verbringst, wenn du für bestimmte Produkte empfänglich bist. Begeisterst du dich zum Beispiel für das Kochen und hast Freude daran, neue Rezepte auszuprobieren, bietet es sich an, ein neues Gericht, einen neuen Lieferdienst oder ein neues Kochbuch in Zeitschriften zu inserieren oder es dir als Werbeanzeige bei YouTube zu präsentieren. Als größte Videoplattform der Welt ist die Wahrscheinlichkeit sehr hoch, dass Kochfans sich hier anschauen, wie neue Rezepte zubereitet werden. Zum Zeitpunkt der Recherche erschienen bei der Google-Anfrage »Kochrezepte« Videos mit bis zu 28 Millionen Aufrufen darüber, was du mit Reis und Eiern alles zaubern kannst inklusive einer Werbeanzeige (Stand: 02.05.2023, 17:51 Uhr). Klingt das logisch? Das hat auch die Pharmaindustrie erkannt! Genau deshalb findest du in jeder Apothekenzeitschrift neue Arzneimittel, die du direkt ausschneiden und mit Bild und Pharmazentralnummer (PZN), die das Medikament eindeutig identifizierbar macht, zur Bestellung in die Apotheke bringen kannst. Aufgrund der hohen Nachfrage wirst du von uns in vielen dieser Zeitschriften noch dazu mit dem aktuellen TV-Programm versorgt. Vermutlich kennst du die ganzen Werbespots, die immer abends zur besten

Sendezeit die tollsten Arzneimittel vorstellen, die insbesondere Rentnern das Leben erleichtern sollen. Meine eigene Großmutter hat mich mehrmals gefragt, ob ich ihr nicht diese Präparate aus der Werbung zum Ausprobieren mitbringen kann. Halten wir fest: Die Werbetreibenden wissen *ganz genau*, wo sich ihre Zielgruppe befindet.

Die zweite Möglichkeit, an neue Kunden bzw. an die Zielgruppe zu gelangen, besteht darin, sie nicht direkt in Form von bezahlter Werbung zu jagen, sondern sie geduldig einzufangen, wie mit einem Spinnennetz. Wie das geht? Indem die Anbieter ihr Angebot so gut im Netz platzieren, dass du es über die Nutzung der beliebtesten Suchbegriffe (Keywords) am besten findest. Hier kommt »Dr. Google« ins Spiel. Für die bestmögliche Vermarktung werden nicht einfach die erstbesten Wörter in der Werbung oder auf der Internetseite verwendet, die dem Marketer in den Sinn kommen, sondern der exakte Wortlaut, der bei den meisten Anfragen bei Google eingegeben wird. Profis werten das Ganze akribisch mit Onlinetools (Vermarktungswerkzeugen) wie Google Analytics aus. Ist es da Zufall, dass du bei Google für die Suchanfrage »Medikamente« 172 Millionen Suchergebnisse, mit einer Internetapotheke ganz oben, findest (Stand: 02.05.2023, 18:03 Uhr)? Passenderweise ist einer der häufigsten Suchbegriffe »Medikamente per Klick«. Aber damit nicht genug. Da YouTube zu Google gehört, wissen alle Youtuber, dass sie mit besonders hoher Wahrscheinlichkeit ebenfalls bei Google gefunden werden. Vielleicht kennst auch du das ein oder andere Gesicht aus dem Video, das immer und immer wieder im Netz auftaucht, obwohl es dir mächtig auf den Geist geht, mit einem Thema, das dich überhaupt nicht interessiert. Auf diese Weise versuchen sie, Google für sich zu gewinnen, sodass du nicht mehr an ihnen vorbeikommst. In letzter Zeit läuft auf YouTube sehr häufig Produktwerbung für Mittel, die beim Stuhlgang helfen sollen und regelrecht wie eine »Hochdruckreinigung« für den Darm wirken sollen (Stand: 14.03.2024).

Gehen wir davon aus, dass du an dem, was angeboten wird, durchaus interessiert bist. Jetzt beginnt Phase zwei der Strategie. Die Onlinehändler sind zwar vor allem an deinem Geld interessiert, allerdings wissen sie ganz genau, dass sie dafür zuerst etwas anderes brauchen: Deine **Aufmerksamkeit**. Diese bekommen sie vor allem über bunte Zeitungen, polarisierende Schlagwörter, leuchtende, bunte Signalfarben und viele Bilder. Schon Kinder lieben bunte Farben, Musik und lustige Geräusche. Die Empfänglichkeit dafür ist im Erwachsenenalter immer noch stark ausgeprägt. Las Vegas mit seinen vielen Leuchtreklamen, die in abgespeckter Form in unserem Alltag auftauchen, ist ein lebendes Beispiel dafür, wie Erwachsene animiert werden, Geld (in Casinos) auszugeben. Hand aufs Herz, fühlst du dich beim Einkaufen nicht in einem Laden wohler, in dem Musik gespielt wird? Auch die Auswahl der Songs wird hier keinesfalls dem Zufall überlassen.

Sobald deine Aufmerksamkeit geweckt wurde, möchte der Händler als Nächstes in der dritten Phase dein Vertrauen haben. Genau hier trennt sich die Spreu vom Weizen. Seriöse Anbieter sind sehr darauf bedacht, dieses Vertrauen nicht zu enttäuschen. Wahre Meister ihres Fachs wollen dir nämlich nicht nur einmal etwas verkaufen, sondern am liebsten immer wieder, weil du mit ihrer Qualität zufrieden bist. Sie haben das Konzept des Customer Lifetime Value (CLV) verstanden, das wir mit »Wert eines Käufers auf Lebenszeit« übersetzen können. Dahinter steht die simple Mathematik, dass dir ein zufriedener Kunde theoretisch bis an sein Lebensende die Treue hält und regelmäßig bei dir einkauft, sodass er dir im Laufe seines Lebens eine bestimmte Summe zahlt. Diese Summe ist der CLV. Im Wesentlichen ist genau dieser CLV das Kapital seriöser Anbieter und damit ein wichtiger Qualitätsgarant für dich als Verbraucher. Ich habe schon am eigenen Leib erlebt, wie viel Aufwand in der Apotheke bei schwierigen Patienten betrieben wird, um die Zufriedenheit des Kundenstammes sicherzustellen. Sicher hast du auch schon festgestellt, dass du als treuer Stammkunde eher einen VIP-Status genießt als ein Durchreisender, der mal eben schnell sparen möchte. Nahezu alle Apotheken nutzen Bonuspunkte und Sammelhefte, um Rabatte auszugeben. So etwas nehmen nur treue Patienten in Anspruch. Dieses Vertrauen festigt sich mit der Zeit. Vor allem aber machen zufriedene Kunden durch ihre Weiterempfehlung die beste Werbung, was für den Anbieter nicht nur von höchstem Wert ist, sondern ihm zusätzliche Werbekosten erspart. Eine Weiterempfehlung ist für seriöse Händler so wertvoll, dass sie dafür häufig Boni geben oder sogar direkte Vermittlungsgebühr zahlen und dich damit belohnen. Sie fördern und motivieren dich regelrecht dazu. Das steht in starkem Kontrast zu Betrügern, die sehr oft verlangen, nicht von ihrem **geheimen** Angebot zu erzählen, denn dann würde ihre Masche sofort auffliegen.

Bist du zum ersten Mal mit dem Händler in Kontakt gekommen, muss sich dieser besonders viel Mühe geben. Vertrauen wird sehr schnell zerstört, aber umso mühsamer aufgebaut. Ganz besonders im Internet sind die Händler auf bestimmte Techniken angewiesen, um dieses Vertrauen möglichst schnell aufzubauen, da bei der Fülle von Informationen und Ablenkungen der Interessent regelrecht an die Website gefesselt werden muss, um aus einem Interessenten einen (zufriedenen) Käufer zu machen. Da ein Bild bekanntlich mehr als 1.000 Worte sagt, wirkt ein ganzes Video in diesem Sinne so überzeugend wie ein schriftliches Expertengutachten und Internetmarketer wissen das! Seriöse Experten drehen deshalb viele Videos zu ausgewählten Themen, die sie durch Recherche der am häufigsten verwendeten Suchbegriffe identifizieren, und veröffentlichen diese auf YouTube und ihren Social-Media-Kanälen wie Facebook, Instagram, TikTok und Co. Verwenden viele Internetnutzer beispielsweise den Suchbegriff »Medikamente«, wird der Experte ein eigenes Kurzvideo zu diesem Thema drehen und dir darin wertvollen, informativen, hilfreichen und vor allem unterhaltsamen Inhalt (Content) liefern, oder anders ausgedrückt: Informationen, die dich deiner Problemlösung ein Stück näher bringen. Im Idealfall allerdings nur ein Stück. Wenn der Verkäufer dein Problem schon mit einem einfachen Video löst, kann er dir anschließend nichts mehr verkaufen. Es sei denn natürlich, er zeigt dir damit, dass er sich noch in vielen anderen Bereichen auskennt, die für dich sehr interessant sind. Indem er dir durch den wertvollen Content eine Kostprobe seines Könnens geliefert hat, hat er dein Vertrauen schon um ein entscheidendes Stück aufgebaut, denn nun hast du den Beweis, dass er wirklich gute Arbeit leistet.

Als Nächstes wird dich der Verkäufer in Phase vier auffordern, dir sein kostenloses Geschenk abzuholen. Meistens handelt es sich um E-Books, Hörbücher oder Videokurse. Alles, was du dafür tun musst, ist, dich mit deinen Daten, vor allem deiner E-Mail-Adresse, in seinem Verteiler einzutragen und dich für seinen Newsletter anzumelden. Beachte, dass ein Profi dir nicht anbietet, sondern dich wirklich **auffordert**, etwas zu tun! Es ist ein großer Unterschied, ob jemand sagt: »Ich habe dieses tolle Medikament gegen deine Schmerzen« oder stattdessen: »Kauf jetzt mein Medikament und deine Schmerzen werden wie weggeblasen sein«. Deswegen hörst du in der Werbung so oft den Befehl »Fragen Sie in Ihrer Apotheke nach … (unserem Produkt)!« Ich kann dir aus leidiger Erfahrung berichten, dass das Vermarktungswissen der Pharmaindustrie seinen Zweck nicht verfehlt, denn Patienten kommen inzwischen öfter mit konkreten Produktwünschen zu uns in die Apotheke, als dass sie sich zu ihrem Beschwerdebild beraten lassen.

Das Geschenk wird im Englischen »Lead magnet« genannt, weil es dich in der fünften Phase magnetisch zu einer Landingpage (Internetverkaufsseite) führt. Dort findest du eine Eingabemaske, in die du deine Kontaktdaten einträgst, um auf dein Geschenk zugreifen zu können. Hierbei könnte es sich etwa um eine kostenlose Probe der neuen Pillen handeln. Sehr beliebt ist hier auch die Vorgehensweise »free plus shipping«. Das bedeutet, dass dir ein gebundenes Buch des Anbieters angeboten wird und du lediglich die Versandkosten von in der Regel ca. fünf Euro übernimmst und dich mit deiner E-Mail-Adresse für den Newsletter anmeldest. Überspitzt gesagt, bist du dem Anbieter mit diesem Schritt endgültig ins Netz gegangen, denn jetzt bist du von einem Interessenten zu einem Abonnenten (Lead) geworden. Allerdings wird in der Branche nicht von einem Netz, sondern von einem »Funnel« (engl. für Trichter) gesprochen. Dieser erfolgreiche Erstkontakt ermöglicht es dem Marketer, dir so lange Angebote zu machen, bis du dich aus seiner Kontaktliste austrägst. Die Angebote sind in der Regel kostenpflichtig bis hochpreisig.

Du kannst dir vorstellen, dass ein Anbieter sich umso mehr bemühen muss, dir sein Produkt bzw. seine Dienstleistung so verführerisch wie möglich anzubieten, je mehr Geld er dafür verlangt. Aus diesem Grund verwendet er einen »Pitch«. Hinter diesem Begriff steckt eine Rede, ein Video oder eine andere Form der Präsentation, in der ein Verkäufer mehr oder weniger detailliert alle tollen Vorzüge seines Angebots beschreibt und dich auffordert, sein Angebot anzunehmen. Sobald du ein kostenpflichtiges Angebot gekauft hast, bist du in der sechsten Phase vom Abonnenten zum Käufer geworden. Dieser abschließende Schritt, im Funnel aus einem Abonnenten einen zahlenden Kunden zu machen, wird »Conversion« genannt. Nach dem Verkauf eines Produktes oder einer Dienstleistung wird häufig noch versucht, dir einen zusätzlichen »Upsell«, d. h. ein weitaus teureres Produkt bis hin zum ultimativen VIP-Angebot, zu verkaufen. Das alles gelingt nur, wenn du zu einem echten Fan des Verkäufers geworden bist. Kein unseriöser Händler würde es jemals bis zu dieser Stufe schaffen. Es gibt allerdings eine abscheuliche Variante bei Betrügern, bei der dem Opfer ein Mindestbetrag von 250 Euro für eine Investition in ein Computerprogramm angeboten wird, das ihm automatisch Gewinne im Onlinehandel erwirtschaften soll. Abschließend wird ihm schmackhaft gemacht, stattdessen lieber gleich 500 Euro zu bezahlen, weil das Programm damit für noch viel größere Gewinne sorgen kann. Derartige Angebote landen sehr häufig im Spam-Ordner deines E-Mail-Postfachs.

DIE ABZOCKER

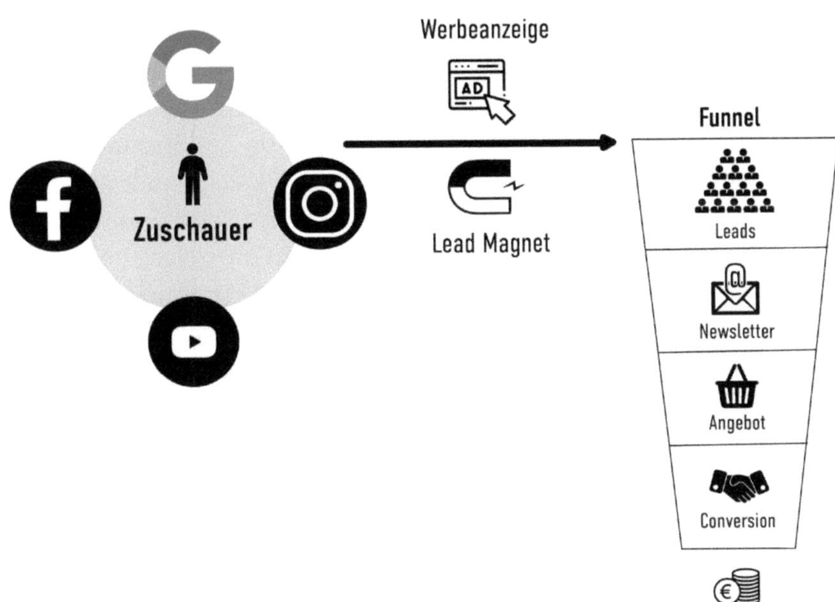

Kommen wir zu den weniger seriösen Marketingstrategien, die, um es vorsichtig auszudrücken, weitaus fragwürdiger sind. Diese Verkäufer verfolgen im Kern die gleiche Strategie, nutzen sie allerdings in deutlich überspitzter Form und betreiben damit wahrlich eine bösartige Form der Manipulation. Nicht zuletzt, da zahlreiche Anbieter von Nahrungsergänzungsmitteln (Supplements), Abnehmpillen und anderen neuen Produkten zur Verbesserung von Gesundheit und Wohlbefinden das Internet als Marktplatz für sich beanspruchen, ist es mir ein dringendes Anliegen, dir ihre zwielichtigen Machenschaften vorzustellen.

Einer dieser selbsternannten Experten auf seinem Gebiet präsentierte sich in einem Werbevideo mit einem Sakko, das weder zu seiner Brusttätowierung noch zu seiner Wortwahl, seiner Stimmlage, seiner Sprechgeschwindigkeit oder seinem gesamten Auftreten, kurz zu seiner ganzen Persönlichkeit, passte. Das alles waren nützliche Indizien, aber als er das Angebot für sein Coaching machte, bewies er endgültig, dass er nur ein Amateur sein konnte.

Er sagte: »Wenn du dich nicht anmeldest, dann sehen wir uns nicht und das ist völlig ok.« *Kein Profi und kein seriöser Anbieter würde jemals so pitchen.* Das hat psychologische und strategische Gründe. Zum einen ist ein echter Experte so sehr von seinem Angebot überzeugt, dass er gar nicht auf den Gedanken kommt, dass seine Interessenten es ablehnen könnten, und die Möglichkeit gar nicht erst in den Raum stellt. Wenn er es doch tut, wird er schnell feststellen, dass die Zuhörer merken, wie wenig er selbst von seinem eigenen Angebot hält. Zum anderen wird er allein dadurch, dass er die Möglichkeit überhaupt versehentlich in Aussicht stellt, einige unsichere Interessenten genau dazu verleiten, es eben sein zu lassen. Diese hätten bei einem selbstbewussten Auftreten mit der klaren Aufforderung, den Kurs oder das Produkt zu kaufen, *gar nicht erst daran gedacht, es nicht zu tun.* Auf diese Weise pflanzt er ihnen die Möglichkeit, abzulehnen, wie Leonardio DiCaprio alias Dominick Cobb im Film »Inception«, in ihren Verstand. Viele Pharmaunternehmen stellen nicht nur Medikamente, sondern ebenfalls Nahrungsergänzungsmittel her und werden nicht müde zu betonen, wie wichtig diese für verschiedene Funktionen im gesamten Körper sind, weshalb sie auch einige der folgenden Tricks benutzen, sich allerdings eher auf eine Zielgruppe konzentrieren, die lieber in den Fernseher schaut, statt im Internet zu surfen.

Angenommen, du hast eine Werbeanzeige in Form eines Videos gesehen. Ist deine **Neugier** bzw. dein Interesse geweckt, gibt es mehrere Möglichkeiten. Entweder wirst du aufgefordert, auf einen Link zu klicken, um »mehr zu erfahren«, oder du sollst das Video »unbedingt bis zum Ende« anschauen. Bei der Kategorie von Onlinehändlern, die zweifelhafte Interessen verfolgen, wenn es um deine Lebensqualität geht, liegt der Fokus auf dem Pitch. Betrüger wissen, dass es nicht nur einfacher, sondern zudem viel effektiver ist, den Interessenten direkt dazu zu bringen, seine Zugangsdaten freiwillig herauszugeben, statt sein Konto zu hacken, indem sie sich zum Beispiel als Bank, Polizist, Mitarbeiter eines Softwareunternehmens, Angehöriger oder Arzt ausgeben.

Der Pitch im reinen Verkaufsvideo folgt einem sehr ähnlichen Modell. Schauen wir uns die Details an.

VORSICHT MANIPULATION!

Es gibt verschiedene Manipulationstechniken und Warnsignale:

1. Rechtschreibung
2. Signalfarben
3. Wiederholungen
4. Verknappung
5. Formulierungen
6. Übertreibungen
7. Deutsche Erfinder
8. Das Opfer
9. Das Feindbild
10. Exotische und natürliche Inhaltsstoffe
11. Der Influencer
12. Kundenmeinungen
13. Mangelnde Nachvollziehbarkeit
14. Wissenschaftlich bewiesen!

RECHTSCHREIBUNG

Die Rechtschreibung ist eines der eindeutigsten Anzeichen für einen Betrugsversuch, den du meist schon an der Werbeanzeige selbst erkennen kannst. Dir wird nur ein einziger Satz präsentiert, der noch dazu voller Rechtschreibfehler ist, wie etwa: »Kein Diät, kein Übung möglich!« Solche Sätze sind nicht nur substanzlos, sondern zeugen zusätzlich davon, dass die Betreiber im Ausland sitzen und sich damit den deutschen Vorschriften und vor allem der deutschen Gerichtsbarkeit im Falle einer Strafanzeige entziehen.

SIGNALFARBEN

Die buntesten Boulevardzeitungen haben den Ruf, stark zu polarisieren, da sie mit einer großzügigen Dosis Manipulation arbeiten. Wenn wir ehrlich sind, ist es angenehmer, solche Presse zu lesen als die meisten anderen Zeitungen, da sie den mit Abstand größten Unterhaltungswert bietet. Diesen entfaltet sie ganz besonders durch viele bunte Bilder, Karikaturen, eindrucksvolle Fotomontagen, Signalwörter und farbliche Hervorhebungen. Die richtige Farbe einzusetzen kann aus Sicht des Verkäufers Wunder bewirken. Die Farbe Grün etwa wirkt nachweislich beruhigend und entspannend.[71] Die Farbe Rot wird hingegen nicht umsonst zur Provokation verwendet, aus dem gleichen Grund wie im Straßenverkehr: Sie soll deine Aufmerksamkeit erregen und dich auf etwas besonders Wichtiges hinweisen.[72] Dieses Konzept haben die Betrüger aufgegriffen und praktizieren es leidenschaftlich. Dabei kombinieren sie es gern mit typischen Signalwörtern, was den Effekt allerdings so stark in die Übertreibung führt, dass diese Art der Manipulation ebenfalls sehr offensichtlich ist.

WIEDERHOLUNGEN

Gibt es irgendein Produkt, das dir sofort einfällt, wenn du an Medikamente denkst? Lies bitte erst weiter, wenn du es vor Augen hast.

Hast du es? Warum fiel dir genau dieses Produkt ein? Ich vermute, dass du seinen Namen häufiger gehört hast als den anderer. Dieser Prozess der Wiederholung trainiert dein Gedächtnis und macht genau das, was er soll. Schon in der Schule haben wir Vokabeln gelernt, indem wir sie immer und immer wieder wiederholten. Eine solche Dauerschleife brennt sich in unser Gedächtnis ein und das Erschreckende daran ist, dass sich diese Technik, genau wie viele der anderen Manipulationstechniken, in unserem Unterbewusstsein abspielt. Oft merken wir gar nicht, dass wir auf diese Weise manipuliert werden. Dabei hast du den Effekt gerade selbst an dir festgestellt. Der erste Eindruck zählt und der letzte bleibt. Deshalb wird ein Produkt in Werbespots am Anfang und am Ende klar benannt. Sobald es in deinem Kopf hängen bleibt, ist es schwer, es wieder loszuwerden. Sarkastisch betrachtet können wir bei dieser Manipulationstechnik sogar von Gehirnwäsche sprechen, weil die Trommel in unserem Kopf so lange gedreht wird, bis wir nur noch an dieses bestimmte Präparat denken können und die Erinnerung an Konkurrenzprodukte verblasst. Besonders wenn wir die Kaufaufforderung mit etwas Einprägsamen bekommen, wie einem Reim, am besten zusammen mit Musik oder immer wieder indirekt wie zum Beispiel: »Bist du in Not, kommt mit Produkt X alles wieder ins Lot!« oder »Nur mit XYZ wirst du bei Erkältung wieder topfit, ohne etwas vom Leben zu verpassen«. Während diese Worte gesprochen werden, siehst du dann, wie ein Pulver in ein Glas Wasser gefüllt und getrunken wird und im nächsten Moment die feuerrote Nase verschwunden ist. Apropos, kennst du Werbung, in der bewiesen wird, wie effektiv ein Waschpulver ist, indem die Wäsche mit einer kompletten Flasche Jod gefärbt wird? Eine schöne Augenwischerei! Das Jod wird auf diese Weise in eine andere Verbindung überführt, die sich in Wasser besser löst. Eine meiner Chemiedozentinnen kommentierte das wie folgt: »Das Jod ist immer noch da, man sieht es nur nicht mehr.« Ich bin mir nicht sicher, ob Matsch oder gar Teer genauso auf dieses Mittel reagieren wie Jod. Höchstwahrscheinlich wird Schlamm aus dem Moor damit nicht so leicht herausgehen. Und wer braucht schließlich schon irgendeine beliebige Kopfschmerztablette oder eine von vielen Mundspüllösungen? Dank der Werbung weißt du genau, was du zu kaufen hast.

ÜBUNG:

Welches Arzneimittel fällt dir als Erstes ein? Hattest du gerade an die entsprechende Werbung gedacht?
Achte einmal gezielt darauf, welches Produkt in der Werbung mehrfach genannt wird und ob dessen Name am Ende des Werbespots noch einmal wiederholt wird. Du wirst erschrocken sein, wie oft es dir in ein und demselben Video vorgestellt wird. Natürlich nur für den Fall, dass du den Namen akustisch nicht verstanden hast.

VERKNAPPUNG

Die Verknappung ist eine der Techniken, die bei seriösen Verkäufern und Betrügern gleichermaßen beliebt ist. Seriöse Händler berufen sich hier auf die 72-Stunden-Regel, nach der die potenziellen Käufer die höchsten Erfolgschancen haben, wenn sie innerhalb von 72 Stunden handeln bzw. Entscheidungen treffen. Wenig überraschend adressieren sie damit direkt die Kaufentscheidung für ihr eigenes Angebot. Besonders eindringlich wird diese Aufforderung dadurch, dass sie häufig mit dem Ankereffekt gekoppelt wird. Dieser Effekt beschreibt die psychologische Wirkung, die beim Interessenten ausgelöst wird, wenn ein Preis durchgestrichen und durch einen niedrigeren ersetzt wird. Meistens auf einem roten Schild und meistens ist der neue Preis noch dazu deutlich größer abgebildet. Konkret bedeutet das, dass du bei diesem Angebot besser sofort zuschlagen solltest, solange der Aktionspreis noch gilt, denn es wird sonst ja niiiiiiie wieder so günstig sein. Und um die Sache auf die Spitze zu treiben, ist das Angebot natürlich noch streng limitiert und der begrenzte Vorrat wird nach dem Prinzip »Den Letzten beißen die Hunde!« vergeben.

Dieses Phänomen wurde vortrefflich in einer Zeichentrickserie namens »Shin Chan« veranschaulicht, die ich in meiner Kindheit sah. In der Folge »Hüte dich vorm Halb-Sieben-Mann!« wurde gezeigt, wie der große »Halb-Sieben-Mann« in einem Supermarkt erschien. Dieser Mann war ein ehrwürdiger Held, denn er kannte seinen Wert und wusste genau, wodurch dieser zustande kam. Sein Geheimnis offenbarte er wie folgt: »Manche herrschen durch das Schwert, andere durch Klugheit, doch ich besitze die größte Macht von allen … PREISNACHLASS!!«[73] Und so klebte er seine Sticker mit den neuen, günstigeren Preisen auf sämtliche Artikel. Er reduzierte die Ware um bis zu 40 Prozent und sicherte sich dadurch die Gunst der Kundinnen. Alljährlich scheinen die Patienten sämtliche Hemmungen zu verlieren, sobald sie zu viel Rabatt auf rezeptfreie Medikamente bekommen, und stürzen sich auf alles, was sie günstig kriegen können. Die Wirkung dieses Effekts ist so gewaltig, dass ich dir aus langjähriger, hautnaher Erfahrung davon berichten kann.

Als ich eines schönen Tages einkaufen ging und mich gerade zur Kasse begeben wollte, wanderte mein Blick aufgrund der Macht der Gewohnheit zum mir so vertrauten Snackregal. Zu diesem Zeitpunkt war ich zwar noch kein Ernährungsberater, aber eine große Naschkatze war ich schon immer.

Ich ging am Kühlregal vorbei und meine innere Naschkatze wollte sich direkt am Pudding vergreifen. Doch dieses Mal hatte ich die Qual der Wahl. Sollte ich den normalen No-name-Pudding für 59 Cent nehmen oder mich für den Markenpudding entscheiden, dessen Preis heute reduziert ist und der jetzt nur noch 59 Cent kostet. Mein Vater hat mich gelehrt, bei Angeboten genau hinzuschauen. Beide Puddings haben die gleiche Geschmacksrichtung, enthalten die gleiche Menge und ich kann noch nicht einmal geschmackliche Unterschiede feststellen. Der einzige Unterschied war, dass der eine Pudding zum regulären Preis erhältlich war und der andere für kurze Zeit vergünstigt angeboten wurde. Was meinst du, für welchen Pudding ich mich entschieden habe? *Ich habe den mit dem reduzierten Preis gekauft.* Ja, ich, der ich diese Zeilen hier schreibe und die Masche kenne.

ÜBUNG:

Schau selbst einmal, wenn du an der nächsten Apotheke vorbeikommst, wie viele durchgestrichene Preise dich auf dem Aufsteller anlächeln.

FORMULIERUNGEN

Sätze werden in bruchstückhaftem Deutsch oder bestenfalls mit Slang formuliert. Ein seriöser Anbieter weiß, dass sein Internetauftritt einer Visitenkarte oder einer Bewerbung (beim Verbraucher) gleicht. Er wird Wert auf korrekte Rechtschreibung und Grammatik legen und ein insgesamt höheres Sprachniveau verwenden. Natürlich passieren jedem einmal Rechtschreibfehler und Umgangssprache ist, je nach Zielgruppe, durchaus erlaubt. Jedoch ist die Handschrift von Betrügern von Auffälligkeiten und Hässlichkeit geprägt, als wäre der Text auf die Schnelle geschrieben worden, weil eine revolutionäre Entdeckung keinen Aufschub duldet und die Vorteile für dein Leben zu bahnbrechend sind, als dass du riskieren könntest, noch einen weiteren Tag ohne das neue Angebot auskommen zu müssen.

Einer meiner Mentoren hatte mir die gewaltige Bedeutung von starken Attributen veranschaulicht. Er lehrte mich, dass im Restaurant niemals Erdbeeren, sondern frische Erdbeeren oder knackiger Salat auf der Speisekarte angeboten werden. Solche zusätzlichen Signalwörter entfalten eine andere Wirkung als eine weniger begehrenswerte Variante und vergrößern deine Kaufwilligkeit massiv. Deshalb ist es ein entscheidender Unterschied, ob dir ein Medikament angeboten wird oder ein hochwirksames Medikament. In diesem Zusammenhang habe ich Werbeanzeigen gesehen mit Wortlauten wie »28-jähriger Michael baut riesige Muskeln auf, ohne in die Muckibude zu gehen« oder »Oma entdeckt neuen Trick gegen Falten« oder »Opa baut riesige Muskeln auf dank dieser genialen Pillen. Warum wird uns Normalos dieses 39-Euro-Promi-Produkt vorenthalten?« Hier finden sich schon mehrere Stilmittel, aber gehen wir der Reihe nach und besprechen alle weiteren in ihren jeweiligen nachfolgenden Kapiteln.

Wie du siehst, wird hier mit ganz charakteristischen Signalwörtern gearbeitet. Heutzutage wird jeder, bei dem du dich für ein persönliches, kostenloses Gespräch einträgst, entweder von einem Beratungsgespräch, Strategiegespräch, Erstgespräch, Kennenlerngespräch oder ganz dreist sogar von einem Bewerbungsgespräch sprechen. Ja, die letzte Variante habe ich auch schon gesehen, das denke ich mir nicht aus. Das ist jemand, der so tut, als wäre er derart erfolgreich, dass er längst nicht mit jedem arbeitet und du dich erstmal qualifizieren musst. Aus meiner Erfahrung mit vielen meiner Coaches und Mentoren weiß ich, dass ein erfolgreicher Experte keine Verknappung vortäuschen muss. Du kannst sofort erkennen, ob jemand begehrt ist, wenn du versuchst, einen zeitnahen Termin bei ihm zu bekommen. In gewisser Weise handelt es sich wahrhaftig um ein Bewerbungsgespräch, nur dass du dich hier nicht beim Anbieter bewirbst, obwohl er es dir weismachen will, sondern im Gegenteil, der Anbieter bewirbt sich bei dir.

Lediglich die wahre Bezeichnung habe ich noch kein einziges Mal gehört: Verkaufsgespräch. Die Gründe für eine solche Wortwahl sind offensichtlich. Höre in dich hinein und achte darauf, was dieses Wort in dir auslöst, wenn du als potenzieller Kunde mit jemandem einen Termin für ein Verkaufsgespräch vereinbart hast. Seriöse wie unehrliche Händler sind gleichermaßen auf ansprechende Formulierungen angewiesen und machen großzügig davon Gebrauch. Deshalb wirst du nicht zu irgendeinem Webinar eingeladen, sondern zu einer »Masterclass«. Übrigens spricht man heute nicht mehr von Aufgaben, Befehlen oder Pflichten, sondern stattdessen wird dir eine »Challenge« (Herausforderung) auferlegt. Du willst doch sicherlich nicht derjenige sein, der kneift und diesen Test nicht bewältigen wird, oder? Auf TikTok, das sich besonders großer Beliebtheit bei Jugendlichen erfreut, gibt es Challenges mit dem Namen »Blackout«, »Skullbreaker« oder »Chroming«. Mit anderen Worten: Was früher eine Mutprobe war, heißt heute Challenge. Klingt unsinnig? Es gab schon Fälle, bei denen Kinder an diesen Challenges gestorben sind.[74, 75, 76]

Hieran siehst du, dass es möglich ist, Menschen zu buchstäblich allem zu bringen und es hinter einer geschickten Wortwahl zu verstecken. Unterschätze den Effekt nicht. Das funktioniert auch bei Erwachsenen sehr gut. Vielleicht denkst du jetzt: »Tino, das ist ja alles gut zu wissen, aber was hat das mit der Pharmaindustrie zu tun?« Du ahnst nicht, wie häufig Patienten in die Apotheke kommen und Medikamente haben möchten, bei denen sich auf Nachfrage herausstellt, dass sie diese auf TikTok gesehen haben. In meinem persönlichen Umfeld bekomme ich TikTok-Videos zugeschickt mit Gesundheitstipps und Rezepten, die das Immunsystem stärken oder als natürliches Antibiotikum wirken sollen.

Ein weiteres hervorragendes Beispiel für geschickte Wortwahl ist ein Migränemittel, für das mit **medizinischem** Koffein geworben wird. Das Koffein in Tabletten ist sicherlich reiner als das in Kaffee, Cola oder Energydrinks und hat eine höhere Qualität, da der Kaffee viele Begleitstoffe wie Kaffeesäure, Chlorogensäure, Gerbstoffe und vieles mehr hat. Zudem ist die Menge an Koffein in den Getränken deutlich geringer. Schauen wir uns jedoch den einzelnen (isolierten) Wirkstoff Koffein an, dann unterscheidet er sich in seiner chemischen Struktur im Getränk nicht vom Stoff in den Tabletten. Du kannst dir sicher sein, dass es dem Koffein herzlich egal ist, wofür es eingesetzt wird. Egal ob als Therapie- oder als Genussmittel, es verhält sich im Körper immer gleich. Im Prinzip gibt es so etwas wie »medizinisches« Koffein nicht, aber es klingt viel besser. Das führt uns zum nächsten Betrugsmerkmal.

ÜBERTREIBUNGEN

Die Produkte versprechen dir, wie es so schön heißt, das Blaue vom Himmel. Besonders die Abnehm- und Fitnessindustrie ist ein millionenschweres Geschäft. Genau deshalb beleuchte ich gezielt Versprechen dieser Art zur Veranschaulichung, da ich nahezu jeden einzelnen Tag solche Werbeanzeigen sehe. Der Grund, warum für so etwas viel Werbung gemacht wird, ist, dass ein extrem hohes Interesse an solchen Produkten besteht.

Im Jahr 2019 waren weltweit 5,2 Millionen Todesfälle auf Fettleibigkeit (Adipositas) zurückzuführen.[77] Nach Angaben der Weltgesundheitsorganisation (WHO) hat sich das weltweite Vorkommen der Fettleibigkeit seit 1975 verdreifacht.[78]Allein in Deutschland waren im Jahr 2019 60 Prozent der Erwachsenen fettleibig oder zumindest übergewichtig.[79] Der Gewichtsverlustmarkt erwirtschaftete 2022 einen Umsatz von 3,68 Milliarden US-Dollar, der im Jahr 2028 auf 4,99 Milliarden Dollar ansteigen soll.[80] Das Interesse an neuen Mitteln gegen Übergewicht und Adipositas ist enorm. Übergewicht ist inzwischen eine echte Volkskrankheit geworden und begünstigt in erheblichem Maße die Entstehung von Herz-Kreislauf-Erkrankungen, insbesondere koronare Herzkrankheit (KHK), Bluthochdruck (Hypertonie), Diabetes mellitus Typ-2, metabolisches Syndrom, Fettleber bis hin zur Fettleberentzündung (Steato hepatitis), erhöhtes Risiko für Herzinfarkt, Schlaganfall, verschiedene Krebsarten und vieles mehr. Trotz all dieser alarmierenden Gesundheitsrisiken wird es in den meisten Fällen eher der ästhetische Aspekt sein, der übergewichtige Patienten dazu verleitet, ein brandneues Mittel auszuprobieren, um endlich wieder Freundschaft mit dem Spiegel schließen zu können und ihre Selbstakzeptanz wiederzufinden. Einen so lukrativen Markt lassen sich Betrüger keinesfalls entgehen. Starke Übertreibungen mit überzogenen Versprechen sind zwar juristisch unzulässig, werden jedoch im Internet andauernd beobachtet, da die Betreiber schwer zu belangen sind, wie wir in Teil fünf »Die Pharmaindustrie« noch näher besprechen werden.

Unrealistische Versprechen verfehlen aber ihre Wirkung nicht. Eine bewährte Erfolgsformel für solche Angebote lautet, dass eine bestimmte Menge an Gewicht in Kilogramm in einem klar definierten Zeitraum, z. B. in 14 Tagen, mit nur einer bestimmten Menge, wie sechs Tropfen abends, Fett buchstäblich im Schlaf verbrennt und das alles ohne Diät oder sportliche Aktivität. Die betrügerische Werbung, die ich in diesem Zusammenhang gesehen habe, ist derart infam, dass die Manipulation der Verbraucher regelrecht an Perversion grenzt. Vor allem unseriöse Händler nutzen die Sehnsucht der Patienten nach einem attraktiveren und gesünderen Körper schamlos aus, aber auch die Pharmaindustrie verschließt ihre Augen vor diesem lukrativen Markt nicht. Der wesentliche Unterschied besteht jedoch darin, dass es der Pharmaindustrie nach dem Heilmittelwerbegesetz untersagt ist, derart aggressiv für neue Substanzen und deren Zubereitungen zu werben, da diese aufgrund ihrer hohen Wirksamkeit mit beachtlichen Gesundheitsrisiken verbunden sind, wie wir später noch im Detail besprechen werden. Im Umkehrschluss bedeutet das, dass jede Werbung, die dir radikale Heilversprechen in Rekordzeit durch die Einnahme von Substanzen unter minimalem Aufwand verspricht, per se illegal ist. Warum das so ist, erfährst du im Kapitel »Medizinische Nahrungsmittel«.

Solche Werbung wird dir oft als Anzeige präsentiert, mit der dir das ultimative Geheimnis anvertraut wird. Das große Geheimnis ist angeblich so bahnbrechend, dass das Video laut Sprecher bald wieder gelöscht werden muss, um der Rache der Pharmaindustrie zu entgehen, die mit katastrophalen Umsatzeinbußen rechnen muss. In Wahrheit geht das

Werbebudget zur Neige, denn Werbung zu schalten, um dir diesen Geheimtipp zu verraten, kostet Geld.

Zum Thema Ernährung gibt es unzählige Ratgeber, selbsternannte Ernährungsexperten, Kolumnen in Zeitschriften und Magazinen und Trends, die mit Vorliebe in den sozialen Medien geteilt werden. Um in diesem gewaltigen Sturm an Informationen, die sich häufig widersprechen, Klarheit zu erhalten, habe ich mich zum Ernährungsberater weiterbilden lassen. Aus meiner Erfahrung kann ich dir garantieren, dass Rohrreiniger das Einzige ist, was Fett tatsächlich in Sekundenschnelle vernichtet, und von dessen Verzehr rate ich dringend ab!

Kommen wir damit zu einer weiteren Manipulationsstrategie.

DEUTSCHE ERFINDER

Fassen wir nicht schneller Vertrauen zu jemandem, den wir kennen? Mit dem wir etwas gemeinsam haben und mit dem wir uns identifizieren können? Und ist »Made in Germany« nicht weltweit als Gütesiegel bekannt? Genau aus diesem Grund kursieren so viele Werbevideos im Netz, in denen die Deutschen etwas Revolutionäres entwickelt haben. Die Energiekrise durch den Ukrainekrieg begann im Jahr 2022 und es dauerte nicht lange, bis sie von »deutschen Ingenieuren« gelöst wurde. Genauso hat ein deutscher Zahnarzt die beste Zahnbürste der Welt entwickelt, ein deutscher Chirurg das Problem des Schnarchens für immer beseitigt und ein preisgekrönter deutscher Augenarzt den Nobelpreis für eine Entdeckung erhalten, die die Sehkraft durch Kapseln wiederherzustellen vermag. Ich frage mich nur, warum so viele dieser außergewöhnlich klugen deutschen Köpfe ihre Produkte lediglich in englischer Sprache anbieten, zumal die Energiekrise eher ein deutsches Problem ist, da andere Staaten ihre Infrastruktur mit zusätzlichen Atomkraftwerken weiter ausbauen und nur Deutschland aus der Kernenergie ausgestiegen ist.

Der neuste Trend sind Fruchtgummis zum Abnehmen von einem litauischen Unternehmen, die du dir bei bekannten Internetapotheken für 39,95 Euro plus Versandgebühr kaufen kannst. Ein Kollege berichtete mir bereits, dass er in der Apotheke danach gefragt wurde. Ein Produkt, das nur im Internet zu finden und ausschließlich in englischer Sprache erhältlich ist, aber für die Bedürfnisse des deutschen Marktes entwickelt wurde, ist aus meiner Sicht nicht sinnhaft genug, um als seriös eingestuft zu werden. Hinzu kommt, dass diese deutschen Errungenschaften aus China in den deutschen Markt importiert werden. Wie es die deutschen Erfinder geschafft haben, in nur wenigen Monaten ein Werk in China zu errichten, das die Produktion übernimmt, während es nicht eine einzige Zweigstelle in Deutschland gibt, stelle ich an dieser Stelle zur Diskussion. Ganz zu schweigen davon, dass die Entwickler meistens nicht namentlich genannt werden. Zum Glück kannst du diese Betrugsmasche sehr leicht abwehren, indem du nach dem Nobelpreisträger, dem renommierten Arzt oder der großen Entdeckung googelst. Wäre tatsächlich ein noch nie dagewesenes Produkt erfunden worden, auf das die Welt schon immer gewartet hat, kannst du dich darauf verlassen, dass die Presse es vor dir erfahren und längst davon berichtet hätte.

DAS OPFER

Eine dieser Videoanzeigen ist mir besonders in Erinnerung geblieben. Darin ging es um einen deutschen Studenten, der gerade erst »die Energiekrise behoben hatte« (Stand 2022). Dieser junge Mann war ein Milchbubi! Bitte entschuldige meine drastische Wortwahl, aber ich halte es für wichtig, die Zusammenhänge in aller Deutlichkeit zu beschreiben. Er sah aus wie ca. 20 Jahre, hatte eine altmodische Frisur, schulterlange, glatte, blonde Haare, blaue Augen, einen sehr hellen Hauttyp, eben typisch »deutsch«, und eine eher schmächtige Statur. Wenn er saß, beugte er den Oberkörper leicht nach vorn, als hätte er Schwierigkeiten, seinen Körper aufzurichten. Er hätte getrost dein kleiner Bruder oder sogar dein Sohn sein können. Ich denke, dass so jemand deutlich sympathischer auf dich wirkt als ein stämmiger Bartträger, der aussieht wie ein Wikinger. Noch dazu hatte er dank seiner »technischen Begabung« ein kleines Heizgerät entwickelt, das mit einer völlig neuen Keramiktechnologie arbeitet und sich den Bernoullie-Effekt zunutze macht, nach dem Objekte am Rand einer Strömung aus Luft und Wasser in die Strömung hineingesogen werden. Dafür wurde er von seinem Professor so sehr gelobt, dass er »in die Geschichte eingehen« werde. Aber das Beste kommt noch! Die Erfindung war derart genial, dass sogar ein nicht namentlich genannter Energiekonzern darauf aufmerksam wurde. Dieser bot dem Studenten einen (unbekannten) Millionenbetrag für die Rechte an seinem neuen Werk. Natürlich lehnte der Erfinder ab und wurde nur drei Tage später der Universität verwiesen.

Ich denke, du verstehst, warum ich es an diesem Punkt nicht mehr ertragen konnte und das Video stoppte. Ein unerkannter, rechtschaffener Held, der nur Gutes für uns alle tut, dem die Unschuld durch sein äußerliches Erscheinungsbild förmlich ins Gesicht geschrieben steht und der weitgehend hilflos wirkt, wird gnadenlos bekämpft, diffamiert und bestraft. Müssen wir mit einem solchen Menschen nicht Mitleid empfinden? Wir sind eher geneigt, jemanden zu unterstützen, der für sein rechtschaffenes Verhalten unterdrückt wird. Und passenderweise können wir das tun, indem wir seine Arbeit würdigen und ihm sein Produkt (aus China!) abkaufen, damit sein übermächtiger Gegner am Ende nicht gewinnt. So zumindest stützt ein Internetmarketer diese Vermutung, bei dem ich einen Workshop zum Thema Onlinemarketing gebucht hatte. Er beschrieb das zugrunde liegende Prinzip mit folgenden Worten: *»Wenn du willst, dass jemand sympathisch erscheint, gib ihm richtig auf die Fresse!«* Natürlich hat jeder von uns schon einmal schlechte Zeiten erlebt und es darf im modernen Marketing gern davon berichtet werden – unter einer Voraussetzung: Die erzählten Geschichten müssen wahr sein. Ich persönlich gehe noch einen Schritt weiter und sage, dass diese Geschichten überprüfbar sein sollten. Da es sich allerdings bei seriösen Anbietern ebenso um Erfahrungsberichte von Ereignissen handelt, die schon Jahre zurückliegen, ist das selten der Fall und, um ehrlich zu sein, auch schwer umsetzbar. Ich habe schon die haarsträubendsten Geschichten in Werbevideos gesehen, in denen die Dramatik unter Verwendung weiterer Manipulationstechniken auf die Spitze getrieben wurde. Leidgeplagte Männer konnten nach unzähligen Enttäuschungen und endloser Scham durch ein neues Potenzmittel endlich ihre Traumfrau für sich gewinnen. Durch ein neues Haarwuchsmittel konnten die Männer Depressionen überwinden und endlich wieder vor den Spiegel treten. In einem anderen Fallbeispiel verloren Frauen durch den Genuss von »Ketoxplode«-Fruchtgummis nach langer, qualvoller und nutzloser Diät in kürzester

Zeit so viel Gewicht, dass ihre Partner ihnen umgehend einen Heiratsantrag machten. Die Opfermasche bietet sich somit als idealer Verstärker der Manipulation mit überzogenen Versprechen an, weil der Zielgruppe suggeriert wird, dass das neue Produkt garantiert die Erlösung bringen wird. Schließlich hat es schon anderen Menschen geholfen, die noch viel ärmer dran waren.

In der Geschichte vom jungen Studenten gibt es jedoch noch weitere Stilmittel.

DAS FEINDBILD

David gegen Goliath. Auf welcher Seite stehst du? Auch wenn die Industrie zu Recht als profitorientiert und betrügerisch wahrgenommen wird, was sicher einer der Gründe ist, weshalb du dieses Buch gekauft hast, möchte ich gleichermaßen darauf hinweisen, dass es die Industrie ist, die uns den heutigen Lebensstandard ermöglicht. Ich erlebe es immer wieder, dass die Industrie branchenübergreifend als böser Herrscher herhalten muss, der alle neuen Wettbewerber, vor allem diejenigen mit erfolgversprechenden neuen Ideen und Produkten, vom Markt fegen und regelrecht plattmachen will, damit am Ende nicht noch die eigenen Kunden abwandern und die Gewinne geschmälert werden. Natürlich ist der Kern dieser Darstellung wahr, jedoch müssen wir stets die Verhältnismäßigkeit im Auge behalten. Ich garantiere dir, dass keine Industrie, auch nicht mit Unterstützung der Politik, mächtig genug ist, eine neue Methode, eine neue Erfindung oder ein neues Genie dauerhaft zu unterdrücken. Würde ein neues Präparat wirklich alles bisher Dagewesene in den Schatten stellen und würden andere Menschen davon erfahren, würde es sich durch Mundpropaganda von selbst verkaufen, bis es schließlich der breiten Masse zur Verfügung stünde. Dann bräuchte es auch keine Werbung von einem namenlosen Anbieter, der die Herkunft seines Produkts nicht offenbaren möchte. In diesem Kontext hat mich der Internetmarketer Folgendes gelehrt: »Wenn die Leute es dir nicht aus der Hand reißen, dann ist es ein schlechtes Produkt.« So kommt es, dass bei jeder Gelegenheit die Banken alles versuchen werden, um ein neues automatisiertes Gelddrucksystem schlechtzureden, Ärzte »schockiert« oder gar »sauer« über die Effektivität neuer Abnehmtricks sind und die Pharmaindustrie vor diesen unglaublichen neuen Hightech-Pillen warnt, obwohl dafür die Aufsichtsbehörden zuständig sind.

Aber ich kann dir ja viel erzählen, prüfen wir es gemeinsam am Beispiel der Ausnahmestudentin Martina Bader.

Ihre Entwicklung der Slim Gummies machte sie zur Gewinnerin des europäischen Forschungspreises 2022. Der Haken an der Sache: Ein solcher Preis wird überhaupt nicht verliehen. Weiterhin gibt es zwar eine wissenschaftliche Mitarbeiterin mit diesem Namen an der Uni Ulm, jedoch ist sie Psychologin.[81] Die abgebildete »Martina Bader« heißt in Wahrheit Eliana Maciejewska, ist Hausfrau und hat zugegeben, dass die Firma nur Influencerinnen für Werbefotos gesucht hat.[82] Ihr Foto gibt es für neun Euro auf Stockfotografie-Plattformen zu kaufen. Die dahintersteckende Firma Naturlife Ltd. soll auf Malta ansässig sein, ist aber nicht im dortigen Handelsregister eingetragen und befindet sich ebenfalls auf den Seychellen.[83]

Zusätzlich wird die Opfermasche bedient, indem Martinas Großmutter und Mutter Übergewicht sowie Bluthochdruck hatten und »**qualvoll**« an einem Schlaganfall starben. Erst boten die Franzosen 122.400 Euro (krumme Zahlen sind glaubwürdiger), dann boten die USA 35 Millionen Dollar für die sagenhaften Abnehmgummis. Natürlich wurden alle Angebote abgelehnt, denn ein Arzt hatte Martina gewarnt, dass die böse Firma das Patent einstreichen und es als Medikament für 3.060 Euro verkaufen würde.

Falls du mir nicht glaubst, kannst du hier alles nachlesen: Slimming Gummies – morehealth24.de.

https://morehealth24.de/exklusiv-mit-dieser-entdeckung-hatte-niemand-gerechnet/

Dahinter steckt ein simples Prinzip: *Der Feind meines Feindes ist mein Freund!* Wenn jemand betont, dass ein anderer es nur auf dein Geld abgesehen hat und dir in Wahrheit schaden will, ist das ein weiterer Versuch, dein Vertrauen zu erschleichen, weil damit kommuniziert wird, dass du es hier mit einem Gegner dieser Lobby zu tun hast und der Informant dir mit seiner Warnung zur Seite steht.

Dabei nimmt dir die Pharmaindustrie sogar selbst die Arbeit ab, sie schlechtzumachen. Viele der Unternehmen stehen in so starker Konkurrenz zueinander, dass sie sich gegenseitig in der Werbung bekämpfen. Im Jahr 2020 stritten sich Novartis und Ratiopharm über mehrere Instanzen bis hin zum Europäischen Gerichtshof (Aktenzeichen: C-786/18) über die Frage, ob ein Pharmahersteller kostenlose Proben seiner Medikamente in Apotheken verteilen und sich damit einen möglichen Wettbewerbsvorteil verschaffen darf.[84] Das Gericht entschied, dass dieses Verbot nicht für freiverkäufliche Medikamente gilt.[85]

Solche Medikamente der Pharmaunternehmen werden in den Werbeclips, mal mehr, mal weniger offensichtlich, bekannten Konkurrenzprodukten gegenübergestellt, sodass dabei die Vorteile des eigenen Produkts eindrucksvoll betont werden. Dabei bedienen sich Pharmaindustrie, Internethändler und andere Verkäufer für ihr Leben gern der nächsten Manipulationstechnik.

EXOTISCHE UND NATÜRLICHE INHALTSSTOFFE

»Mir war es wichtig, dass meine Formel ausschließlich natürliche Inhaltsstoffe enthält!« Aber warum denn überhaupt? Lass es mich an dieser Stelle in aller Deutlichkeit sagen: Jedes Mal, wenn jemand mit »natürlichen« Inhaltsstoffen wirbt, bekomme ich Kopfschmerzen! Pflanzliche Mittel und alles, was aus der Natur kommt, sei viel besser, verträglicher, sicherer und wirksamer als all die chemischen Moleküle, die im Labor zusammengebraut werden. Aus meinem Alltag in der Apotheke kann ich dir berichten, dass diese Meinung weit verbreitet ist. Dahinter steckt wieder das bekannte Feindbild der bösartigen Industrie. Genauer gesagt, der Lebensmittelindustrie.

Es gehört heute zum Allgemeinwissen, dass nahezu alle Fertiggerichte stark verarbeitet sind und dass dieser hohe Verarbeitungsgrad oftmals unserer Gesundheit nicht gerade zuträglich ist. Es werden künstliche Aromen, ungesunde trans-Fettsäuren, Geschmacksverstärker, Salz, Konservierungsmittel und vor allem maßlos übertriebene Mengen an

Zucker zugesetzt. Die Verarbeitung führt durch hohe Wärmebehandlung zu einem Verlust an Vitaminen, und Mineralien und Spurenelemente werden durch starke Reinigung zu einem erheblichen Teil entfernt, ganz zu schweigen von den Antibiotika und Wachstumshormonen, die in der Massentierhaltung eingesetzt werden.[86] Kurzgefasst: Die Industrie entzieht unseren Lebensmitteln die wertvollen Nährstoffe und fügt ungesunde Zusatzstoffe hinzu, die den Blutdruck steigern, Diabetes begünstigen, indem sie unsere Insulinausschüttung explodieren lassen, in Form von Konservierungsstoffen unsere Zellen schädigen oder direkt im Verdacht stehen, das Krebsrisiko zu erhöhen. So sieht das typische Bild aus, das die meisten von uns im Kopf haben. Als Ernährungsberater bin ich zwar der Letzte, der sagt, dass du frische Lebensmittel, die du selbst zubereitest, nicht den Industrieprodukten vorziehen solltest, jedoch muss ich hier die Lanze für die Industrie brechen. Die Verarbeitungsprozesse werden gezielt instrumentalisiert und bei der Qualität von unverarbeiteten Lebensmitteln und Bioprodukten wird manchmal sogar übertrieben, da wichtige Nährstoffe durch industrielle Prozesse hinzugefügt werden können. Ein großer Teil unserer Bevölkerung ist mit Vitamin B12 unterversorgt und ein Ersatz durch Nahrungsergänzungsmittel ist für Veganer Pflicht, da es nur in tierischen Produkten vorkommt. Heutzutage werden zum Beispiel Frühstückscerealien, vegane Milchalternativen, Sojaprodukte und Haferflocken damit angereichert,[87] aber häufig reicht es immer noch nicht.

Viele unserer modernen Lebensmittel haben wir gewollten Mutationen zu verdanken, die den Nährstoffgehalt zum Beispiel beim sogenannten »Golden Rice» (goldener Reis) erhöhen, oder wie beim Mais (Zea mays) zu größeren Körnern führen. Die uns bekannte Kulturpflanze Mais ist das Resultat genetischer Mutationen aus ihrem Vorfahren, dem Süßgras Teosinte.[88] Dieser wilde Mais verfügt über keine schmackhaften gelben Körner, [89] sodass wir stattdessen weitaus häufiger eine gentechnisch modifizierte Variante essen. Tomaten können durch Gentechnologie knackiger und fester gemacht werden. Ihre Haltbarkeit wird verlängert oder die Widerstandskraft gegen Fraßfeinde erhöht. Hierbei ist zu erwähnen, dass die Gentechnologie schon seit vielen Jahren etabliert ist und keine Schäden am Menschen beobachtet wurden.[90] Hinzu kommt, dass es eine sehr effektive, präzise und saubere Verfahrensweise ist, da solche Genmutationen an den gewünschten Stellen durchaus auch in Bioprodukten erzeugt werden, allerdings nur auf anderem Weg, beispielsweise mit UV-Licht. Fakt ist, dass Abertausende von Diabetikern ohne die Gentechnologie ein tödliches Problem hätten, da Insulin heute überwiegend mit genetisch veränderten (rekombinanten) Escherichia-coli-Bakterien hergestellt wird und die weltweite Produktion aus Schlachtabfällen den Bedarf nicht decken könnte.[91] Ohne die Gentechnologie würden Abertausende Menschen mehr verhungern.[92]

Dennoch hält sich hartnäckig das Vorurteil, dass Genmanipulationen an Nahrungsmitteln unserer Gesundheit schaden, Krebs auslösen oder sich auf unser eigenes Erbgut übertragen. Folglich müssen die rein natürlichen Inhaltsstoffe besser sein als die böse Chemie. Schließlich haben unsere Vorfahren als Jäger und Sammler damit überlebt, litten nicht an modernen Zivilisationskrankheiten und konnten uns dadurch gesund und munter zur Welt bringen. Wenn es nur so einfach wäre. Es gibt jede Menge bedenkliche Aspekte bei Naturprodukten, wie das von Bienen produzierte Kittharz Propolis, die auf den ersten Blick außerordentlich gesund sind. Die Verbraucherzentrale wies auf Risiken durch Propolis hin. In der Werbung wird stets betont, dass es reich an gesunden Polyphenolen ist.

Nicht erwähnt wird natürlich, dass solche Propolis-Produkte bei falscher Herstellung krebserregende polyzyklische Kohlenwasserstoffe (PAK) enthalten können.[93] Wann immer diese Stoffe in Propolis-Präparaten gefunden wurden, kamen die Produkte ausschließlich aus China. PAK können ebenfalls in Heilerden vorhanden sein. Eben weil es sich hier um ein Naturprodukt handelt, besteht eine große Gefahr für Allergiker, schwerwiegende Reaktionen zu erfahren.[94] Diese Information ist so wichtig, dass laut Verbraucherzentrale deshalb ein entsprechender Warnhinweis auf der Verpackung vorhanden sein muss. Fehlt dieser, ist das Produkt bedenklich, da es mit einem so gravierenden Mangel gar nicht auf den Markt gebracht werden darf. Darüber hinaus vertragen sich diese Propolis-Produkte eventuell nicht mit Blutverdünnern, die von sehr vielen Senioren verwendet werden. Außerdem können die Präparate weitere Verunreinigungen in Form von giftigen Schwermetallen wie Blei und Cadmium enthalten.[95]

Lassen wir bitte nicht außer Acht, dass die Lebenserwartung heute um ein Vielfaches höher ist als die eines Steinzeitmenschen. Das liegt vor allem an der medizinischen Entwicklung, aber wenn du dir dein Essen jeden Tag mühsam beschaffen und eventuell sogar ein wehrhaftes, gefährliches Tier erlegen oder vor dem berüchtigten Säbelzahntiger weglaufen musst, kannst du es dir nicht erlauben, krank zu werden. Wenn wir uns auf der anderen Seite anschauen, was natürliche Stoffe so alles in deinem Körper anrichten können, werden sie dir gleich in einem ganz anderen Licht erscheinen. Es gibt nicht nur viele Medikamente rein natürlichen Ursprungs, die von der Industrie lediglich in riesigen Fermentationsanlagen (Brutkessel) erzeugt werden, um sie im großen Stil produzieren zu können, sondern auch Naturstoffe, die abhängig machen, Halluzinationen auslösen oder schlichtweg giftig sind. Die Evolution ist das Wunder des Lebens. Über Millionen von Jahren haben viele Organismen, Tiere und Pflanzen ausgefeilte Überlebensstrategien entwickelt, um sich gegen Feinde zur Wehr zu setzen. Das führte den britischen Naturforscher Charles Darwin (1809–1882) zu seiner Theorie vom Überleben der am besten Angepassten (Survival of the fittest). Diejenigen, die sich am besten den äußeren Umständen anpassen, werden überleben, die anderen Arten werden aussterben. So haben viele Organismen mit der Zeit enorm starke Gifte entwickelt, um sich vor Fressfeinden zu schützen und damit das eigene Aussterben zu verhindern. Da ein großes, starkes und gefährliches Tier klar im Vorteil ist, sind es häufig die kleinsten, die Gifte einsetzen, mit denen sie Menschen mit Leichtigkeit töten können. Der Blauringkrake (Hapalochlaena maculosa), die Schwarze Witwe (Latrodectus tredecimguttatus), der Erbsenkugelfisch (Carinotetraodon travancoricus) die Tiefseekegelschnecke (Profundiconus smirnoides) und Pfeilgiftfrösche, wie der Schreckliche Blattsteiger (Phyllobates terribilis), sind nur einige Beispielen von vielen.

Machen wir einen kurzen Ausflug nach Indien. Dort wird die Rauvolfia-Wurzel (Rauvolfia radix) mit dem Hauptinhaltsstoff Reserpin heute noch als Blutdrucksenker eingesetzt.[96] Diese Wurzel, die auch als Schlangenwurz bekannt und Bestandteil der indonesischen Volksmedizin »Jamu« ist,[97] wird außerdem in Ländern verwendet, die keine Pharmaindustrie haben. Zumindest keine, die so hoch entwickelt ist wie bei uns. Diese Pflanze kann nicht nur effektiv den Blutdruck senken, sondern hat auch schon Menschen in den Tod getrieben, da sie dafür bekannt ist, schwere Depressionen auszulösen.[98] Wenn ich die Wahl habe, nehme ich lieber einen weit verbreiteten chemisch-synthetischen Blutdrucksenker wie Ramipril, der übrigens auf der Grundlage des modifizierten Gifts der brasilianischen Jararaca-Lanzenotter (Bothrops jararaca) entwickelt wurde, als ein Naturheilmittel, durch das ich riskiere, buchstäblich todunglücklich zu werden. Auch einheimische Giftpflanzen, wie der Eisenhut (Aconitum nappellus), der purpurne Fingerhut (Digitalis purpurea), die Tollkirsche (Atropa belladonna) oder die eingeschleppte Herkulesstaude (Heracleum mantegazzianum), können Menschen problemlos töten. Selbst die Kartoffelpflanze (Solanum tuberosum) ist so giftig, dass wir nur ihre Knolle essen können. Immer wieder kommt es zu Vergiftungen durch den Verzehr vom Grünen Knollenblätterpilz (Amanita phalloides), der die Leber so stark schädigt, dass statistisch gesehen 90 Prozent aller tödlichen Pilzvergiftungen weltweit auf diesen Pilz zurückzuführen sind.[99] Deshalb erhielt er den Namen »Todeskappe«. Das Ricin aus der Rizinusstaude (Ricinus communis), von dem du vielleicht im Zusammenhang mit vereitelten Terroranschlägen gehört hast, ist sogar so giftig, dass es auf der Kriegswaffenliste[100] steht und damit unter das Kriegswaffenkontrollgesetz fällt. Die Wirkstoffgruppe der Anthracycline, die zu den Krebsmedikamenten gehören und wegen ihrer stark schädigenden Wirkung auf das Herz berüchtigt sind, werden von Bakterien der Gattung Streptomyces produziert und sind daher ebenfalls natürliche Stoffe.

Glücklicherweise haben wir gelernt, diese Gifte so zu nutzen, dass wir sie ganz oder teilweise im Labor herstellen können, um anderen Menschen zu helfen. Das giftige Atropin aus der Tollkirsche dient der Bundeswehr als Gegenmittel (Antidot) gegen chemische Kampfgase, wie Tabun, Soman oder Sarin. Schlangengifte sind verantwortlich für die Entwicklung von einigen der am häufigsten eingesetzten Blutdrucksenker, den ACE-Hemmern. Das Conotoxin der Kegelschnecke wurde als Chance in der Schmerztherapie erkannt. Brustkrebspatientinnen können mit dem pflanzlichen Krebsmittel Paclitaxel aus der pazifischen Eibe (Taxus brevifolia) versorgt werden. Dabei sind es häufig gar nicht mal die Tiere und die Heilpflanzen selbst, die solche Stoffe produzieren. Das Paclitaxel wird viel häufiger durch Pilze gewonnen, die in der Pflanze leben (Endophyten) und mit ihr eine Lebensgemeinschaft zum beidseitigen Nutzen eingehen (Symbiose).[101] Und was ist mit den Botox-Promis? Um dir eine Vorstellung davon zu geben, was sich Menschen hier freiwillig antun: Das vom Bakterium Clostridium botulinum stammende Botulinumtoxin ist so stark, dass eine Menge von drei Nanogramm pro Kilogramm Körpergewicht ausreicht, um die Hälfte der Mäuse zu töten, denen es verabreicht wurde (LD50). Hochgerechnet auf einen 70 kg schweren Erwachsenen entspricht das einer Gesamtmenge von gerade einmal 0,00021 mg. Darüber hinaus liefert die Natur Arzneistoffe, die schwerstkranken Patienten vorbehalten sind.

Würdest du gern chemische Stoffe wie Morphin zu dir nehmen? Wenn nicht, habe ich eine schlechte Nachricht für dich. Morphin stammt nicht nur aus dem Schlafmohn (Papaver somniferum), sondern dein Körper stellt es sogar selbst her. Morphin, eines der stärksten Schmerzmittel, das extra auf einem Betäubungsmittelrezept verschrieben werden muss, ist ein ganz natürlicher Stoff. Selbst das giftige Formaldehyd und das wegen seiner Nebenwirkungen gefürchtete Kortison werden von uns selbst produziert. 2024 wurde die Legalisierung von Cannabis von Gesundheitsminister Karl Lauterbach durchgesetzt.[102] Das darin enthaltene Tetrahydrocannabinol (THC) ist ein pflanzlicher und damit natürlicher Stoff, der einerseits abhängig macht und dich andererseits noch dazu deiner Intelligenz beraubt. Passenderweise dient Cannabis oft als Trendmittel, um alle möglichen Produkte aufzuwerten, zumindest für Marketingzwecke. Mir wird jedes Mal speiübel, wenn diese Pflanze in Form von K2-Tropfen als Geheimwaffe gegen Übergewicht angepriesen wird.

Der Vollständigkeit halber ein kleiner, wissenschaftlicher Einschub: Zwar kann es sehr wohl sein, dass eine einzelne Substanz, die du aus der Pflanze herausgeholt und von Verunreinigungen befreit hast, ganz andere Effekte hat als ein sehr kompliziert zusammengesetzter Extrakt, jedoch wird für flüssige Zubereitungen eben im Normalfall genau dieser Extrakt verwendet. Und wie eine Pflanze, von der bekannt ist, dass ihr »Genuss« den Appetit anregt, dabei helfen soll, Gewicht zu verlieren, möchte ich gern wissen.

Exotische Zutaten aus Lateinamerika, Afrika und ganz besonders aus Asien liegen immer mehr im Trend. Sie sprechen vor allem eines an: unsere Neugier. Wer neugierig ist und mehr erfahren möchte, gibt dem Internethändler genau das, was er unbedingt von dir haben möchte: deine Aufmerksamkeit. Wer möchte nicht das große Geheimnis erfahren, mit dem du jetzt doch endlich den Kampf gegen die verhassten Kilos gewinnen kannst? Ach, wie gut, dass niemand weiß, wie die heilige Frucht heißt. So habe ich sie ganz für mich allein und sie wird nicht ausverkauft sein. Zumindest bis andere die gleiche Anzeige sehen und ebenfalls auf den begrenzten Vorrat zugreifen, deshalb besser gleich bestellen. Auf der anderen Seite ist es eine sehr starke Botschaft, wenn es alle haben wollen, denn dann muss es nicht nur sehr gut sein, sondern es liegt gerade voll im Trend. Wer möchte schon gern out sein? Du etwa? Alle wollen es haben, aber nur wenige können es kriegen und du bist einer der Auserwählten! Bei so viel Glück kann man doch nicht anders, als zuzuschlagen und sich schnell den Vorteil zu sichern. Diesbezüglich gilt mein Dank der Asterix Comic-Reihe. Im Band »Obelix GmbH & Co. KG« unterweist Technokratus Cäsar darin, dass die Kunden das kaufen, »was den Nachbarn neidisch macht«. Dies sei die Marktlücke, in die sie eindringen müssen.[103] Daran hat sich seit 1976 wenig geändert, weil es so effektiv ist und immer noch funktioniert. Logisch, wenn du dein Produkt einem Kunden verkaufst und der Nachbar es ebenfalls kaufen möchte, weil er neidisch ist, dann hast du deinen Umsatz verdoppelt. Besonders, wenn du mehrere Nachbarn hast.

Sehr populär ist in diesem Zusammenhang die traditionelle chinesische Medizin (TCM). TCM ist so beliebt, dass Google 2,77 Millionen Suchergebnisse liefert (Stand 01.04.2024) und sie in Frauenzeitschriften wie Glamour erwähnt wird.[104] Sie übt eine große Faszination auf Menschen aus, da diese Lehre viele (hierzulande) ungewöhnliche Rezepte nutzt. *Alles, was nicht alltäglich ist, ist spannend.* Viele gesundheitsbezogene Lebenstipps stammen aus fernöstlichen Philosophien und Lebensweisen. Yoga wurde uns aus Indien geschenkt und die Meditation der buddhistischen Mönche fasziniert die Menschen seit eh und je. Wenn wir noch dazu schon so viele Trends oder gar Diäten ausprobiert haben und dabei nichts als Frust und Enttäuschung fanden, dann klappt es vielleicht mit dieser traditionellen Methode des (**Natur-!**)Volkes, das ganz ohne die verhasste Chemie auskommt. Es stellt sich jedoch die Frage, inwieweit wir diese Behauptungen überprüfen können, wenn die wenigsten von uns chinesisch können und nicht in direktem Austausch mit anderen Kulturen stehen. Ob die Sichtweise des langlebigen asiatischen Volkes so zutreffend ist, möchte ich als offene Frage in den Raum stellen, denn die Wissenschaft zeichnet ein ganz anderes, deutlich kritischeres Bild dieser traditionell verwendeten Mittel. Kräutermischungen der traditionellen chinesischen Medizin weisen nicht selten hohe Belastungen mit Schwermetallen,[105] Pestiziden und Kontaminationen mit anderen Pflanzenorganen auf, die in der beabsichtigten Mischung nicht enthalten sein sollten.[106] Außerdem sind Vitalpilze, wie Shiitake, beliebte Vertreter aus diesem Bereich, die natürliche Wirkstoffe liefern. Der natürliche Produzent von Lysergsäurediethylamid (LSD), Claviceps purpurea, ist ebenfalls ein Pilz. Im Gegensatz zum Kokain aus dem Kokastrauch (Erythroxylum coca), das zur Operationsvorbereitung verwendet wird, kenne ich keine einzige medizinische Anwendung für LSD. Halten wir fest, dass gerade bei dieser Manipulation unsere »natürliche« (!) Faszination für fremde Kulturen und nicht zuletzt unsere Reisefreudigkeit ausgenutzt werden, um uns etwas schmackhaft zu machen.

Ich denke, all das sind gute Gründe, etwas zurückhaltender zu sein, wenn es um die bessere Verträglichkeit von pflanzlichen Medikamenten geht. Jemand, der in seiner Werbung so viel Wert darauf legt, dass er ausschließlich natürliche Inhaltsstoffe verwendet, hat entweder keine Ahnung vom Fach (was wir bei der Pharmaindustrie ausschließen können) oder er sagt das nur deshalb so eindringlich, weil er genau weiß, dass er es dir so besser verkaufen kann. Da ich es nicht besser als der ehemalige Personal Trainer Boris Schwarz zusammenfassen kann, was für Absurditäten dir buchstäblich aufgetischt werden, möchte ich ihn an dieser Stelle zu Wort kommen lassen: »Es gibt unseriöse Firmen, die eine vermeintliche Wunderbeere im tiefsten Dschungel des Kongos ausgraben, diese dann um den halben Erdball fliegen und hier als das Fettverbrennungswunder anpreisen. Es gibt keine Wunderpille! Und wenn es sie gäbe, dann wäre sie über Nacht bekannt und würde dich nicht über dubiose Strukturen erreichen, die ein perfektes Marketing machen und dir am Ende sogar die Möglichkeit bieten, so ganz nebenbei, ein passives Einkommen aufzubauen. Gerade auf Social-Media-Kanälen begegnen mir ständig solche »Erfolgsmenschen«, die Fotos aus Dubai oder Miami posten, bei denen sie sich »arbeitend« am Laptop mit den Wahrzeichen der Stadt im Hintergrund zeigen oder vor geliehenen Sportwagen posieren.«[107]

ÜBUNG

Achte einmal einen ganzen Tag bewusst darauf, wie viele Produkte dir insbesondere beim Einkaufen im Fernsehen und im Internet als rein natürlich angeboten werden. Du wirst erschrocken sein, wie oft es dir ins Gesicht springt. Höre in dich hinein und sei ehrlich zu dir selbst. Ändert dieses zusätzliche Wort etwas an deiner Kaufentscheidung für diesen Artikel?

Die neuen Errungenschaften werden außerdem durch die nächste Manipulation angepriesen.

DER INFLUENCER

Eine der schlimmsten und zugleich am weitesten verbreiteten Manipulationsmethoden überhaupt! Influencer tragen ihren Namen zu Recht. Sie üben einen so starken Einfluss auf dich aus, dass sie dir deine Entscheidungen vollständig abnehmen und dir sagen, was du gut zu finden und vor allem zu kaufen hast. Die Macht der Influencer ist gewaltig und so gefährlich, dass du sie niemals unterschätzen darfst! Der richtige Influencer, der für ein passendes Produkt wirbt, kann Menschen dazu bringen, wirklich alles zu tun!

Diese Werbegesichter sind für gewöhnlich prominente Persönlichkeiten, die allein schon mit ihrem Namen Geld machen. Sie sind Experten darin, sich in Szene zu setzen, die richtigen Worte zu wählen, sich richtig zu kleiden, und sie wissen genau, welche Wirkung sie durch ihre Inszenierung erzielen. Ein Prominenter, der für ein Produkt wirbt, ist vor allem eines: eine Autorität. Wie oft hast du schon einen Spot gesehen, in dem der amtierende Formel-1-Weltmeister ein neues Auto in den höchsten Tönen lobt und darin die Straßen unsicher macht? Starköche bewerben neue Küchengeräte oder sogar Fertiggerichte, professionelle Models

Kosmetika und Spitzensportler neue Sportbekleidung oder neue Diäten und manchmal auch neue Arzneimittel. Ein Hochleistungssportler, der durch seinen Weltmeistertitel bekannt geworden ist (und wenn nicht, wird der Titel in der Werbung eingeblendet), muss doch ganz genau wissen, wovon er spricht, wenn er sagt, dass diese neuen Kapseln ein fantastisches neues Hilfsmittel sind, das gut für dich ist und dich deinen Zielen näher bringen wird. Machen wir uns nichts vor: Unterbewusst verknüpfen wir seinen Erfolg mit dem neuen Produkt und schließen daraus, dass nur diese grandiose Erfindung, die er auch noch vor laufender Kamera zu sich nimmt, zu seinem bahnbrechenden Erfolg geführt hat. Gut, vielleicht ist es kein Weltmeister, sondern ein international gefeierter Schauspieler oder ein Model mit einer gigantischen Reichweite von Fans auf seinen Social-Media-Profilen. Hollywoodgrößen haben allein auf Instagram eine Fangemeinschaft im zweistelligen Millionenbereich. Unter so vielen Abonnenten (Followern) gibt es zwangsläufig Fans, die ihre großen Idole regelrecht anhimmeln.

Vielleicht kennst du das Gefühl, jemanden so sehr zu bewundern, dass du genauso sein willst wie er oder sie. Wenn der Star eine bestimmte Gewohnheit hat, die er womöglich noch als Erfolgsgeheimnis bezeichnet, dann machst du das auch. Wenn er eine Vorliebe für einen ganz bestimmten Ort hat, zum Beispiel ein Urlaubsziel mit einem Traumstrand, an dem er sich regelmäßig ablichten lässt, dann kann das nur ein toller Ort sein. Warum sonst sollte sich jemand, dem im Leben so viele Türen offenstehen, ausgerechnet an einen solchen Ort verirren, wenn er dort keinen standesgemäßen Luxus genießen könnte? Und wenn er als erfolgreicher Mensch ein bestimmtes Medikament nutzt, dann kann es vielleicht auch dich eines Tages zum Weltmeister machen. Wenn du mir nur eines glauben kannst, dann dass schon viele junge Frauen wegen bekannten Fitness-Influencerinnen in die Magersucht (Anorexia nervosa) geraten sind![108] Ein besonders schlimmer Fall ist der Hype, der 2023 von Elon Musk auf Twitter (heute »X«) beworben wurde, als der Techmilliardär das Antidiabetikum Ozempic® als Abnehmhilfe vorstellte und damit einen Ansturm auf das Medikament auslöste, bis für die Diabetiker nichts mehr übrig blieb.[109, 110]

Ein weiteres tragisches Beispiel ereignete sich in den USA, als der damalige US-Präsident Donald Trump während der Coronapandemie in aller Öffentlichkeit betonte, welch guten Schutz das Malariamittel Hydroxychloroquin biete und dass er es sogar selbst einnehme. Das führte schließlich dazu, dass ein Ehepaar aus Arizona Aquarienreiniger zu sich nahm, weil darin eine chemisch verwandte Substanz enthalten war. Der Ehemann überlebte diese Empfehlung nicht.[111] Als Trump schließlich selbst an Covid-19 erkrankte, erhielt er von seinem Leibarzt übrigens kein Hydroxychloroquin. Später schlug Trump noch in Pressekonferenzen vor, Covid-Patienten mit UV-Licht zu behandeln oder ihnen Desinfektionsmittel zu spritzen. Dadurch sahen sich sämtliche Ärzte der Vereinigten Staaten veranlasst, vor diesen an Wahnsinn grenzenden Vorschlägen zu warnen und darauf hinzuweisen, dass es tödliche Folgen haben könnte, den Ratschlägen des Staatsoberhauptes mit Millionen von Twitter-Followern (»X«) zu folgen.[112, 113] Als kurze Randnotiz: In der Genforschung werden mittels UV-Licht tödliche Mutationen bei Krankheitserregern hervorgerufen, um diese aus Gründen des Arbeitsschutzes abzutöten oder um gezielt genetische Veränderungen in Konsumgütern, wie Nutzpflanzen, zu erzeugen. Das Spritzen von Desinfektionsmitteln würde deine roten Blutkörperchen platzen lassen und allein die Verabreichung wäre sehr schmerzhaft.

Mr. Trump dürfte allerdings nur eines der prominentesten Beispiele für viele andere Gesichter sein, die in der Werbung verwendet werden. Eine andere Werbung, die mir und vielen meiner Kollegen Verdauungsbeschwerden beschert, ist so gestaltet, dass ein Spitzensportler auf die Frage, wie er ein so hohes Energielevel über den Tag aufrechterhalten kann, antwortet, dass er ein ganz bestimmtes Produkt einnehme. Also bitte! Ist es verwunderlich, dass ein seit Jahren erfolgreicher Leistungssportler eine bessere Kondition hat als ein durchschnittlicher Verbraucher, der vielleicht noch passives Mitglied im Fitnessstudio ist? Und es geht noch schlimmer: Im Internet stoße ich immer wieder auf neue Schlankheitsmittel in Tropfenform, die über Werbeanzeigen oder Spam-E-Mails angeboten werden. Diese K2-Tropfen stammen angeblich aus dem deutschen Erfolgsformat »Die Höhle der Löwen« und in der Sendung wurde es so dargestellt, als ob es das einzige Produkt war, in das die komplette Jury aus Top-Unternehmern investieren wollte.

Hol dir besser schon mal eine Tüte, die weitere Beschreibung dieser Werbung wird dir sehr auf den Magen schlagen.

Auf einer Verkaufsseite im Internet wurden diese Tropfen außergewöhnlich radikal beworben – von echten Hollywoodstars! Die Unternehmerin Kim Kardashian, Schauspielerin Megan Fox, Talkmasterin Oprah Winfrey, sie alle nehmen es schon und sind hellauf begeistert! Gibt es etwas Exklusiveres als so ein Prominentenmaskottchen? Einen Weg, der sonst nur der gesellschaftlichen Elite mit außerordentlicher Kaufkraft zur Verfügung steht? Wenn dir so etwas in die Hände fällt, dann kannst du doch gar nicht anders, als dich begehrt und einzigartig zu fühlen. Du gehörst damit zum Club der Reichen und Schönen und hast einen unfairen Vorteil gegenüber allen anderen, zumal du es dir vielleicht nicht noch ein weiteres Mal leisten könntest. Dazu noch einige vermeintliche Vorher-nachher-Bilder von Käufern, die damit unfassbare Erfolge erzielt haben, und dann heißt es nur noch in die Tasten hauen und den Warenkorb vollpacken. Hierbei musste ich mich schon auf den ersten Blick folgende Dinge fragen: Wie kann es sein, dass ein Produkt, das von deutschen Schwestern in einer deutschen TV-Show vorgestellt wird und die deutschen Investoren begeistert, nur in englischsprachiger Aufschrift erhältlich ist?

Merkwürdig finde ich ebenfalls, dass ein Produkt, das gerade erst in Deutschland erschienen und für die Markteinführung auf Sponsoren angewiesen ist, schon von A-Promis aus Hollywood genutzt wird. Das neue Produkt ist selbst in Deutschland noch nicht bekannt, aber ausgerechnet in Hollywood kennen es schon alle, die Rang und Namen haben? Wohl kaum! Und dann sind da noch die Vorher-nachher-Bilder. Was mich an diesen Bildern erstaunt, ist, dass diese tollen Abnehmprodukte anscheinend noch viele andere wunderbare Eigenschaften mit sich bringen, von denen ihre Anwender profitieren. Auf einem Nachher-Bild verbesserten sie die Sehkraft so sehr, dass eine Testerin plötzlich keine Brille mehr brauchte. Eine andere Dame ist deutlich größer geworden, das Hautbild, die Haarfarbe, die Frisur und die Gesichtszüge einer anderen Käuferin veränderten sich sichtbar und in einem Fall verschwand auf dem Nachher-Bild sogar eine auffällige Tätowierung komplett. In einem Werbevideo wird zudem betont, dass dieses neue Mittel von Experten zugelassen ist. Halt dich gut fest, wer diese Experten sind, deren

Namen nicht genannt werden: ein prominenter Tech-Investor und einer der bekanntesten deutschen Ministerpräsidenten. Keiner von beiden verfügt über Kenntnisse, die ihn befähigen, Nahrungsergänzungsmittel oder Medikamente zu beurteilen.

Du wirst dich vielleicht fragen, warum diese Promis dann überhaupt Werbung für solche dubiosen Produkte machen. Ganz einfach, sie werden nicht gefragt, sondern reingeschnitten. Prominente, wie Pop-Titan Dieter Bohlen und Kosmetikunternehmerin Judith Williams, warben in einer Onlinekampagne dafür, in Bitcoin zu investieren. Sie stellten klar, dass ihre Anwälte alle rechtlichen Schritte unternommen hätten, dennoch seien sie trotz ihres stattlichen Vermögens völlig machtlos, weil die Betreiber die Anonymität des Internets genießen und ihre Scheinfirmen im Ausland sitzen, wo die deutsche Justiz nicht an sie herankommt.[114, 115] Bei Martina Bader mussten die Deutsche Gesellschaft für Ernährung (DGE) und der bekannte »Ernährungsdoc« Matthias Riedl auf Fake-Seiten herhalten.[116] In dieser Geschichte wird noch dazu ein gewisser Dr. Frank Kern zitiert. Er nennt Slimming Gummies **natürliche** Gewichtsabnahme und wettert gegen Diäten, da sie nutzlos, gefährlich und teuer seien. Er erklärt, dass die Abnehmgummis den Prozess der Ketose anwerfen. Der Körper könne keine Kohlenhydrate mehr benutzen und hole deshalb Energie aus Ketonkörpern und werde auf diese Weise zur Gewichtsabnahme verleitet. Lieber Herr Dr. Kern, Sie sind doch nach eigener Aussage Diabetologe. Warum preisen Sie ein Produkt an, das bei gesunden Menschen genau den Zustand hervorrufen soll, unter dem die Diabetiker leiden? Und die sind meistens übergewichtig! Selbstverständlich sei die Pharmaindustrie sofort auf sie losgegangen und habe alles versucht, um den Verkauf der Gummis zu stoppen. Apothekenketten (die es gar nicht gibt) seien alle Partner großer Pharmaunternehmen (logisch, deshalb schreibe ich als Offizinapotheker dieses Buch) und wollten es nicht vertreiben, deshalb würden die Slimming Gummies nur direkt ohne Zwischenhändler von ihnen vertrieben. Dr. Frank Kern, Allgemeinmediziner, Ernährungsberater, Diabetologe, Direktor vom Cambridge National Institute for Medical Research, existiert ebenfalls nicht! Das Kittelbild von Dr. Frank Kern kannst du in verschiedenen Posen ebenfalls auf Stockfoto-Plattformen kaufen.[117]

Das solltest du immer im Hinterkopf behalten, wenn du im Internet bestellst.

Wie du siehst, ist mir diese Masche besonders wichtig und ich beschreibe sie deshalb so ausführlich, weil sie so gut funktioniert! Deshalb machen auch andere Industrien großzügig davon Gebrauch. Du kennst sicher Zahnbürstenwerbung, in der dir der Zahnarzt persönlich die Vorzüge der neuen Zahnbürste erläutert. *Hier spricht der Experte!* Unterschätze auf keinen Fall die Macht, die ein weißer Kittel auf andere Menschen hat. Ich bin im weitesten Sinne ebenfalls ein Influencer und bringe mich durch diesen Kittel in eine vertrauenswürdigere Position gegenüber den Menschen, die ich berate. Lass dir hierzu bitte gesagt sein, dass ein weißer Kittel zwar eine Manipulations- bzw. Verkaufstechnik darstellt, aber durchaus seinen Sinn als Vertrauensverstärker in der Beratung hat. Im Übrigen ist der Kittel eine Schutzkleidung und muss immer **geschlossen** getragen werden. Wenn du jemanden mit wehendem offenen Kittel siehst, weißt du genau, dass er ihn nur zur Zierde trägt und nicht, weil er tatsächlich vorhat, darin zu arbeiten. Es gibt zwar Apotheken, in denen die Teams auf den weißen Kittel verzichten, aber ich persönlich würde als Apothekenbesitzer immer darauf bestehen, dass mein Team und ich uns in weißen Kitteln präsentieren, auch wenn dieser eine Arbeitskleidung für das Labor und im Handverkauf (HV) völlig unnötig ist. Das tue ich aus folgenden Gründen: Der Kittel erfüllt mich nicht nur mit einem gewissen Stolz auf meinen Werdegang, da alle Apothekenmitarbeiter, die im HV tätig sind, Laborerfahrung haben müssen, sondern er unterstreicht zusätzlich das Bild, wie unsere Patienten uns wahrnehmen wollen. Von einem Heilberufler erwartest du Professionalität, ein hohes Bildungsniveau und wissenschaftlichen Eifer. All das symbolisiert der Kittel. Glaub mir, es ist schon schwierig genug, viele Patienten in der Beratung, vor allem diejenigen, die durch Google vorgebildet sind, von der besten Empfehlung zu überzeugen. Allein schon um meiner ethischen Verantwortung gerecht zu werden, würde ich niemals auf den Kittel als Vertrauensverstärker (Booster) verzichten wollen.

Überzeuge dich selbst. Von welchem dieser beiden Herren würdest du dich lieber beraten lassen?

Sehe ich auf diesen Fotos so aus wie die Models, die du aus Prospekten oder von Websites kennst? Mit Krawatte und Hemd? Dass auch hier die Darstellung von der Realität abweicht, ist weder überraschend noch branchenspezifisch. Besonders auffällig ist der Unterschied zwischen den Soldatinnen in der Kaserne und denen, die in Prospekten und Werbebroschüren abgebildet sind. Darüber hinaus gibt es noch zahllose andere Beispiele. Damit du deine Aufmerksamkeit verschenkst, müssen die Bilder einfach gut aussehen. Es macht dem potenziellen Käufer dann viel mehr Spaß, zuzuschauen.

Wann immer du einen Promi in der Werbung siehst, solltest du dich fragen: »Ist das die Realität?« Eine noch ausführlichere Darstellung aus der Welt der Bildbearbeitung erhielt ich bei einem Event in Köln von einer Influencerin. In ihrer Keynote hatte sie faszinierende Details über das Verhalten von Instagram-Nutzern offenbart, und zwar von Nutzern, die damit ihr Geld verdienen! Auf der Bühne berichtete sie davon, dass Photoshop früher den Profis vorbehalten war und heute von ca. 90 Prozent der Privatnutzer verwendet wird. Sie zeigte Bilder von trainierten Gesäßen, die ohne das richtige Licht, aus einem anderen Kamerawinkel, in einer anderen Pose eher an einen Blumenkohl erinnern, jedenfalls plötzlich wenig mit Ästhetik zu tun hatten. Und erst die ganzen Filter. Mit Filtern kannst du heute nahezu alles machen. Ein paar Pfunde abnehmen oder gleich das ganze Geschlecht ändern. Aber das war noch lange nicht alles. Sie erzählte weiter, dass sie auf Messen Influencer und professionelle Models getroffen hatte, die auf den eigenen Instagram-Profilen nicht mehr wiederzuerkennen waren. Detailliert beschrieb sie, wie ein Fitness-Influencer sich mit einer Pizza fotografierte, die er sich für das Foto von seinem Sitznachbarn geschnappt hatte. Kaum war das Foto gemacht, wanderte die Pizza wieder zu ihrem ursprünglichen Besitzer zurück. Besonders bewegte mich ihre Offenbarung, dass es sich nicht nur um Ausnahmefälle handelte, sondern dass dies mit erschreckender Regelmäßigkeit (um nicht zu sagen: immer) vorkomme. Eine anschauliche Beschreibung der Bildbearbeitungsmethoden findest du in diesem Video: YouTube: Filter vs. Realität: Fakes & Photoshop auf Instagram & Co. erkennen.[118]

KUNDENMEINUNGEN

Diese Methode ist an und für sich keine Manipulationstechnik im niederträchtigen Sinn, kann allerdings sehr leicht zur arglistigen Täuschung werden. Oder sollte ich besser sagen: zur Fälschung? Natürlich sind Kundenmeinungen gut und schön und sicher haben wir uns alle schon einmal die Produktbewertungen angesehen, die in Hülle und Fülle vorhanden sind, um eine Kaufentscheidung zu treffen. Ich gehe nicht so weit zu sagen, dass die bekannten Internetshops keine vertrauenswürdigen Plattformen sind, zumal ich selbst dort bestelle. Jedoch musst du dir immer die Frage stellen, wie verlässlich bzw. echt die Bewertungen sind. Kaum etwas lässt sich so leicht fälschen wie Internetbewertungen. Selbst die berüchtigten 1-Sterne-Bewertungen sind wenig verlässlich, da sie sehr häufig von Menschen stammen, die als Internettrolle oder neudeutsch »Hater« bekannt sind und selbst dann kein gutes Haar an Produkten lassen, wenn diese noch gar nicht auf Lager sind, geschweige denn beim Kunden angekommen sein können. Einfach nur in der Hoffnung, dem Verkäufer durch negative Meinungsmache zu schaden. Grundsätzlich kann ein seriöser Verkäufer solche Fake-Bewertungen löschen lassen, was allerdings mit einem gewissen Aufwand verbunden ist. Dafür muss der Händler erst eine Anfrage an den Betreiber der Plattform stellen. Sofern er niemanden dafür beschäftigt, der sich nur dieser

Tätigkeit widmet, bleibt die Frage, ob er dazu schon die Gelegenheit hatte, bevor du die Bewertung gelesen hast. Im umgekehrten Fall kannst du aber auch 5-Sterne-Bewertungen erfinden. Häufig reicht es schon aus, wenn du dich mit mehreren Fake-Profilen auf einer seriösen Plattform registrierst und fröhlich dein eigenes Produkt als vermeintlicher Kunde bewirbst. In aller Regel wird, wie in den sozialen Medien, kein Identitätsnachweis in Form eines Lichtbildausweises verlangt und die Bewertungen werden buchstäblich nach Lust, Laune und Nutzer vergeben. Hier kannst du den Seiten vertrauen, die zumindest eine Bestellung verifizieren müssen, die über ein Benutzerkonto getätigt wurde, bevor sie Kommentare zu den Produkten erlauben.

Auf einer gefälschten Website, die den Betrügern gehört, können sie jedoch mit geringstem Aufwand beliebig viele Bewertungen selbst erstellen und einfügen. Achte deshalb bei Bestellplattformen im Internet immer darauf, ob ein verwendetes Gütesiegel echt ist, indem du es anklickst. Bei einem echten Siegel wirst du daraufhin direkt zu der unabhängigen Prüfstelle weitergeleitet, die dieses Siegel vergeben hat. Zusätzlich kannst du eine kurze Google-Recherche zu dieser Institution durchführen. Wichtig ist, dass die Siegelvergabestelle ausdrücklich auf den Shop hinweist, dem sie das Gütesiegel erteilt hat.[119]

MANGELNDE NACHVOLLZIEHBARKEIT

Ein ebenfalls besonders deutliches Signal ist, dass der Hersteller bzw. Anbieter eines neuen Produkts, entschärft ausgedrückt, sehr zurückhaltend mit Informationen ist, vor allem mit solchen, die du verstehen kannst. Es gibt unterschiedliche Formen der Kompetenz und wahre Kompetenz zeigt sich stets im persönlichen Gespräch. Bevor du dich für ein neues Produkt entscheidest, solltest du dich immer objektiv dazu beraten lassen, und zwar möglichst ohne eine Kaufempfehlung zu bekommen. In der Apotheke gebe ich zwar durchaus Produktempfehlungen, in seltenen Fällen noch Zusatzempfehlungen, überlasse allerdings immer den Patienten die endgültige Wahl. Weder ich noch ein Kollege, der seinen Beruf gewissenhaft ausübt, wird jemals aktiv dazu auffordern oder gar verlangen, ein bestimmtes Präparat zu kaufen, weil es ohne nicht geht. Auch hier lauert die größte Falle in Form des größten Angebots im Internet.

Die Produkte, die du hier findest, werden intensiv beworben, müssen aber unbedingt nachvollziehbar und für Laien verständlich vorgestellt werden. Insbesondere bei Präparaten, die zur Einnahme, d. h. zum Schlucken, bestimmt sind, ist eine lückenlose Auflistung der verwendeten Zusatzstoffe notwendig und bei tugendhafter Geschäftsmoral ebenfalls eine Hotline mit Ansprechpartner, dem Fragen zum Produkt gestellt werden können, denn häufig sind die Wirkungen der einzelnen Zusatzstoffe nicht klar bzw. werden durch Marketing stark aufgebauscht. Manchmal werden sogar andere Namen verwendet, die weniger bekannt sind, um die Inhaltsstoffe zu verharmlosen, oder es werden Zutaten komplett weggelassen. Da dies illegal ist, konzentriere ich mich bei diesem Punkt wieder auf den Onlinehandel. Wer etwas nicht offenlegt, hat etwas zu verbergen. Solltest du dich für ein neues Fitness-, Diät- oder Gesundheitswunder zum Einnehmen interessieren, frage dich immer:

- Wer ist dafür verantwortlich?
- Wo wird es produziert?
- Welche Zusammensetzung ist enthalten?
- Sind die Informationen ausreichend, um eine Entscheidung zu treffen, die sich gut anfühlt?

Bei Produkten mit ausschließlich englischer Aufschrift und Sitz im Ausland wage ich das zu bezweifeln. Sicher kennst du das berühmte Kleingedruckte in Verträgen, das du ebenfalls auf vielen Lebensmitteletiketten findest. Warum sind die Informationen so klein gedruckt, dass du nicht selten eine Lupe bräuchtest, um sie lesen zu können? Du ahnst es: *Weil du sie am besten gar nicht lesen sollst*. Aus Sicht des Anbieters kann es fatal sein, dir Informationen zu präsentieren, die er zwar erwähnen muss, weil sie gesetzlich vorgeschrieben sind, die aber dazu führen, dass sein Angebot gewaltig an Attraktivität verliert. Deshalb verwendet auch die Pharmaindustrie diese Masche. Informationen weglassen dürfen sie nicht, dann darf eben nur so viel offengelegt werden wie unbedingt nötig. Wird der Text in Miniaturgröße abgedruckt, übersieht der Verbraucher ihn hoffentlich oder macht sich bei einem längeren Text nicht die Mühe, die Informationen zu analysieren und auszuwerten. Lass dich übrigens nie mit der Ausrede abspeisen, auf der Verpackung sei nicht genug Platz und deshalb müsse bei Warnhinweisen etc. kürzergetreten werden. Immer bei den gleichen Beispielen, Textsorten und quer durch Anbieter und Sortimente? Gerade bei so wichtigen Texten wie Warnhinweisen? Ethisch vorbildliche Unternehmen schreiben zumindest einen Hinweis auf ihre Verpackungen, ob die Produkte Konservierungsmittel enthalten oder darauf verzichten. Der Fairness halber sei erwähnt, dass ich aus meiner Berufspraxis einige Hersteller kenne, die durchaus positive Zusatzangaben klein und kryptisch abbilden. Einige Nasensprays gibt es in zwei Varianten. Die Variante mit Konservierungsmittel hat keinen Hinweis, auf der anderen steht relativ klein, dass sie konservierungsmittelfrei ist.

Weiterhin findest du in vielen Fällen auf der Inhaltsstoffliste Vitamin E, was chemisch korrekt als alpha-Tocopherol bezeichnet wird. Wie empfindest du es? Fühlst du dich wohler, wenn du ein Produkt mit »alpha-Tocopherol« oder eines mit »Vitamin E« kaufst?

Übrigens: Ganz am Anfang jeder Zutatenliste steht als Erstes der Hauptinhaltsstoff und anschließend nach abnehmender Menge die weiteren Inhaltsstoffe. Achte zum Beispiel bei Cornflakes einmal darauf, wie oft zu Beginn Zucker steht. Das mag im ersten Moment wie eine kleine Nebensächlichkeit erscheinen, ist jedoch von großer Bedeutung.

Das Verbrauchermagazin Ökotest hat beispielsweise ausgewählte Vitamin-B12-Produkte unter die Lupe genommen und untersucht, ob sie die richtige Menge an Inhaltsstoffen enthalten. Bei diesem Test schnitten etwa die Vitamin-B12-Minitabletten einer Online-Apotheke sehr schlecht ab, weil sie enorm überdosiert sind. Vor allem das stark beworbene Präparat Vitasprint wurde mit der Note **ungenügend** bewertet. Die Begründung: Es ist nicht nur viel zu überteuert für kaum haltbare Gesundheitsversprechen, was ein schlechtes Preis-Leistungs-Verhältnis bedeutet, sondern es wurde der fehlende Zusatzhinweis kritisiert, dass eine vegane und damit unausgewogene Ernährung zu einem gravierenden Vitamin-B12-Mangel führen kann.[120, 121] Natürlich ist eine vegane Ernährung eine prinzipielle Frage der Lebenseinstellung, an der ein Warnhinweis auf der Verpackung nichts ändern wird. Dennoch steckt hinter dem Verschweigen des Hinweises ein ganz klarer Zweck, der dem Vorteil der Firma dienen soll. Würde sie dir mitteilen, wodurch ein Vitamin-B12-Mangel entsteht, bräuchtest du das Präparat womöglich nicht, weil du nur deine Ernährung anpassen müsstest und so eine stattliche Menge Geld sparen würdest, das der Hersteller gern mit dem Verkauf seines Produkts einnehmen würde. Solche Fälle gehören zu denen, die ich bereits in meiner Familie behandelt habe und zu denen ich nach meiner Meinung gefragt wurde, ob es ein gutes Produkt sei. Genau diese Momente zeigen mir, dass die Werbung mit ihren Manipulationsstrategien erschreckend erfolgreich ist und deshalb dringend mehr Information, Beratung und Aufklärung betrieben werden muss. Du siehst, wie wichtig Transparenz und warum sie eine Grundvoraussetzung ist, bevor du dich zum Kauf bei einem bestimmten Anbieter entscheidest.

WISSENSCHAFTLICH BEWIESEN

Ach, die viel gerühmte Genialität der Wissenschaft. Nur allzu häufig dient sie dazu, dir eindrucksvoll vor Augen zu führen, dass dieses neue Produkt **wahrhaftig** funktioniert, von Menschen auf Herz und Nieren getestet wurde und halten wird, was es verspricht. Klingt doch nach einer guten Investition, oder? Mal unter uns: Liest du dir die zitierten Studien tatsächlich durch?

Ich auch nicht! Nur in eher seltenen Fällen, wenn damit eine Aussage im Text belegt wird, die mir besonders unstimmig erscheint und meinem bisherigen Weltbild komplett widerspricht, nehme ich die wissenschaftlichen Texte genauer unter die Lupe. Schließlich sind sie je nach Studienqualität sehr umfangreich, kompliziert geschrieben und beschreiben Verfahren, die nur von fachkundigen Personen effektiv bewertet werden können. Selbst viele der genialsten Wissenschaftler sind häufig, entschuldige den Ausdruck, Fachidioten! Sobald sie sich auf fremdem Gebiet bewegen, haben sie genauso große Schwierigkeiten wie du und ich, Aussagen und Ergebnisse der Studien in den richtigen Kontext zu setzen und keine falschen Schlüsse daraus zu ziehen. Um eine Studie objektiv beurteilen zu können, brauchst du vor allem zwei Dinge: den neutralen Blick aus der Vogelperspektive und den Heimvorteil im entsprechenden Fachbereich, d. h. Expertise auf dem untersuchten Gebiet. Da wissenschaftliche Untersuchungen für die Pharmaindustrie existenziell wichtig sind und deshalb eine herausragende Rolle für dieses Buch spielen, werden wir uns diesem Thema im Kapitel »Die Geburt eines Medikaments« noch ausführlicher widmen. Bedenke bitte für den weiteren Verlauf dieses Buches, dass unseriöse Händler diese pseudowissenschaftlichen Beweise nur als Bonus beifügen, während die Pharmaindustrie jedoch darauf angewiesen ist. Das bedeutet, dass die Pharmaunternehmen bevorzugt Testergebnisse illegal manipulieren, da Studien von ihnen rechtlich eingefordert werden und somit die absolute Grundlage für ihr Produktmarketing sind.

Beim Einkaufen hatte ich mich nach einer preiswerten Mundspüllösung umgeschaut. Während ich die Flaschen nach meinem Wunschprodukt absuchte, stach mir jedoch eine Flasche ganz besonders ins Auge: ein Markenprodukt, auf dem stand »Wissenschaftlich getestet«. Aus langjähriger wissenschaftlicher Laborarbeit kann ich dir eines versichern: Wissenschaftlich getestet ist etwas völlig anderes als wissenschaftlich **bewiesen**! Getestet habe ich mit mehr als 147 Laborexperimenten zwar sehr viel, aber wirklich bewiesen habe ich nur sehr wenig, weshalb ich zahlreiche Versuchsreihen wiederholen oder erweitern musste.

IN KÜRZE

- Sei ganz besonders misstrauisch bei Internetangeboten.
- Google ist dein Freund. Eine kurze Recherche über den Anbieter verschafft dir schnell Klarheit über seine wahre Seriosität.
- Der Verkäufer existiert nur, wenn du ihn bei Rückfragen erreichst.
- Ein Foto beweist sehr oft nur die Qualität des Computerprogramms Photoshop, nicht die des beworbenen Produkts.
- Lass dich nicht durch künstliche Verknappung unter Druck setzen. Wenn das Produkt wirklich so wirksam und genial ist, wirst du eine neue Chance bekommen.
- Wenn du ermahnt wirst, niemandem von einem Angebot zu erzählen, ist es Betrug! Alle seriösen Anbieter bitten dich ausdrücklich darum, ihr Produkt aktiv weiterzuempfehlen. Häufig gibt es dafür sogar Provision oder zumindest Treuepunkte.
- Kundenbewertungen sind ultraleicht zu fälschen. Versuche, mit einem Käufer Kontakt aufzunehmen, und frag ihn persönlich nach seiner Erfahrung. Manche Bewertungsportale ermöglichen verifizierte Bewertungen, für die sich die Käufer vorher identifizieren mussten.
- Kein Promi macht ausschließlich auf einem fremden Internetkanal Werbung für ein Produkt und schon gar nicht ohne Bezahlung.

TEIL 4

DIE WISSENSCHAFT

SO GEHT WISSENSCHAFT

Zuerst die gute Nachricht: Im Allgemeinen sind die Aussagekraft und Verlässlichkeit von echter wissenschaftlicher Arbeit sehr hoch und werden genau aus diesem Grund so gern zur Überzeugung der Verbraucher eingesetzt, weil es nahezu keinen Zweifel mehr daran zulässt, dass ein bestimmter Wunschzustand tatsächlich schon einmal erreicht wurde, der sich zuverlässig wiederholen ließ. Das bedeutet, dass es auch bei **dir** mit 95-prozentiger Wahrscheinlichkeit klappen wird. Warum nur 95 Prozent und nicht 100 Prozent? Weil das der exakte Wert ist, mit dem wir bei der statistischen Auswertung von Studienergebnissen auf die Verlässlichkeit schließen können. Ab 95,0 Prozent erfolgreicher Versuche aus einer ganzen Testreihe haben wir in der Wissenschaft ein ausreichend zuverlässiges Testergebnis, das die Eindeutigkeit (Signifikanzlevel) der Ergebnisse beweist oder anders ausgedrückt, dass du dich, rein mathematisch betrachtet, in nur 5 Fällen von 100 Fällen geirrt haben kannst. Wissenschaftliche Tests werden für eine solche Wahrscheinlichkeit für gewöhnlich dreimal durchgeführt. Grundsätzlich gilt: Je öfter du etwas versuchst, umso sicherer kannst du dir sein, dass am Ende das einzig wahre Resultat herauskommt. Übertragen auf dein Leben heißt das: Wenn ein Produkt bei 95 von 100 Versuchspersonen seine versprochene Wirkung entfaltet hat, dann wirst du voraussichtlich zu den 95 Prozent gehören, bei denen ein Medikament die gleiche, gewünschte Wirkung zeigt.

Hinzu kommt, dass wissenschaftliche Arbeiten vor ihrer Veröffentlichung in einem Fachmagazin noch einmal einer strengen Prüfung durch Fachkollegen unterzogen werden. Dabei werden die verwendeten Methoden genau auf ihre Eignung begutachtet, Testergebnisse im Original (Rohdaten) angefordert, Rückfragen gestellt und die Arbeit vor allem systematisch auf Fehler untersucht. Erst wenn die Qualität der Arbeit von den Prüfern bzw. Korrekturlesern (Reviewer) in diesem Prüfverfahren (Peer Review) für ausreichend hochwertig und gründlich bewertet wird, wird die Studie akzeptiert und veröffentlicht. Übertragen auf die Vermarktung von Medikamenten übernehmen die zuständigen Behörden die Rolle der Prüfer, lassen das neue Medikament zu und geben es damit zur Vermarktung frei. Mir ist wichtig, dass du diesen Teil wirklich verstehst, denn die Qualitätsansprüche, die durch gesetzliche Vorgaben an die Pharmaindustrie in Form der Good-Manufacturing-Practice-Richtlinien gestellt werden, sind sehr hoch und für alle Pharmaunternehmen verpflichtend, die ihre Medikamente in einem Land mit diesen Standards verkaufen wollen. Dadurch muss sich die Industrie in genau diesen schmalen Spielräumen bewegen, die durch wissenschaftliche Methoden und rechtliche Vorschriften vorgegeben sind. Um Medikamente auf den Markt zu bringen, ist die Pharmaindustrie deshalb auf die hochwertigsten, aufwendigsten, aussagekräftigsten und vor allem teuersten Studien angewiesen.

DIE DUNKLE SEITE DER WISSENSCHAFT

Du fragst dich jetzt vielleicht: »Aber Tino, wenn die Vorgaben für die Pharmaindustrie so streng sind, kann sie dann überhaupt effektiv manipulieren?« Sei dir sicher, ja, das kann sie! Wenn es um wissenschaftliche Untersuchungen geht, möchte ich dir nicht vorenthalten, dass Wissenschaftler nur ganz normale Menschen sind wie du und ich, lediglich mit einem akademischen Titel. Sie haben ebenfalls ganz normale Probleme und dazu gehören durchaus auch **Ego-Probleme**. Auch wenn das Niveau im Normalfall hoch ist und sachliche Diskussionen geführt werden, die den wertvollen fachlichen Austausch und damit die Weiterentwicklung fördern, so habe ich doch mehrfach auf verschiedenen Konferenzen erlebt, wie sich Fachkollegen bis hin zu Professoren gegenseitig intellektuelle Kopfstöße verpassten, um zu beweisen, dass sie die größeren Experten auf ihrem jeweiligen Gebiet sind. Vor diesem Hintergrund sollten wir niemals außer Acht lassen, dass Wissenschaftler nach Ruhm und Anerkennung streben. Schon während meines Studiums wurde uns geraten: »Traue niemals einer Studie, die du nicht selbst gefälscht hast.«

Eines der prominentesten Beispiele ist ohne Zweifel der britische Arzt Andrew Wakefield, der 1998 im angesehenen (renommierten) medizinischen Fachmagazin »The Lancet« eine Studie publizierte, in der er einen direkten Zusammenhang zwischen einer Masern-Mumps-Röteln-Impfung und der Entwicklung von Autismus bei Kindern herstellte. Seine Arbeit verunsicherte viele Eltern so sehr, dass sie ihre Kinder nicht mehr impfen ließen. Bis heute beziehen sich viele Impfkritiker darauf. Wie sich bald herausstellte, wies die Studie nicht nur gravierende Mängel in der Gestaltung auf. Die Autoren um Wakefield hatten Rosinenpickerei (Cherry Picking) betrieben und gezielt nur die Daten zur Verfügung gestellt, die ihre Behauptung stützten. Noch dazu konnte Wakefield ein Interessenskonflikt nachgewiesen werden, da er von Anwälten bestochen wurde, die wiederum Familien vertraten, die gegen Impfstoffhersteller geklagt hatten.[122, 123] Die weitreichenden Folgen dieser Publikation, dass viele Kinder nicht vor einer potenziell lebensbedrohlichen Erkrankung geschützt wurden, zeigen, warum der Berufsethos der guten wissenschaftlichen Praxis (GSP) so streng, hoch angesehen und damit grundsätzlich verlässlich und hochwertig mit weitreichenden Kontrollinstanzen aus Gutachtern und Prüfungsschritten ist. Auch wenn in diesem Fall die Pharmaindustrie das Betrugsopfer war, ist es für sie ein adäquates Mittel, korrupte Studienleiter durch Bestechung zu motivieren, die passenden Daten zu liefern oder Daten gezielt zurückzuhalten, die weniger erwünschte Zusammenhänge und bittere Erkenntnisse zeigen.[124]

Gegen vorsätzlichen Betrug und Korruption ist kein Kraut gewachsen. Es kommt im Lauf der Geschichte immer wieder vor, dass Wissenschaftler Daten beschönigen und ihre Arbeiten dadurch verzerren, um sie veröffentlichen zu können. Schau dir nur unsere Politiker an. Eine Doktorarbeit ist eine wissenschaftliche Arbeit! Mehrere unserer Volksvertreter wie Karl-Theodor zu Guttenberg (CSU) oder Annette Schavan (CDU) hatten bei ihrer schriftlichen Arbeit (Dissertation) großzügig abgeschrieben und waren in verschiedenen Plagiatsaffären eines so massiven Betrugs überführt worden, dass sie zurücktreten mussten.[125, 126] Und selbst wenn es nicht zum Rücktritt reichte, wurde die Tätigkeit noch ordentlich aufgewertet, wie im Fall von Prof. Dr. Karl Lauterbach (SPD), der als Assistent am Institut für Pathologie der Rheinisch-Westfälischen Technischen Hochschule (RWTH) Aachen an einer Brustkrebsstudie mitgearbeitet hatte und sich in seinem Lebenslauf zum Studienleiter emporschwang.[127] Ironischerweise hatte er sich im Bundestag noch medienwirksam über zu Guttenberg ausgelassen. (YouTube: Dr. (!) Karl Lauterbach zu Guttenberg und dessen Glaubwürdigkeit)[128]

Ein sehr praktisches Beispiel für die Beschönigung der Testergebnisse ist das sogenannte »Testing into compliance«. Hierbei wird eine Versuchsreihe solange wiederholt, bis du das gewünschte Ergebnis bekommst. Stell es dir folgendermaßen vor: Die Wahrscheinlichkeit, bei einem Münzwurf Kopf zu werfen, liegt immer bei 50 Prozent, egal wie oft du vorher dasselbe Ergebnis hattest. Entweder du wirfst Kopf (50 Prozent) oder Zahl (50 Prozent). Das liegt daran, dass sich die Münze weder daran erinnern kann, wie sie vorher geworfen wurde, noch, dass sie sich bewusst entscheiden kann, wie sie aufkommen will. Wenn du jemandem beweisen möchtest, dass du eine Münze hast, die nicht gezinkt ist und nach jedem Wurf Kopf zeigt, kannst du die Münze einmal wiegen und damit zeigen, dass es sich um eine ganz normale Münze handelt. Jetzt wirfst du nicht nur einmal, denn das könnte ja Zufall sein, sondern du wirfst zehnmal, um zu demonstrieren, dass du das Ergebnis jederzeit zuverlässig aufs Neue beweisen kannst. Wissenschaftler führen ihre Experimente häufig selbst durch, was bedeutet, dass es nicht unbedingt Zeugen dafür gibt. Jetzt wirfst du die Münze und notierst die Ergebnisse. Sagen wir, dass die Münze siebenmal Zahl zeigt und nur dreimal Kopf. Na, so ein Pech. Aber da du dir zu helfen weißt, gibt es einen kleinen Trick, um die anderen zu überzeugen. Du kehrst die sieben Würfe mit der unerwünschten Zahl entweder unter den Teppich und behauptest einfach, du hättest nur dreimal geworfen, sodass die Münze jedes Mal direkt hintereinander Kopf zeigt (Cherry Picking) oder du wirfst so lange, bis du tatsächlich dreimal hintereinander Kopf bekommst, verschweigst die restlichen Versuche (Testing into compliance) und sagst, dass es sehr wahrscheinlich ist, dass sie auch bei jedem weiteren Wurf Kopf zeigt.

Es gibt auch einen etwas praktischeren Fall, bei dem eine ganz ähnliche Methode angewendet wird. Im Wesentlichen gibt es verschiedene Studienarten, die alle unterschiedlich hochwertige Aussagekraft (Evidenz) haben, je nachdem, wie sie entworfen wurden. Je hochwertiger und besser die Studie, umso reproduzierbarer, d. h. zuverlässiger, sind die Ergebnisse, was eine höhere Evidenz bedeutet. Alles, was gut erforscht ist, hat beispielsweise einen sehr hohen Erkenntnisgrad in Form einer hohen Evidenz. Diese Studienergebnisse können auf zwei verschiedene Arten bewertet werden. Entweder »Per Protocol« (»nach Protokoll«) oder mit der »Intention to treat«-Methode (»Wille zur Behandlung«). Letztere gilt als Goldstandard, weil bei dieser Variante etwas ganz Entscheidendes passiert. Bei der Per-Protocol-Methode wird streng nach den anfänglichen Zahlen verfahren. Wenn du ein Medikament 100-mal testest, gibst du hinterher an, dass von diesen 100 Tests zum Beispiel 75 Versuche erfolgreich verliefen und dein Experiment nur 25-mal gescheitert ist. Bei der »Intention to treat«-Methode wird jedoch bei der Ergebnisbewertung auch berücksichtigt, wie viele Experimente **abgebrochen** werden mussten, sogenannte »Drop outs«. Eine Beurteilung nach dieser Methode sorgt dafür, dass die Studienergebnisse nicht zu stark beschönigt werden. Medikamente müssen stets an Menschen getestet werden, ohne Wenn und Aber, sonst kannst du sie als Pharmakonzern nicht verkaufen.

Und jetzt stell dir Folgendes vor: Du berichtest, dass du mit deinem neuen Medikament 75 Patienten heilen konntest und es lediglich bei 25 Menschen nicht gewirkt hat. Klingt doch gut, nicht wahr? Was aber, wenn sich herausstellt, dass von diesen 25 Probanden 20 die Studie abgebrochen haben oder noch schlimmer, sogar an dem Medikament gestorben sind? Wärst du als Verbraucher dann immer noch davon überzeugt, dass es ein gutes Medikament ist? Auch wenn es relativ wenig Aufsehen erregt, kommt es hin und wieder vor, dass Veröffentlichungen wieder zurückgezogen werden müssen, weil herauskommt, dass der kluge Wissenschaftler bei seinen Forschungsergebnissen geschummelt hat. Manche sind gar Wiederholungstäter.

Vor diesem Hintergrund solltest du bedenken, dass der Standard »Gute wissenschaftliche Praxis« nur ein Berufsethos ist. Es gibt keine gesetzliche Vorgabe, vorbildlich zu arbeiten. Die Fachwelt hat sich darauf geeinigt, weil es sich eben so gehört. Außerdem gilt in der Wissenschaft nicht umsonst, dass eine Theorie so lange gültig ist, bis sie widerlegt wird. Ärzte haben mir schon mitgeteilt, dass sie im Laufe der Zeit ihre eigenen Ratschläge korrigieren mussten. Während der Coronapandemie existierte ein regelrechtes Maßnahmenchaos, weil mit der Zeit immer neue Erkenntnisse geliefert wurden, deren Bedeutung durchaus Interpretationssache ist. Sie widersprachen dem bisherigen Wissen teils massiv und führten zu einer kompletten Umwälzung der Verhaltensregeln, wie etwa die Maskendebatte, die Wirksamkeit der Impfstoffe, die 2G-/3G-Vorgaben usw. Der Philosoph David Hume (1711–1776) hatte in diesem Zusammenhang abenteuerliche Überlegungen angestellt. Dieser Mann behauptete allen Ernstes, dass du niemals wissen kannst, ob ein Stein, den du fallen lässt, zu Boden fällt oder im nächsten Moment, auch wenn es nur ein einziges Mal ist, wie ein Heißluftballon in den Himmel emporsteigt. Du gehst anhand deiner Erfahrungen davon aus, dass es passiert. Du vermutest es, weil es immer so gewesen ist, aber 100-prozentig wissen kannst du es nicht. In der Wissenschaft ist es genau das gleiche Spiel. Echte, gewissenhafte und hochkompetente Wissenschaftler sind daher im Allgemeinen eher bescheiden und schränken bei der Bewertung ihrer Ergebnisse zum Schluss der wissenschaftlichen Arbeit die Bedeutung ihrer Forschungsergebnisse ein. Sie arbeiten selbst heraus, wo die Schwächen liegen, was die Daten nicht erklären können und weisen darauf hin, dass in diesem Bereich noch mehr Forschung nötig ist.

In der Apotheke halte ich mich in den meisten Fällen mit absoluten Aussagen oder Garantien zurück. Menschen sind einfach zu verschieden, als dass man Aussagen für die große Allgemeinheit treffen könnte. Es gibt zu viele Medikamente, die von der genetischen Ausstattung des Menschen abhängen, allen voran Kombipräparate mit Trastuzumab und Emtansin, die nur bei Frauen mit der übermäßig stark ausgeprägten Variante des Gens HER-2 gegen Brustkrebs eingesetzt werden. Es kann auch passieren, dass verschiedene Patienten denselben Wirkstoff aufgrund genetischer Veranlagung, sogenannter Polymorphismen, unterschiedlich schnell verstoffwechseln. So wird beispielsweise der rezeptpflichtige Hustenstiller Codein in deinem Körper zu Morphin umgebaut. Bei manchen Menschen geschieht das besonders schnell. Solche Patienten werden als »Ultra rapid metabolizer« (ultraschnelle Verstoffwechsler) bezeichnet. Bei diesen Patienten muss genau darauf geachtet werden, in welchem Zeitraum sie dieses Medikament einnehmen, um zu verhindern, dass sich durch zu kurze Einnahmeabstände eine zu hohe Menge an Morphin in ihrem Körper ansammelt und es damit sogar zu Vergiftungserscheinungen kommt. Hinzu kommt, dass Menschen gegen einzelne Wirkstoffe allergisch sein können. Ibuprofen ist das Mittel der Wahl gegen Schmerzen. Was bringt es jedoch einem Patienten, der ausgerechnet eine Ibuprofen-Allergie hat?

Darum sind verallgemeinernde Aussagen, dass bei Medikamenten nichts passieren könne oder dass ausgewählte Lebensmittel in den Speiseplan eines jeden Menschen gehören, streng genommen falsch. Als erfahrener Forscher relativierst du deshalb die Behauptung und sagst, wie ich es gewissenhaft tue, dass dir das Medikament **wahrscheinlich** helfen wird oder noch besser, dass unter den gegebenen Voraussetzungen kein Risiko **bekannt** ist. Da eine solche Aussage allerdings, wie zuvor beschrieben, nicht gerade vor Überzeugung strotzt, sodass die Verkaufszahlen darunter leiden würden, wird stattdessen beteuert, dass das Mittel vollkommen sicher ist, nichts passieren wird und du dich voll und ganz auf die Wirkung verlassen kannst.

In meiner Zeit als wissenschaftlicher Mitarbeiter wurde ich während meiner Forschungsarbeit im Wochentakt mit so vielen experimentellen Fehlschlägen, Pech und Frust konfrontiert, dass Selbstzweifel vorprogrammiert waren. Je länger du dich mit einem beliebigen Thema beschäftigst, desto mehr Fragen werden sich auftun, die du nicht beantworten kannst, weil sich dir das Tätigkeitsfeld in seiner ganzen Komplexität offenbart. Du fragst dich mit der Zeit unweigerlich, ob du einfach nur unfähig oder gar zu dumm bist, um ein Experiment erfolgreich durchzuführen. Noch dazu hast du einen Vorgesetzten, dessen Aufgabe es ist, deine Arbeit zu begutachten. Im Klartext bedeutet es, dass dein Betreuer Fehler finden muss, um dir beizubringen, worauf du zu achten hast. Selbst die Doktorprüfung (Disputation) wird umgangssprachlich »Verteidigung« genannt, weil ein Gremium aus fünf Professoren deine Arbeit begutachtet, versucht, das Haar in der Suppe zu finden, und du den Prüfern beweisen musst, dass deine geleistete Arbeit Sinn ergibt und verlässliche bzw. belastbare Ergebnisse geliefert hat. Zwar bemüht sich das Gremium heutzutage, Fragen zu stellen, die du vermutlich gut beantworten kannst, nicht zuletzt, weil einer der Prüfer stets dein Doktorvater ist und er möchte, dass du erfolgreich abschließt. Jedoch sagte einer meiner Professoren selbst, dass du dich als Prüfling in einem Haifischbecken befindest. Demnach ist die Wahrscheinlichkeit sehr hoch, dass jemand, der dir bahnbrechende und revolutionäre neue Methoden, Produkte etc. anbietet, alles nur stark aufhübscht, um es dir zu verkaufen. Mir ist klar, dass ich jetzt vielleicht kleinlich wirke, trotzdem solltest du dich an diese Ausführungen erinnern, wenn dir jemand etwas mit dem Argument zu verkaufen versucht, dass sich deine Situation damit garantiert verbessern wird. Es könnte dir viel Frust ersparen. Interessant finde ich auch das Phänomen des Dunning-Kruger-Effekts, der nach den Wissenschaftlern benannt ist, die ihn entdeckt haben. Sie entdeckten, dass Menschen mit einer besonders geringen Expertise dazu neigen, ihre eigenen intellektuellen Fähigkeiten aufgrund mangelnder Selbstreflexion maßlos zu überschätzen.[129] Es ist wahr, dass *manche Menschen zu dumm sind, um zu begreifen, dass sie dumm sind.* Schon der griechische Philosoph Sokrates (469–399 v. Chr.) gab zu: »Ich weiß, dass ich nichts weiß.«

Du siehst, dass selbst die Arbeiten der größten Wissenschaftler niemals die einzig wahre Wahrheit zeigen. Sie sind lediglich ein bescheidener Versuch der Menschen, der universellen Wahrheit so nah wie möglich zu kommen. Schauen wir uns zum Beispiel die Medikamentengruppe der Betablocker an, die aus der modernen Bluthochdrucktherapie nicht mehr wegzudenken sind. Früher war es gängige Lehrmeinung, dass diese Arzneimittel auf gar keinen Fall bei Herzschwäche (Herzinsuffizienz) eingesetzt werden dürfen. Wer das Gegenteil behauptete, fiel einst im Staatsexamen durch. Dahinter steckte eine simple Logik: Wenn das Herz ohnehin schon durch eine Krankheit geschwächt ist, wäre es doch Wahnsinn, das Herz zusätzlich mit Medikamenten zu schwächen, die es weniger kräftig schlagen lassen (negativ inotroper Effekt) und es zudem schwerer zum Schlagen motivieren (negativ bathmotrop). Dank der IMPACT-HF-Studie wissen wir heute, dass Betablocker die Lebenserwartung der Patienten mit Herzinsuffizienz sogar erhöhen, eben weil sie das Herz buchstäblich ausbremsen und dafür sorgen, dass es nicht mehr so schnell schlagen kann (negativ chronotrop).[130, 131] Wie schaffst du einen Marathon? Indem du langsamer läufst. Genau das bewirken die Betablocker, sodass dein Herz länger durchhält. Hier haben wir ein weiteres Beispiel dafür, dass Medikamente tatsächlich dazu imstande sind, Leben zu verlängern, dass sie also lebenswichtig und demnach ein wahrer Segen sind. Allerdings sei erwähnt, dass dafür nur die Wirkstoffe Metoprolol, Bisoprolol, Carvedilol und Nebivolol geeignet sind, da andere für diesen Zweck nicht getestet wurden.

STUDIENTYPEN

Sofern dir als Verbraucher diverse Studien vorgelegt werden, um dich von der gewaltigen Wirkung eines neuen Präparates zu überzeugen, solltest du einige grundlegende Bewertungskriterien in deinem Werkzeugkasten haben, mit denen du die Qualität einer Studie zumindest einschätzen kannst. Lass uns nun gemeinsam einen Blick darauf werfen, was eine gute Studie ausmacht.

Es gibt mehrere Studienarten, die sich in ihrer Gestaltung und ihrer Aussagekraft unterscheiden.

1. Die Expertenmeinung
2. Fallstudie
3. Fall-Kontrollstudie
4. Kohortenstudie
5. Randomisierte kontrollierte klinische Studie
6. Systematischer Review
7. Metaanalyse

Fangen wir bei den schlechtesten an.

DIE EXPERTENMEINUNG

Eine einzelne Expertenmeinung ist zwar keine Studie, kann allerdings als Grundlage für weitreichende politische Entscheidungen dienen. Bevor du dich im Fachgeschäft zu einem Kauf verleiten lässt, möchtest du dich womöglich über ein Produkt besser informieren und lässt dich von einer fachkundigen Person beraten, um genau zu prüfen, ob das Produkt die Anforderungen erfüllt, die dir wichtig sind. Eine Beratung muss objektiv und neutral sein und idealerweise sollte der Berater eine fachliche Qualifikation nachweisen können. Ein Top-Berater verfügt zusätzlich noch über langjährige Erfahrung auf seinem Gebiet. Gelegentlich siehst du in Pitch-Videos übrigens Anbieter, die vor einer ganzen Wand voller Zertifikate stehen. Allerdings fiel mir in einem dieser Videos etwas Hochinteressantes auf: Ich konnte kein einziges dieser Zertifikate lesen. *Es war nicht möglich zu erkennen, ob es zur präsentierten Fachkenntnis passte oder ob es überhaupt namentlich auf den Werbetreibenden ausgestellt war.* Ein einziges Zertifikat, das im Video lange genug gezeigt wird und gleichzeitig gut lesbar ist, spricht eine viel glaubwürdigere Sprache. Achte bewusst darauf. Zertifikate, die nur als Platzhalter dienen und nicht zu entziffern sind, sind nichts wert! Der große Nachteil ist, dass du dem Experten vertrauen musst. Stell ihm viele Fragen, achte immer auf eine plausible, nachvollziehbare Erklärung und höre auf dein Bauchgefühl. Oft ist die Sympathie alles, was du brauchst, um zu wissen, ob du an der richtigen Adresse bist. Auch dieses Buch ist in dieser Hinsicht eine Expertenmeinung.

FALLSTUDIE

Die Fallstudie ist, wie der Name schon sagt, ein Einzelfall. Es handelt sich um ein einzelnes Vorkommnis, das unter konkreten Umständen bekannt geworden ist und zu einem bestimmten Ergebnis geführt hat, sodass du Grund zur Annahme hast, mit einem vergleichbaren Resultat rechnen zu können. Sie gehört daher zu den **Beobachtungsstudien**. Die Fallstudie ist zwar objektiver als die subjektive Expertenmeinung, allerdings ebenso eine vergleichsweise schwache Entscheidungshilfe, da sie durchaus ein Zufallsergebnis repräsentieren kann, auf das du dich nicht verlassen kannst. Verlässlicher ist eine ganze Sammlung von Fallstudien, die Fallserie. Die Fallstudie ist eher ein Puzzleteil des großen Ganzen. Du kannst sie nutzen, um eine Expertenmeinung einzuholen und durch die Kombination dieser beiden Informationen ein vollständigeres Bild der Realität zu erhalten. Wenn zum Beispiel bekannt geworden ist, dass Koffeintabletten zu Kopfschmerzen geführt haben, kannst du den Experten fragen, ob das stimmt oder nur ein Gerücht ist und wie es dazu gekommen ist. Auch ein Freund, bei dem du den versprochenen Effekt eines Arzneimittels selbst beobachtet hast, ist eine Fallstudie. In der Praxis haben solche Fallstudien eine sehr große Relevanz, da, neben der Werbung, das persönliche Umfeld der Patienten aus Familie, Freunden und Bekanntenkreis zu den häufigsten Medikamentenempfehlern gehört. Ein großer Nachteil dieser Studie ist, dass du insgesamt wenig Informationen aus ihr ziehen kannst und dadurch Gefahr läufst, falsche Schlüsse zu ziehen.

FALL-KONTROLLSTUDIE

Damit kommen wir langsam zu den höherwertigeren Studien. Die Fall-Kontrollstudie hat eine höhere Aussagekraft, da mehr Vorkommnisse eines großen Ganzen untersucht werden, sodass du mehr Daten hast und Zufallstreffer besser ausschließen kannst. Allgemein gilt: Je mehr Fälle untersucht wurden, desto sicherer kannst du sein, dass sich ein gewisser Trend abzeichnet. Außerdem liefert dir dieser Studientyp einen wertvollen Vergleich zwischen den Fällen und den Kontrollen. Damit kannst du sehen, ob und wie sich die beiden Gruppen unterscheiden.

Wenn sich zwei Studienarme in Form von verschiedenen Personengruppen am selben Tag bei demselben Wetter auf derselben Wiese gesonnt haben und nur eine der beiden Gruppen einen Sonnenbrand bekam, könnte das daran gelegen haben, dass sich die eine Gruppe (= Fälle) eingecremt hat und die andere (= Kontrollen) nicht. Dieser Studientyp bringt dich wieder ein Stück näher an die Wahrheit heran, da er analytischer ist als die beiden zuvor genannten Studien und du eine Chance hast, direkte Ursachen für eine bestimmte Wirkung zu erkennen. Nachteil dieses Studientyps ist aber, dass er sehr fehleranfällig ist. Du kannst dich bei der Sonnencreme dahingehend geirrt haben, dass vielleicht nicht genug aufgetragen wurde, dass einige Leute den Sonnenschutz zwischenzeitlich abgewaschen hatten, ohne ihn anschließend zu erneuern, oder dass es gar keine Sonnencreme war, sondern nur Massageöl. Eventuell haben die Leute noch Sonnenschutz mit unterschiedlichem Lichtschutzfaktor oder unterschiedliche Produkte von verschiedenen Herstellern benutzt, die verschiedene Qualitätsansprüche erfüllen. Vielleicht lag jemand ohne Sonnencreme unter einem Sonnenschirm und bekam deshalb keinen Sonnenbrand. Wenn du mit dieser Studie einen Zusammenhang zwischen Sonnenbrand und dem Auftragen von Sonnencreme erforschen möchtest, wäre der Sonnenschirm ein sogenannter »Confounder«, eine unerkannte Einflussgröße, die enormen Einfluss auf das beobachtete Ergebnis hat. Wenn du ihn nicht als Confounder identifiziert und dadurch nicht berücksichtigt hast, wird das Ergebnis massiv verfälscht. All das weißt du bei diesem Studientyp nicht.

Wichtig ist, dass dieser Studientyp nur eine Momentaufnahme abbildet. Die Fall-Kontrollstudie gehört zu den Beobachtungsstudien und sagt dir nur, was in einer bestimmten Situation passiert ist. Ein großes Problem dieses Studientyps ist, dass Fall-Kontrollstudien nicht selten durch Befragungen der Personengruppen erstellt werden. Falsche Schlussfolgerungen, die durch Gedächtnislücken, das Auslassen einzelner Details, Falschaussagen oder andere Interviewfehler zustande kommen, werden unter dem weitläufigen Begriff Bias zusammengefasst. Sie können zu gravierenden Fehlinterpretationen der Ursachen der beobachteten Ereignisse führen, weshalb solche Studien ebenfalls sehr fehleranfällig sind und nur begrenzte Aussagekraft über verlässliche Ergebnisse haben. Fall-Kontrollstudien ermöglichen die Berechnung des Chancenverhältnis (Odds ratio), das die Möglichkeit bewertet, dass ein bestimmter Einflussfaktor zu einem bestimmten Effekt führen kann.

KOHORTENSTUDIE

Die Kohortenstudie ist die hochwertigste aller Beobachtungsstudien. Sie ähnelt der Fall-Kontrollstudie, hat jedoch einen entscheidenden Vorteil: Im Gegensatz zur Fallkontrollstudie werden die als Kohorten bezeichneten Personengruppen nicht im Nachhinein (retrospektiv) zu einem bestimmten Zeitpunkt, sondern in Echtzeit (prospektiv) über einen gewissen **Zeitraum** beobachtet. Dadurch ist diese Studienart weitaus weniger fehleranfällig und hat eine größere Aussagekraft. Neben einer möglichst großen Stichprobe gibt es noch ein weiteres wesentliches Qualitätsmerkmal einer guten Studie: Zeit. Die Studie muss lange genug dauern, um zuverlässige Schlüsse über eine eindeutige (signifikante) Veränderung ziehen zu können. Erst die Kohortenstudie ermöglicht es, das sogenannte relative Risiko, also die Wahrscheinlichkeit, dass ein bestimmter Risikofaktor zu einer bestimmten Krankheit führt, zu berechnen, zum Beispiel, dass Raucher ein höheres Risiko haben, an Lungenkrebs und Husten zu erkranken als Nichtraucher. Während sich das Chancenverhältnis der Fall-Kontrollstudie eher auf die Analyse der untersuchten Einflussgröße (Sonnencreme) bezieht, beschreibt das relative Risiko die Wahrscheinlichkeit für den Probanden, durch eine zu untersuchende Einflussgröße (z. B. Rauchen) zu erkranken.

RANDOMISIERTE KONTROLLIERTE KLINISCHE STUDIE

Nur dieser Studientyp ist für die Einführung neuer Medikamente gestattet, weil er von allen Studientypen die höchste Qualität und die sichersten Ergebnisse liefert. Im Gegensatz zu den reinen Beobachtungsstudien ist die kontrollierte klinische Studie eine **experimentelle** Studie, bei der durch gezielte Einflussnahme ein bestimmtes Ereignis provoziert wird, das eindeutige Rückschlüsse auf die Ursache und die daraus resultierende Wirkung zulässt.

Der Goldstandard für die Durchführung dieser Studien ist die zufällige Auswahl der Teilnehmer (Randomisierung), nachdem zuvor strenge Eignungskriterien festgelegt worden sind, um ein möglichst weites Feld verschiedener Fälle abzudecken und repräsentative Ergebnisse, d. h. stellvertretend für die gesamte Gemeinschaft, zu liefern. Ausschlusskriterien sind beispielsweise Suchterkrankungen, wie Nikotin- und Alkoholkonsum, Schwangerschaft oder bestimmte Vorerkrankungen. Da es sich hier um eine echte experimentelle Arbeit handelt, ist stets die Genehmigung der Studie durch eine Ethikkommission erforderlich, die sich unter anderem aus Medizinern, Naturwissenschaftlern, Juristen, Theologen, Philosophen und Laien zusammensetzt. Um dem experimentellen Charakter gerecht zu werden und Verfälschungen von Beginn an zu vermeiden, wird die Studie unter standardisierten Bedingungen durchgeführt. Die Teilnehmer erhalten strenge Tages- und Ernährungspläne, regelmäßige, feste Untersuchungstermine und eine stattliche Aufwandsentschädigung. Sie dürfen das Testgelände nicht verlassen, da sie unter konstanter Beobachtung stehen. Die Studie wird unter kontrollierten Bedingungen durchgeführt, daher auch ihr Name. Ein sehr wichtiges und interessantes Kriterium der experimentellen Studie ist, dass sie zudem doppelblind und placebo-kontrolliert durchgeführt werden muss. Natürlich können die Teilnehmer die Studie jederzeit abbrechen (siehe Kapitel »Die dunkle Seite der Wissenschaft«). Der direkte Vergleich einer Testgruppe, die echte Medikamente bekommt (Verum), mit einer Testgruppe, die nur ein Scheinmedikament (Placebo) erhält, ist das entscheidende Kernelement der Studie. Deshalb ist nur dieser Studientyp für klinische Tests, d. h. zur (erstmaligen) Anwendung am menschlichen Körper geeignet. Damit ist er gleichermaßen als einziges wissenschaftliches Prüfkonzept für die späteren Zulassungsanträge eines Pharmaunternehmens zulässig.

Der Placeboeffekt zeigte sich erstmalig im Zweiten Weltkrieg als Zufallsbeobachtung, als man Patienten mangels verfügbarer Schmerzmittel, in diesem Fall Morphin, aus purer Verzweiflung Kochsalzlösung verabreichte und ihnen einredete, dass die Schmerzen dadurch nachlassen würden. Erstaunlicherweise beruhigten sich die Patienten und gaben später an, dass die Schmerzen tatsächlich nachgelassen hatten.[132] Der Placeboeffekt ist klinische Realität, das bedeutet, er hat in medizinischen Tests am Menschen einen so erheblichen Einfluss, dass er niemals ignoriert, unterschätzt oder geleugnet werden kann. Er stimuliert die Bildung wichtiger Botenstoffe in unserem Gehirn, die ansonsten durch die Gabe von Medikamenten verändert würden.[133] Anders ausgedrückt: Die Pharmaindustrie muss in Studien, die den hohen Anforderungen dieses Studientyps genügen müssen, eindeutig beweisen, dass die Patienten, die mit einem neuen Medikament behandelt wurden, sich die Wirkung nicht nur eingebildet haben, sondern dass tatsächlich ein stärkerer Effekt zu beobachten war, als wenn die Patienten das Präparat nicht erhalten hätten. Damit soll ein Expertengremium überzeugt werden, das wiederum die Eignung des Medikaments für die Vermarktung an den Endverbraucher bewertet. Dieses Expertengremium sitzt entweder im Inland in Bonn beim Bundesinstitut für Arzneimittel und Medizinprodukte (BfArM) oder bei der Europäischen Arzneimittel-Agentur (European Medicines Agency, EMA), die nach dem Brexit von London nach Amsterdam umgezogen ist. Bei welcher der beiden Behörden ein Pharmaunternehmen einen Zulassungsantrag einreicht, hängt im Wesentlichen von der Art des Medikaments ab, vor allem aber davon, wo der Konzern sein neues Produkt anbieten möchte. Das BfArM ist für die Verkaufserlaubnis in Deutschland zuständig, die EMA für den europaweiten Vertrieb. Auf europäischer Ebene hat jedoch die Kommission der Europäischen Union in Brüssel das letzte Wort. Die EMA gibt ihr lediglich Empfehlungen und wissenschaftliche Bewertungen. *Das bedeutet wiederum, dass die Politik maßgeblich daran beteiligt ist, neue Medikamente in Umlauf zu bringen, ohne selbst fachliche Expertise einbringen zu müssen.* Generell gilt, dass eine europäische Zulassung bei der EMA die nationale

Zulassung beim BfArM übertrumpft, da Deutschland ein Teil der EU ist (Stand 2024).

Wichtig ist außerdem, dass die Studie klar definierte Ziele in Form von starken primären Endpunkten verfolgt, wie beispielsweise Verringerung von Todesraten oder Krankenhauseinweisungen. Die Studien müssen doppelblind durchgeführt werden, d. h., dass weder derjenige, der die Pille verabreicht, noch der Proband, dem sie verabreicht wird, weiß, ob der Proband eine echte Medizin erhält. Erst bei der Analyse der Ergebnisse wird das Ganze wieder entblindet und die Patienten erfahren im Nachhinein, was sie bekommen haben. Das ist nötig, da die bloße Erwartungshaltung der Patienten an einen Heilungserfolg bei einem echten Medikament durch den Placeboeffekt zu Verfälschungen (Bias) der Ergebnisse führen würde. Interessanterweise funktioniert dieser Effekt auch umgekehrt. Wird einem Menschen glaubhaft eingeredet, dass ihn etwas, das er zu sich nimmt, krank macht, sprechen wir vom Noceboeffekt und dem Patienten geht es nach der Einnahme tatsächlich schlechter, obwohl das Präparat völlig harmlos war und keinen Wirkstoff enthielt. Der Vollständigkeit halber sei noch die Existenz von Pseudoplacebos erwähnt. Hierbei handelt es sich um echte Wirkstoffe, deren Wirksamkeit jedoch nicht erwiesen ist. Pseudoplacebos spielen eine eher zu vernachlässigende Rolle. Unter diesem Gesichtspunkt wirst du dich vielleicht fragen, warum Pseudoplacebos nicht standardmäßig verwendet werden. Die Medikamente befinden sich doch in der laufenden Studie noch mitten in der Testphase und ihre Wirksamkeit wurde noch nicht ausreichend belegt. Sehr gute Frage. Das liegt daran, dass zumindest eine Wirksamkeit von Pseudoplacebos auf den menschlichen Körper bereits feststeht, die jedoch nicht zur Therapie der zu untersuchenden Krankheit geeignet ist. Ein Beispiel hierfür wäre (Stand 2024), Paracetamol gegen entzündliche Erkrankungen einzusetzen. Dagegen werden Arzneistoffe in der Testphase von klinischen Studien auf ihre Eignung zur Behandlung einer ganz bestimmten Krankheit eingesetzt, gegen die sie entwickelt wurden. Deshalb ist eine **gezielte** Wirkung bei diesen Verum-Präparaten mit hoher Wahrscheinlichkeit zu erwarten.

SYSTEMATISCHER REVIEW

Diese Vorgehensweise ist kein eigener Studientyp, sondern lediglich eine Art wissenschaftliche Analyse einer Studie, die durch Fachkollegen erhoben wurde. Beim systematischen Review werden die Daten auf Fehleranfälligkeit und Interessenkonflikte geprüft und im Wesentlichen inhaltlich zusammengefasst. Sie geben Aufschluss darüber, ob die Studien sauber durchgeführt wurden, und verschaffen einen Überblick über die gesammelten Ergebnisse.

METAANALYSE

Die Metaanalyse hat den höchsten Qualitätsstandard aller Studien. Es gibt einige Parallelen zum systematischen Review. In ihr werden alle hochwertigen klinischen Studien ausgewählt, zusammengefasst und genau auf mögliche Fehler, Zielsetzung und Eignung untersucht. Jedoch beschäftigt sich die Metaanalyse auch mit einer inhaltlichen Bewertung der Ergebnisse, anstatt sie nur zusammenzufassen, weshalb sie im Gegensatz zum systematischen Review eine eigene Forschungsmethode bzw. Studie ist.

Die Metaanalyse nutzt die Ergebnisse mehrerer Studien, bewertet die Ergebnisqualität jeder einzelnen Studie und vergleicht sie mit der Eindeutigkeit der anderen Studien mit einer ähnlichen Zielsetzung, sodass die Metaanalyse übersichtlich bewertet, welche der untersuchten Studien die saubersten, verlässlichsten und eindeutigsten Ergebnisse liefern. Stellt sich heraus, dass mehrere Studien mit sehr großer Zuverlässigkeit und eindeutigen Ergebnissen alle in die gleiche Richtung gehen, können wir es praktisch als bewiesen ansehen, dass eine untersuchte Frage klar beantwortet werden kann. Führst du beispielsweise eine Metaanalyse durch, in der in mehreren Studien gezeigt wurde, dass ein Medikament die Patienten heilt, verglichen mit einigen wenigen Studien, in denen die Patienten mit dem gleichen Medikament zwar nicht geheilt wurden, aber die Ergebnisqualität stark zu wünschen übriglässt, sodass der Wahrheitsgehalt dieser Studien angezweifelt werden kann, ist der Erkenntnisgrad sehr hoch und besagt, dass dieses Medikament die Patienten tatsächlich zu heilen scheint. Jedenfalls eher, als wirkungslos zu sein oder unerwünschte Wirkungen hervorzurufen.

Mit anderen Worten: Die Wirkung wird ziemlich unmissverständlich nachgewiesen, da das Medikament in mehr Studien überzeugt hat, die eventuell sogar besser waren als diejenigen, die das Gegenteil zeigten oder keine eindeutigen Ergebnisse lieferten. Falls dir eine Metaanalyse zu einem bestimmten Thema in die Hände fällt, kannst du dir sicher sein, dass es gut erforscht wurde, der Erfahrungsschatz sehr hoch ist und der Wahrheitsgehalt am ehesten dem entspricht, was wir als glaubwürdig einstufen können.

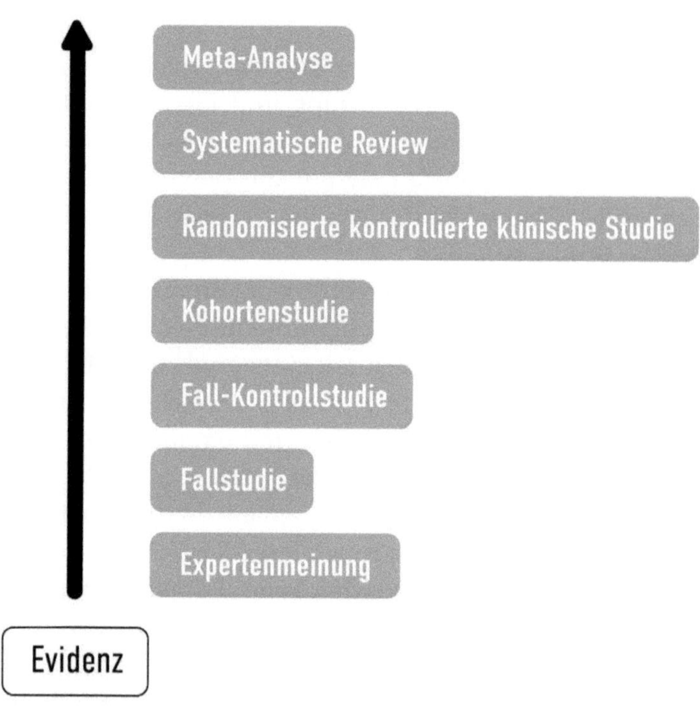

Im Zusammenhang mit wissenschaftlicher Arbeit solltest du drei wichtige Begriffe kennen.

Robustheit

Die Robustheit gibt an, wie zuverlässig eine Methode ist. Kannst du sie beliebig oft wiederholen und erzielst damit gleiche oder zumindest ähnliche Erfolge, ist die Methode widerstandsfähig gegenüber Störfaktoren und damit allgemein sehr gut. Robuste Methoden sind in der Pharmaindustrie von existenzieller Wichtigkeit.

Präzision/Genauigkeit

Die Präzision wird oft mit dem Modell einer Zielscheibe veranschaulicht, die von mehreren Pfeilen um den Mittelpunkt getroffen wird. Wenn du versuchst, mit einer Messmethode den wahren Wert zu bestimmen, zum Beispiel den exakten Blutzucker mit einem Messgerät, das unzuverlässig ist, gibt es grundsätzlich vier Möglichkeiten. Sagen wir, der Blutzucker in deinem Körper liegt nüchtern bei 90 mg/dl und das Messgerät zeigt dir nach vier Messungen folgende Werte an: 91, 92, 89 und 92. Die Ergebnisse sind sehr eng beieinander, auch wenn das richtige Ergebnis nicht dabei herausgekommen ist. Damit sind die Ergebnisse aufgrund ihrer geringen Streuung um den wahren Messwert zwar sehr präzise, aber nicht richtig.

Falsch und präzise

Richtigkeit
Erhältst du ansonsten die Werte 70, 90, 100 und 121, ist der wahre Messwert zwar dabei und die Methode richtig, aber wegen der großen Unterschiede kannst du unmöglich sagen, welchem Wert du vertrauen sollst. Das heißt, dass eine Methode, hier konkret das Messgerät, die korrekten Ergebnisse liefert, aber trotzdem ungeeignet sein kann, wenn die Streuung in Form der Standardabweichung viel zu hoch ist.

Richtig und unpräzise

Im ungünstigsten Fall liegen die Messwerte sehr weit auseinander, ohne auch nur in die Nähe von 90 mg/dl zu kommen. Dann sind die Ergebnisse der Methode weder präzise noch richtig und damit vollkommener Müll.

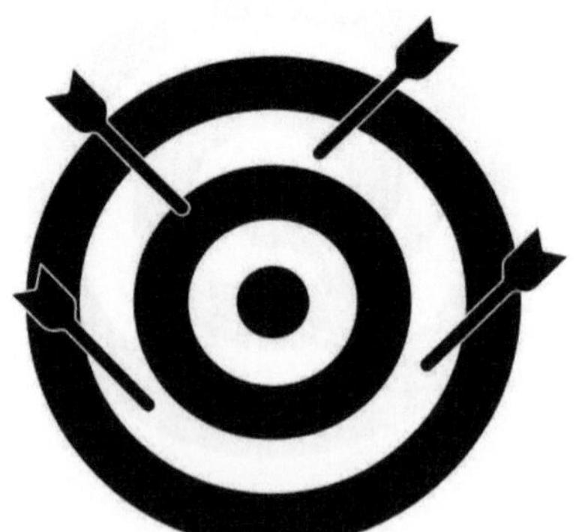

Falsch und unpräzise

Liefert die Methode jedoch Werte, die eng beieinander liegen und in die Nähe der 90 mg/dl kommen, wie 89, 90, 90, 91, liefert die Methode sehr präzise und richtige Ergebnisse. Wiederholen sich diese Ergebnisse auch nach mehreren Tagen, vorausgesetzt, dein Blutzuckerwert bleibt gleich, sprechen wir von einer sehr robusten Methode, die reproduzierbare Ergebnisse liefert. Letzteres ist der Fall, der für die Pharmaunternehmen durch die weltweit geltenden GMP-Richtlinien vorgegeben ist und höchste Sorgfalt bei der Herstellung von Medikamenten gewährleisten soll.

Richtig und präzise

DIE GEBURT EINES MEDIKAMENTS

Die Entwicklungsphase eines Medikaments ist lang, unangenehm lang für einen Pharmakonzern, und verschlingt Millionen bis Milliarden Euro, nur um ein einziges neues Arzneimittel zuzulassen. Laut dem Deutschen Krebsforschungszentrum müssen die Pharmaunternehmen abhängig von Zielgruppe, Anwendungsgebiet, Bedarf etc. zwischen 137 Millionen und 3,86 Milliarden Euro an Kosten investieren.[134] Und dann gibt es noch nicht einmal eine Garantie, dass dieses Medikament auf dem Markt bleibt. Es gab schon viele neue Arzneimittel, die die Therapie einer Krankheit revolutionieren sollten und daher als Gamechanger bzw. Blockbuster bezeichnet wurden, nur um auf den letzten Metern der Entwicklung zu versagen oder, noch schlimmer, später wieder vom Markt genommen zu werden.[135] Beispiele hierfür sind Torcetrapib von Pfizer und der Lipobay-Skandal, in den Bayer 2002 verwickelt war. In beiden Fällen kam es zu einem auffälligen Anstieg der Todesfälle.[136, 137, 138]

Am Anfang der Entwicklung steht die präklinische Forschung. Das bedeutet, die Wirkstoffe werden im Labor auf ihr Potenzial geprüft, ohne am Menschen angewendet zu werden. Davon hörst du nur selten etwas, da die meisten Wirkstoffe schon in diesem frühen Stadium der Entwicklung gnadenlos scheitern und damit völlig uninteressant sind. Es werden diverse Computersimulationen durchgeführt, bei denen entweder ein Wirkstoff für eine neue Zielstruktur gesucht wird oder ein neuer Wirkstoff aus der Natur isoliert und gegebenenfalls für den medizinischen Einsatz chemisch verändert wird. Je nach Ausgangssituation wird ein chemischer Ausgangsstoff zur Verfügung gestellt und zu einem Wirkstoff optimiert, sofern er das Potenzial dafür hat. Diese Substanzen werden als Leitstrukturen bezeichnet. Der zu testende Stoff wird dann gegen interessante Zielstrukturen im Körper getestet, die bei einer bestimmten Erkrankung eine wichtige Rolle spielen. Reagiert die Substanz, indem sie sich mit der Struktur verbindet und dadurch einen bestimmten Effekt auslöst, wird als Nächstes überprüft, ob dieser Stoff spezifisch ist, d. h., wie gut er seine Angriffsziele von anderen Körperstrukturen unterscheiden kann. Bei Medikamenten gegen Pilze ist diese Eigenschaft gut ausgeprägt, da sich Pilzzellen stark von menschlichen Zellen unterscheiden, sodass der Wirkstoff seinen Gegner sehr gut identifizieren kann und damit kaum nennenswerte Nebenwirkungen auftreten. Beim Großteil unserer Medikamente ist das allerdings nicht so einfach. Betrachten wir unseren Körper als ein beeindruckendes, hochkomplexes Uhrwerk. Versuchst du an einem Zahnrad zu drehen, setzt du ein weiteres Zahnrad in Bewegung, das wiederum andere Zahnräder dreht und damit etwas in Gang setzt, das du nie haben wolltest. Wie bei einem Zauberwürfel änderst du nicht nur ein Feld, sondern gleichzeitig noch ein anderes. Bei allen Arten von Hormontherapien passiert genau das mit dem Zauberwürfel, den wir unseren Körper nennen. Alle Hormone, die von außen zugeführt werden, greifen massiv in den eigenen Haushalt unseres Körpers ein.

Stell dir vor, dein Körper ist eine Fabrik und du bist der fleißige Lieferant, der die Fabrik großzügig mit Stoffen wie Testosteron versorgt.

Der leitende Fabrikmanager, meistens der Hypothalamus in deinem Gehirn, wird dieses Geschenk dankbar annehmen, um Mängel in den Griff zu bekommen oder Reserven anzulegen. Wenn allerdings der Punkt erreicht ist, an dem die Fabrik mehr als genug Testosteron hat und damit nichts mehr anzufangen weiß, wird der Fabrikleiter in deinem Gehirn verlangen, dass die Zufuhr von Testosteron gestoppt wird. Hält der Nachschub von außen ungebrochen an, bleibt ihm nichts anderes übrig, als die Produktion des Hormons in der eigenen Fabrik mehr und mehr zu drosseln. Warum auch nicht? Produktionsprozesse sind teuer, zeit- und energieaufwendig. Warum sollte die Fabrik Geld, Zeit und Personal aufwenden, um noch mehr von einem Stoff zu erzeugen, den sie ohnehin in Hülle und Fülle umsonst von außen erhält? Deshalb leiden so viele Bodybuilder durch Testosterondoping an Potenzstörungen. Neben dem Muskelwachstum hat Testosteron noch eine Vielzahl von anderen Wirkungen: Es regt das Wachstum der Körperbehaarung an, stabilisiert die Knochen, ist an der Blutbildung beteiligt, steuert den Sexualtrieb, wirkt sich damit auf das Verhalten aus und kann zudem die Stimmung beeinflussen, um nur einige von vielen Beispielen zu nennen. Da viele fettlösliche Hormone eine kortisonähnliche Struktur haben, entfaltet Kortison, abhängig von Anwendungsdauer und Menge, seine berüchtigten, typischen Nebenwirkungen, wie Diabetes, Bluthochdruck, Osteoporose, Wassereinlagerungen, Stiernacken, Stimmungsschwankungen, erhöhte Thrombosegefahr, erhöhtes Krebsrisiko und vieles mehr. Darum ist es wichtig, sich klarzumachen, was du deinem Körper wann und in welcher Menge zuführst.

Überzeugt der Stoff zusätzlich dadurch, dass er sehr wählerisch ist, qualifiziert er sich für weitere Tests, in denen untersucht wird, wie er seine Wirkung entfaltet. Hier werden häufig Computersimulationen (in silico) und klassische Labortests (in vitro) kombiniert. Am Computer wird berechnet, welche Stoffe aus einer Datenbank am besten auf eine bekannte Zielstruktur wirken, sogenannte Molecular-docking-Experimente, was dann im Labor bestätigt werden muss. Verbinden sich Zielstruktur und Substanz bzw. wird die erhoffte biologische Wirkung beobachtet, sprechen wir von einem »Hit«. Es ist auch möglich, unbekannte Zielstrukturen am Computer zu erzeugen, sofern ein Mindestmaß an Ähnlichkeit des zugrunde liegenden genetischen Codes mit vergleichbaren, bekannten Zielstrukturen gegeben ist (Homology modelling). Anschließend kann simuliert werden, wie sich die Zielstrukturen in bestimmten Umgebungen verhalten (Molecular dynamics) und welche Wirkstoffkandidaten an diese Zielstrukturen binden (Virtual screening). Es ist keine Seltenheit, dass von 500 Testkandidaten aus einer Datenbank voller chemischer Substanzen, die sich alle ähneln, nur einer mit der gewünschten Zielstruktur reagiert und interessant genug ist, um weiter untersucht zu werden. Hat die Substanz das sogenannte nasschemische Screening im Labor überstanden, kann diese für Tierversuche verwendet werden, die auch In-vivo-Experimente genannt werden.

Dieser Schritt ist entscheidend. Als Tierfreund bin ich kein Fan solcher Experimente, zumal die Tiere anschließend vorschriftsmäßig getötet werden müssen. Jedoch sind solche Tierversuche unverzichtbar, um dringend benötigte Erkenntnisse über die Eigenschaften des Stoffes zu gewinnen. Diese Teildisziplin wird Biopharmazie genannt. Die Biopharmazie befasst sich hauptsächlich mit zwei Bereichen: der Pharmakodynamik und der Pharmakokinetik. Die Pharmakodynamik untersucht, welche Wirkung der Wirkstoff auf den Körper hat und in welcher Stärke er diesen Effekt entfaltet, während die Pharmakokinetik beschreibt, wie der Wirkstoff im Körper verstoffwechselt wird. Erst durch Versuche im lebenden Organismus können wir sehen, wo sich der Wirkstoff anreichert, wie er ausgeschieden wird, welche Abbauprodukte entstehen und vieles mehr. Außerdem erlauben sie eine ungefähre Einschätzung darüber, wie gefährlich bzw. verträglich die Substanz ist. Mit diesem Verständnis ist es möglich, sogenannte Prodrugs zu entwickeln, eine elegante Variante von Wirkstoffen, die erst durch Verstoffwechslung im Körper aktiviert werden müssen, um ihre Wirkung zu entfalten. Beachte, dass wir uns hier immer noch im Stadium der Vorversuche befinden. Erst danach beginnt die eigentliche klinische Testphase am Menschen. Wie Dr. Sarah Harding im zweiten Teil von »Jurassic Park« bemängelt, unterscheiden sich die Stoffwechselwege von Tieren mitunter sehr stark von denen des Menschen, weshalb neue Medikamente immer *an Menschen* getestet werden müssen.

Obwohl auch diese Beschreibung der Forschungsarbeit nur eine sehr grobe Zusammenfassung der realen Prozesse ist, habe ich mich bemüht, es dir etwas ausführlicher vorzustellen, um zu verdeutlichen, wie langwierig und aufwendig diese Testphasen sind und vor allem, wie hoch die Hürden sind, die vom Wirkstoff bis zum fertigen Medikament genommen werden müssen. Vor diesem Hintergrund ist es leichter zu verstehen, dass viele Studien, die im Internet von zwielichtigen Händlern präsentiert werden, um wissenschaftlich zu wirken und ihrem Angebot die nötige Glaubwürdigkeit zu verleihen, reiner Datenmüll sind. Hier einige Beispiele:

Raheleh Farahzahdi et al.: »Anti-Aging protective effect of L-carnitine as clinical agent in regenerative medicine through increasing telomerase activity and change in the hTERT promoter CpG island methylation status of adipose tissue-derived mesenchymal stem cells.«[139]

Mit dieser Studie werden Kapseln namens VisiSoothe angepriesen, die deine Sehkraft zu 100 Prozent innerhalb weniger Wochen wiederherstellen sollen, sodass du endlich von deiner Brille erlöst bist, nicht durch Macula-densa-Degeneration erblinden wirst und dafür keine Operation mehr brauchst.

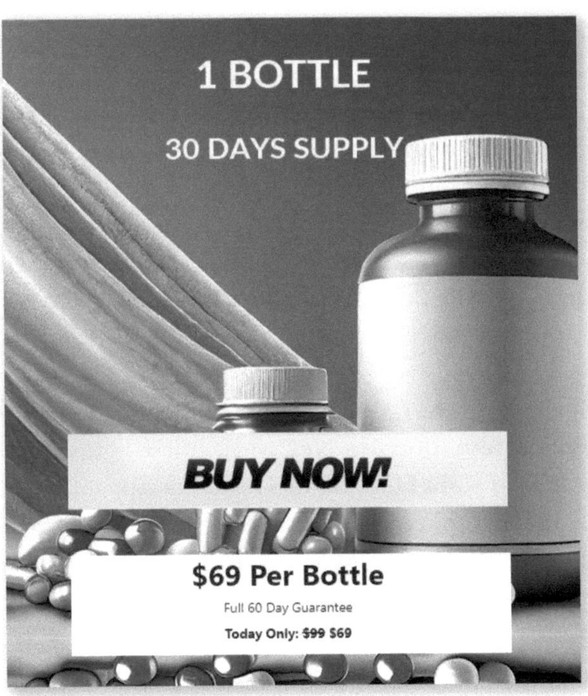

Auf YouTube wird praktischerweise mit mechanisch eingesprochenen Videos, die allem Anschein nach mit künstlicher Intelligenz erstellt wurden, vor Fälschungen gewarnt und betont, die Kapseln unbedingt nur auf der »offiziellen« Website zu kaufen. Im Prinzip ein erstklassiger Rat, jedoch wirst du mit einem guten Virenschutzprogramm feststellen, dass die Seite zu gefährlich ist, um sie zu besuchen. Der dort erwähnte Professor William Gavin, der nach eigener Aussage die Wirkung der Kapseln unterschätzt haben soll, entpuppt sich nach kurzer Recherche als Psychologe. Warum bewertet ein Psychologe plötzlich Produkte hinsichtlich ihrer medizinischen Wirkweise? Ein gutes Beispiel dafür, dass sich skrupellose Abzocker nahezu ausschließlich auf zusammenhanglose Tierstudien beziehen. Allein schon die Bewertungsergebnisse der Google-Suche sprechen Bände.

Im Zusammenhang mit dem Hype um die Substanz TB500, die als Trendprodukt zur Muskelregeneration im Krafttraining dient und in Form von Spritzen oder Pflastern erhältlich ist, werden solche Studien präsentiert:

Mahnaz Badamchian et al.: »Thymosin beta (4) reduces lethality and down-regulates inflammatory mediators in endotoxin-induced septic shock.«[140] Bei den Plattformen, die sich mit der Wirksamkeit von TB500 auseinandersetzen, wird sogar eingestanden, dass die Übertragbarkeit von Ratten auf den Menschen mehr als fraglich ist und es noch keine offizielle Zulassung gibt, in diesem Fall bei der Food and Drug Administration (FDA), der amerikanischen Zulassungsbehörde für Lebens- und Arzneimittel. Und auch die Beschaffung der Substanz ist, entschärft ausgedrückt, nicht unkompliziert.[141]

Ein weiteres Beispiel findest du auf dem allzeit beliebten Abnehm-Markt. Ein ganzes internationales Netzwerk nutzt Fotos der »Schwestern« Shelly Hyde und Kara Haught als Gesichter, um einen Auftritt bei der Erfolgsshow »Die Höhle der Löwen« zu simulieren. In Wirklichkeit haben sie jedoch ein Bademoden-Start-up für Mütter ins Leben gerufen. Die dahinterstehenden Scheinfirmen sind für eine Kontaktaufnahme nicht zu erreichen.[142]

Zur Vermarktung des Abnehm-Turbos wird diese Tierstudie zitiert: Naima Calderón et al. (2017): »A ketogenic diet modifies glutamate gamma-aminobutyric acid and agmatine levels in the hippocampus of rats: A microdialysis study, Neuroscience Letters«; 642(6):158–162.[143]

Wird dir eine Studie präsentiert, die die Wirksamkeit eines neuen Wundermittels unterstreichen soll, wirst du wie in den Beispielen zuvor feststellen, dass es nahezu ausschließlich Tierstudien sind. *So etwas ist nie ausreichend.* Nur weil ein Botenstoff bei einer Laborratte eine bestimmte Hirnregion aktiviert hat, heißt das noch lange nicht, dass du davon fitter, wacher, lebendiger oder gar klüger wirst. Auch einzelne Zellversuche sind dafür nicht ausreichend. Klassische Schmerzmittel, wie ASS und Ibuprofen, die du jederzeit für wenig Geld in der Apotheke kaufen kannst, sind im Zellkulturversuch im Labor durchaus dazu in der Lage, Krebszellen abzutöten. Es kommt, wie Paracelsus schon sagte, auf die Dosis an. Eine bekannte Boulevardzeitung ging noch einen Schritt weiter: Da die Entstehung vieler Krebserkrankungen häufig zusammen mit dem Auftreten diverser Entzündungsreaktionen beobachtet wird und Aspirin unter anderem entzündungshemmend wirkt, schlussfolgerte die Zeitung, dass Aspirin vor Krebs schützt, und bezog sich dabei auf eine offizielle Stellungnahme der amerikanischen Eliteuniversität Harvard.[144] In einer aktualisierten Version betont der Autor, dass der Artikel kein Ersatz für eine ärztlich beaufsichtigte Therapie sei. Es sei noch zu früh, solche Aussagen zu treffen. Die Harvard School verweist in ihrem Artikel auf eine der aussagekräftigeren Studien. Beim Durchlesen besagter Studie stellt sich heraus, dass es sich dabei lediglich um eine **Beobachtungsstudie** mit den erwähnten Schwächen handelte, weshalb unbedingt weitere Tests, allen voran in Form einer randomisierten kontrollierten klinischen Studie, nötig wären.[145]

Klingt schon ganz anders, oder? Wenn überhaupt können wir etwas aus Experimenten lernen, in denen wir die Verhaltensweisen der Tiere in einer präparierten Umgebung beobachten und schauen, ob wir uns auf psychologischer Ebene darin wiederfinden.

Eine fortgeschrittenere Lektion besteht darin, darauf zu achten, woher diese Studie stammt. Selbst wenn sie auf den ersten Blick ausführlich und qualitativ hochwertig aussieht, kann sich dahinter trotzdem nichts als Minderqualität verbergen. Zumindest dann, wenn es um Wirkungen geht, die dir für deinen eigenen Körper versprochen werden. Das Fachmagazin, in dem die Studie veröffentlicht wurde, kann dir wertvolle Hinweise zur Qualität der veröffentlichten Arbeit geben. Auch in der Wissenschaft gibt es im übertragenen Sinn auf der einen Seite die Qualität der Boulevardzeitung und auf der anderen Seite Zeitungen, die als Qualitätsmedien gelten. Wie hoch die Qualität des jeweiligen Fachmagazins ist, kann in der Wissenschaft mit dem Impact Factor gemessen werden. Dieser Faktor gibt an, wie häufig sich andere Wissenschaftler bei ihrer Arbeit auf diese Forschungsergebnisse beziehen und sie als Grundlage für ihre eigenen Arbeiten zitieren. Je höher der Impact Factor, umso bekannter, angesehener und wichtiger sind die Publikationen (Paper), die in dem jeweiligen Magazin veröffentlicht werden. Da Fachmagazine mit einem höheren Impact Factor höhere Qualitätsstandards von den Autoren verlangen, um ihren Beitrag zur Veröffentlichung anzunehmen, kannst du bei den hoch angesehenen Magazinen von einer wesentlich höheren wissenschaftlichen Qualität ausgehen. Die Anforderungen dieser strengen Standards habe ich selbst zu spüren bekommen.

Während meiner Forschungsarbeit sollte ich unter anderem eine wissenschaftliche Publikation veröffentlichen, um diese für meine Doktorarbeit zu verwenden. Zu diesem Zweck musste ich eine Reihe von Substanzen, die überwiegend aus Pilzen gewonnen wurden, an allen Zellen testen, die wir im Labor hatten, sofern es der Vorrat an Chemikalien zuließ. Um statistisch aussagekräftig zu sein und Zufälligkeiten auszuschließen, testete ich die Substanzen jeweils dreimal im gleichen Ansatz, ob sie in der Lage sind, Hefepilze, fiese Krankenhauskeime, Tuberkulosebakterien und etliche Krebszellen unschädlich zu machen. Die Ergebnisse waren wie erwartet: ernüchternd! Selbst in der maximalen Überdosis hatten alle Zellen den Einsatz der neuen Substanzen heil überstanden, was bedeutet, dass sich kein Magazin für meine Arbeit interessieren wird. Jedenfalls kein hochwertiges Magazin mit Selbstachtung. Zumal es unter Kollegen Fälle gab, in denen manche der Kontrolleure (Reviewer) eine Abneigung gegen den leitenden Professor eines Autors hatten und sich beim Genehmigungsprozess zur Veröffentlichung des Fachartikels (Revision), gelinde gesagt, nicht besonders kooperativ zeigten. In diesem

Punkt hatte ich einfach Pech. Um doch noch veröffentlichen zu können, musste ich mich deshalb nach einem weniger anspruchsvollen Magazin umschauen, das sich damit zufriedengab, dass meine Testsubstanzen einfach nur neu und völlig unbekannt waren. Die Wahl fiel auf »Phytochemistry Letters«, das wir wegen seines Impact Factors von 1,7 (Stand 31.12.2023) im Fachjargon »crappy journal« nennen, was du mit dem wenig schmeichelhaften Ausdruck »Ramschblatt« übersetzen kannst.

In der Zwischenzeit eröffnete sich mir die Möglichkeit, wie ich meine Arbeit vielleicht doch noch aufwerten konnte, da eine Publikation in einem hochwertigeren Magazin auch eine schönere Doktorarbeit mit sich bringt. Um die Welt der Wissenschaft mit mehr Input, d. h. zusätzlicher Qualität und Bedeutung durch die neu entdeckten Stoffe zu bereichern, sollte ich zusätzlich zur Entdeckung der neuen Stoffe noch deren Stereochemie, also den genauen Aufbau mit der exakten Anordnung der einzelnen Atome im dreidimensionalen Raum, herausfinden bzw. beweisen. Dies alles in der Hoffnung, dass ich mich mit den zusätzlichen Daten, etwas Glück und vor allem mit dem Wohlwollen der Prüfer für das Fachmagazin »Fitoterapia« qualifizierte, das mit einem Impact Factor von 3,4 (Stand 31.12.2023) doppelt so hochwertig ist. Da diese Versuchsreihe jedoch nicht trivial ist und insbesondere viel zu viel Zeit in Anspruch genommen hätte, der Ausgang völlig ungewiss war und ich zudem ohnehin unter stressbedingtem Haarausfall litt, drängte ich darauf, es lieber mit dem Käseblatt zu versuchen, in dem ich mit ziemlich großer Sicherheit Platz finden würde. Dies bedeutet, dass ich zwar nach anerkannten, strengen, wissenschaftlichen Standards gearbeitet hatte, aber meine Arbeit lediglich von rein akademischem Interesse geprägt war. Kein Endverbraucher würde sich jemals für so etwas interessieren, was im Vergleich zu den systematischen Prozessen der Pharmaindustrie mit relativ bescheidenen Mitteln im frühesten Stadium behandelt wurde.

Jetzt, da du den Zusammenhang kennst, vergleiche doch einmal diese Studie aus dem Magazin »Neuroscience Letters« mit einem Impact Factor von 2,5 (Stand 25.11.2023): Naima Calderón et al. (2017), »A ketogenic diet modifies glutamate, gamma-aminobutyric acid and agmatine levels in the hippocampus of rats: A microdialysis study, Neuroscience Letters«; 642(6):158–162[146] mit dieser Studie aus »Nature«, einem der weltweit bedeutendsten Wissenschaftsmagazine mit einem Impact Factor von 69,5[147] (Stand: 19.07.2023): Chuansheng Guo et al. (2023): »SLC38A2 and glutamine signalling in cDC1s dictate anti-tumour immunity«, Nature; 620:200–208.[148]

Selbst ohne besondere Fachkenntnisse kannst du sehen, dass sich die Länge der Studien stark voneinander unterscheidet und sich in der hochwertigen Nature-Studie noch zusätzlich etliche Abbildungen befinden, um die Testergebnisse zu untermauern. Das ist auch erforderlich, denn ohne überzeugende Testmethoden und vor allem Ergebnisse würde das Magazin diese Arbeit niemals veröffentlichen. Diese Ausführungen sind sehr ausführlich, aber du verstehst nun sicherlich, warum es für die Qualität wissenschaftlicher Studien wichtig ist, eine geeignete Methode aus der passenden Quelle zu finden, denn viele Betrüger beziehen sich entweder auf kompletten Müll oder bestenfalls auf grundlegendste präklinische Voruntersuchungen.

MISSION ZULASSUNG

Erst nachdem ein Wirkstoffkandidat die präklinischen Tests überstanden hat, wird er in der klinischen Testphase eingesetzt. Dies ist die Haupttestphase am Menschen. Nur wenn ein neuer Wirkstoff in allen Testphasen überzeugen konnte, erteilt die zuständige Behörde die Zulassung, was den Wirkstoff zu einem Arzneistoff macht und ihn zum Verkauf auf dem Medikamentenmarkt freigibt.

Jedes Pharmaunternehmen kann von einer Kontrollbehörde des Landes inspiziert werden, in dem es Arzneimittel auf den Markt bringt. Diese Behörden gehören der Pharmazeutischen Inspektionskooperation (PIC/S) an und überprüfen die Einhaltung der GMP-Richtlinien, die von der ICH (International Council for Harmonisation of Technical Requirements for Pharmaceuticals for Human Use) vorgegeben werden. Entgegen ihrem Namen sind die GMP-Richtlinien bindend. Damit ist GMP ein weltweiter Standard. Die Richtlinie 2001/83/EG des Europäischen Parlaments und des Rates vom 6. November 2001 zur Schaffung eines Gemeinschaftskodexes für Humanarzneimittel *verpflichtet die Pharmaunternehmen zur Einhaltung der GMP-Richtlinien.*

Hierbei müssen drei Testkriterien zwingend erfüllt werden, um eine Zulassung zu beantragen. Das Pharmaunternehmen muss der Zulassungsbehörde, beispielsweise der EMA, durch lückenlose Aufzeichnungen und eine Vielzahl von Dokumenten eindeutig und nachvollziehbar beweisen, dass die Sicherheit, die hohe pharmazeutische Qualität nach GMP-Richtlinien und natürlich die Wirksamkeit des neuen Medikaments gewährleistet sind. Gerade der letzte Punkt ist sehr wichtig, da es schließlich die Wirksamkeit ist, um die es bei einem Medikament geht. Klingt zwar selbstverständlich, ist es aber nicht unbedingt, wie wir in Teil 5 »Die Pharmaindustrie« noch feststellen werden. Auch diese klinische Testphase hat verschiedene Ebenen, die wir näher beleuchten. Alle Phasen müssen randomisiert, doppelblind und allen voran (Placebo-) kontrolliert sein. Die Probanden werden während der gesamten Zeit von einem Arzt betreut, der zu Beginn der Studie bestimmte Grunderkrankungen oder diverse Suchterkrankungen wie Alkohol, Nikotin oder Drogen oder eine bestehende Schwangerschaft als Risikofaktor ausschließt.

Phase 0

In der Phase-0-Studie wird ein neuer Wirkstoff erstmals an **gesunden** Studienteilnehmern getestet. Ja, ganz recht, an gesunden Probanden. Hier geht es darum, noch einmal die grundlegenden Eigenschaften des Stoffes hinsichtlich seiner Ausbreitung, Verstoffwechslung im Körper und anderen Merkmalen zu untersuchen, die durch Proben bestimmt werden können. In erster Linie geht es jedoch darum, Erkenntnisse über die Sicherheit des Stoffes zu gewinnen. Das heißt, der Wirkstoff wird hauptsächlich auf seine Gefährlichkeit überprüft. Anders ausgedrückt, er wird auf seine Verträglichkeit getestet und das Auftreten von Nebenwirkungen beobachtet, die gesammelt und ausgewertet werden, weshalb die Probanden explizit gesund sein müssen. Diese Phase wird nur mit einer sehr überschaubaren Anzahl an Probanden durchgeführt, kaum mehr als einer halben Schulklasse.

Phase 1

Die Phase-1-Studie ist häufig die erste Phase einer Studie, von der offiziell gesprochen wird, und selbst die Ergebnisse dieser Studie erregen selten Aufmerksamkeit, da es sich im Prinzip nur um eine größer angelegte

Phase-0-Studie handelt, die sich hauptsächlich länger hinzieht, mehr Teilnehmer einschließt und die bereits gewonnenen Erkenntnisse zur Sicherheit und Verträglichkeit noch stärker beleuchtet. Sie liefert noch mehr Datenmaterial, was zu einem größeren Erfahrungsschatz führt. Da das Risiko, (schwere) Schäden zu erleiden, relativ hoch ist, erhalten die Teilnehmer eine stattliche Aufwandsentschädigung, die sich bis in den fünfstelligen Bereich bewegen kann. Im Allgemeinen gilt: *Je höher das Risiko für den Studienteilnehmer, umso mehr Geld gibt es.*

Phase 2

In dieser Phase wird das Medikament erstmals an einer Gruppe von kranken Patienten getestet, um Erkenntnisse über die tatsächliche Wirkung des Medikamentes und die Chancen auf Therapieerfolge zu gewinnen. Insgesamt dauern die Tests wieder länger an und schließen noch mehr Patienten ein als zuvor.

Bitte bedenke: *Ein Therapieerfolg bedeutet noch lange nicht, dass Patienten geheilt werden, wenn sich die Medikamente als brauchbar erweisen sollten, denn allzu häufig ist das nicht der Fall, sondern dem Patienten geht es entweder nur besser, wie bei Schmerzmitteln, oder seine Überlebenszeit wird verlängert.*

In dieser Phase geht es um eine ausführliche Vertiefung von Phase 1, jedoch auch um die Dosisfindung. Das Medikament wird hier genauer auf sein Nutzen-Risiko-Verhältnis hin untersucht. Das ist ein wichtiger Schritt bei Arzneimitteln mit einer engen therapeutischen Breite. Das sind Medikamente, bei denen die Dosierung besonders genau eingehalten werden muss. Sind sie zu schwach, haben sie keine Wirkung. Sind sie dagegen zu stark, können sie heftige, unerwünschte Wirkungen haben oder sogar zum Tod des Patienten führen. Einige Beispiele hierfür sind die Medikamente Theophyllin bei schwerem Asthma, Carbamazepin bei Epilepsie, Phenprocoumon zur Blutverdünnung, das Immunsuppressivum Ciclosporin, Lithium bei Depressionen, oder die stark wirksamen Digitalisglykoside (pflanzlicher und natürlicher Wirkstoff!) aus dem purpurnen Fingerhut bei Herzmuskelschwäche. Das mit Abstand am weitesten verbreitete Beispiel für ein Medikament mit geringer therapeutischer Breite wird jeden Tag in der Apotheke verkauft in Form von Schilddrüsentabletten mit dem Wirkstoff Levothyroxin. Genau aus diesem Grund befinden sich diese Präparate auf der Substitutionsausschlussliste, d. h., sie gehören zu den Ausnahmemedikamenten, bei denen eine bestimmte, vom Arzt auf dem Rezept verordnete Firma selbst ohne ausdrückliches ärztliches Verbot nicht gegen eine andere Firma ausgetauscht werden darf.[149] Ansonsten wäre mindestens die Effektivität der Therapie, im schlimmsten Fall die Sicherheit und damit das Leben der Patienten gefährdet. Studienergebnisse der Phase 2 sind schon wesentlich spannender, wenn ein besonders dringend benötigtes Medikament gegen eine bisher nicht heilbare Krankheit oder bei anderem großen Bedarf händeringend erwartet wird, denn hier verdichten sich erstmals die Anzeichen, dass ein Durchbruch kurz bevorstehen könnte. Die Aufwandsentschädigung beträgt im Durchschnitt zwischen 150 und 250 Euro.[150]

Phase 3

Die Phase 3 ist der Endspurt der Testphase und die letzte Hürde vor der Marktzulassung, die ein Wirkstoff bzw. der Pharmahersteller noch nehmen muss. Nur die besten, wirksamsten und aussichtsreichsten neuen Arzneimittelkandidaten schaffen es bis in dieses Stadium. Es ist die Spitzenliga der Substanzen kurz vor dem Ritterschlag. So erstrebenswert es für das Unternehmen sein mag, es mit seinen Wirkstoffen in die Phase-3-Studie zu schaffen, umso bitterer ist es jedoch, wenn der Wirkstoff ausgerechnet in dieser längsten Testphase mit dem größten Anteil echter kranker Patienten versagt und die Marktzulassung auf der Zielgeraden scheitert. Vorausgesetzt es werden keine Daten manipuliert. Bis zur Phase-3-Studie werden schon in der präklinischen Forschung ganz am Anfang enorme Summen für Geräte, Chemikalien, Computerprogramme, Maschinenwartung, Reparaturen, Personalkosten und vieles mehr benötigt. Im weiteren Verlauf kommen noch die Aufwandsentschädigungen für die Probanden hinzu und anschließend (hoffentlich) noch die Anträge und die restlichen Genehmigungsverfahren. Je größer und länger die Studie ist, umso besser ist sie. Da hochwertige Studien durchaus mehrere Tausend Teilnehmer umfassen und sich manchmal über Jahre erstrecken können, sind die Phase-3-Studien nicht selten die kostenaufwendigsten Teile der Medikamentenforschung.

Von einem sehr bitteren Rückschlag war 2006 einer der größten Pharmariesen der Welt, der US-Konzern Pfizer, mit dem Wirkstoff Torcetrapib in der ILLUMINATE-Studie betroffen.[151] Wenn der Körper über die Nahrungsaufnahme oder in seltenen Fällen aufgrund genetischer Veranlagung zu viel Cholesterin produziert, wird es mit einem Transportvehikel, dem LDL (low density lipoprotein), umgangssprachlich das »böse Cholesterin« genannt, zum äußeren Gewebe transportiert, um dort abgelagert zu werden, wodurch sich die Blutgefäße verengen (Atherosklerose). Allerdings gibt es ein Transportvehikel namens HDL (high density lipoprotein), das »gute Cholesterin«, mit dem das Cholesterin wieder aus dem Gewebe zurück zur Leber transportiert wird, um dort recycelt zu werden und so die Blutgefäße zu reinigen. Das LDL im Körper wird durch sogenannte Statine gesenkt, die umgangssprachlich als Cholesterinsenker bekannt sind und zu den Medikamenten gehören, die in der Apotheke jeden Tag mit Rezept über den Tisch wandern. Die Statine haben die unangenehme Eigenschaft, dem Körper einen Stoff namens Coenzym Q10 zu entziehen, der am Energiestoffwechsel beteiligt ist, und sie können in besonders schweren Fällen zu einem lebensbedrohlichen Angriff auf die Muskulatur führen (Rhabdomyolyse). Um dieses Risiko zu umgehen, erschien es in der Theorie erfolgversprechend, die Menge an gutem Cholesterin zu erhöhen, statt das böse Cholesterin zu senken, weshalb Torcetrapib entwickelt wurde. Obwohl der Wirkstoff das gute Cholesterin um 72,1 Prozent erhöhte und zusätzlich das böse Cholesterin sogar um 24,9 Prozent senken konnte, musste die Phase-3-Studie abgebrochen werden, weil zu viele Patienten durch Torcetrapib infolge eines Herztodes starben.[152] Diese Untersuchung zeigt ebenfalls, dass es nie nur darum geht, einzelne Blutwerte mithilfe von Plasmakosmetik zu verbessern, sondern immer *der ganze Mensch* bei der Therapie behandelt und im Blick behalten wird. Und nein, Cholesterinsenker machen leider nicht schlank.

IN KÜRZE

- Wissenschaftliche Beweise sind wertlos, solange du sie nicht selbst überprüfen kannst.
- Studien werden manchmal manipuliert. Bei Metaanalysen ist das am unwahrscheinlichsten.
- Nutze Rückfragen als Geheimwaffe und teste damit die wahre Expertise des Anbieters.
- Wenn dir etwas verdächtig erscheint oder zu gut, um wahr zu sein, kauf es nicht!

TEIL 5

DIE PHARMAINDUSTRIE

EXPERIMENTIERFREUDIGE SKANDALE

In seltenen Fällen gibt es noch die Möglichkeit der beschleunigten Zulassung (accelerated assessment), bei der der Zulassungsantrag schon während der laufenden Studie gestellt wird und die Daten vor Abschluss der Untersuchungen nach und nach geprüft werden, statt alle Ergebnisse nach erfolgreichem Abschluss der Tests gesammelt einzureichen. Ein solches Verfahren wird oft bei Krebsmedikamenten verwendet. Aus meiner Sicht ist das sinnvoll, da diese Medikamente wahrhaftig die letzte Hoffnung für die Patienten sind, die ohne die Kandidaten ohnehin zum Tod verurteilt wären. Größere Bekanntheit erlangte dieses Verfahren jedoch ohne Zweifel während der Coronapandemie, da dringend ein Schutz gegen das Virus benötigt wurde. In Extremfällen, wie auf dem Höhepunkt der Pandemie, erhielten Patienten Medikamente, die nicht zur Behandlung von Covid-19 zugelassen waren, weil eine medikamentöse Behandlung bis zur Entwicklung eines Kombipräparats aus Nirmatrelvir und Ritonavir unbekannt und somit unmöglich war. Diese Vorgehensweise wird als »Compassionate Use« (wörtlich übersetzt: Mitleidsnutzung) bezeichnet.

Die Coronaimpfstoffe zu bewerten und die damit verbundenen Skandale aufzuarbeiten, würde definitiv den Rahmen dieser Lektüre sprengen. Als Spitze des Eisbergs sei nur erwähnt, dass gegen EU-Kommissionspräsidentin Ursula von der Leyen (CDU) persönlich ein Strafverfahren wegen Korruptions- bzw. Lobbyismusvorwürfen eingeleitet wurde. Die Anklage lautet auf § 132 Strafgesetzbuch (StGB) Amtsanmaßung und Titelmissbrauch. Von der Leyen steht im Verdacht, am 19.05.2021 eigenmächtig geheime Verträge zwischen der EU und dem Pharmagiganten Pfizer über 1,4 Milliarden Dosen des Coronaimpfstoffs Comirnaty® im Wert von 35 Milliarden Euro per SMS mit Pfizer-Chef Albert Bourla ausgehandelt zu haben, der öffentlich seinen engen Kontakt zur Kommissionspräsidentin betonte. Im Juni 2022 stellte sich heraus, dass im Rahmen dieses Vertrages so viele Impfstoffe bestellt wurden, dass Deutschland Millionen überschüssiger Impfdosen als Lagerhüter hatte.[153] Das bedeutet nichts anderes, als dass die Entsorgung eines Übervorrats an nicht nutzbaren Impfstoffen einer gewaltigen Vernichtung deutscher Steuergelder gleichkam. Da es sich um den bisher größten unterzeichneten Vertrag zwischen der EU und einem Pharmahersteller handelte, bezeichnet das Magazin »Cicero« die Pfizer-SMS-Affäre gar als den größten Korruptionsskandal der Geschichte.[154] Inzwischen ist dieser Vertrag frei im Internet verfügbar. Der Inhalt dieses Vertrags deutet darauf hin, dass die Impfstoffe anscheinend doch nicht so unbedenklich sind, wie Lauterbach öffentlich verkündet hatte.[155, 156] Aus der Verzichtserklärung auf Seite 15 geht hervor, dass der Vertrag geschlossen wurde, obwohl das Risiko bestand, dass eine Marktzulassung aufgrund der erheblichen Risiken gar nicht erst erteilt werden würde.[157]

Inzwischen wurden die geheimen Protokolle des Robert Koch-Instituts (RKI), deren Einschätzungen der Gefährdungslage für die Lockdowns und die G-Regeln (geimpft, getestet, genesen) verantwortlich waren und zur Diskussion über eine Impfpflicht führten, vom »Multipolar«-Magazin freigeklagt.[158] Die Experten erwähnen im Protokoll vom 08.01.2021, es sei »unmöglich vorherzusagen, ob eine Coronaimpfung glimpflich abläuft.«[159] Acht Monate später widersprach Lauterbach dem, als er bei Anne Will von einer »nebenwirkungsfreien Impfung« sprach.[160] Massive Zweifel an der Sicherheit der Impfstoffe verbreiteten sich ab dem 15.03.2021, als durch den Einsatz des Coronaimpfstoffs von AstraZeneca (Vaxzevria) vermehrt Entstehungen (Inzidenzen) von Sinusvenenthrombosen auftraten.[161] Hierbei verstopften Blutplättchen die Blutgefäße im Gehirn, behinderten auf diese Weise den Blutabfluss, führten damit zu einer Schwellung der Gefäße und erhöhten den Druck so stark, dass die Gefäße platzten und es zu Hirnblutungen kam. Mittlerweile wurde die Zulassung für Vaxzevria in der EU zurückgenommen.[162] Brisanterweise wollte Lauterbach anscheinend ausschließlich Geimpften Zutritt zur Gastronomie gestatten.[163]

Hinzu kommt, dass das von Pfizer beauftragte Unternehmen Ventavia systematisch Studienergebnisse manipulierte und unzulässige Qualitätsabstriche bei der Durchführung der ausschlaggebenden Phase-3-Studie machte, scheinbar um die Impfstoffe möglichst schnell zur Verfügung stellen zu können. Insbesondere bei der Patientenbetreuung kam es zu gravierenden Missständen, wie die ehemalige Ventavia-Mitarbeiterin Brook Jackson dem Britischen Medizinischen Magazin (BMJ) unter Vorlage von firmeninternen Dokumenten, E-Mails, privaten Fotos und Gesprächsaufzeichnungen berichtete. Jackson reichte eine Beschwerde bei der Aufsichtsbehörde FDA ein und wurde noch am selben Tag von Ventavia entlassen mit der Begründung, sie passe nicht ins Unternehmen. Den Ausführungen der Informantin nach fälschte Ventavia Daten, lagerte die Impfstoffe falsch bei zu hohen Temperaturen und entsorgte Spritzen mit den experimentellen Impfstoffen unsachgemäß in Plastikbeuteln. Die Zuordnungsnummern der Probanden auf den Behältnissen waren für jedermann lesbar (Entblindung), teilweise falsch etikettiert und Ventavia setzte unqualifiziertes Personal zur Betreuung der Probanden ein, sodass die Studienteilnehmer nach der Injektion nicht beaufsichtigt wurden. Hinzukommend reagierte das Unternehmen auf auftretende Impfreaktionen viel zu spät. Diese wurden weder ausreichend kommuniziert noch angemessen untersucht. Aus einer Tonbandaufnahme ging hervor, dass die verantwortlichen Führungskräfte zugaben, den Überblick über die zahlreichen Missstände verloren zu haben. Studienaufseherin Jackson offenbarte weiterhin, dass Mitarbeiter explizit dazu angehalten worden seien, von den Vorschriften abzuweichen. Andere ehemalige Ventavia-Beschäftigte berichteten ihr, dass sie ein solches Vorgehen in 20 Jahren Forschungsarbeit noch nie erlebt hätten, und bezeichneten die Datenerhebung als »verrücktes Chaos«. Brisanterweise unternahm die FDA nichts, nachdem sie durch eine offizielle Beschwerde von Jackson über die Missstände informiert worden war. Selbst in den öffentlich einsehbaren Untersuchungen fand sich kein Eintrag. Elizabeth Woeckner, Präsidentin der durch Spenden finanzierten Non-Profit-Organisation »Citizens for Responsible Care and Research Incorporated« (CIRCARE), die sich der Aufdeckung von unethischen Tests an Menschen verschrieben hat, kritisiert, dass es der FDA nach eigenen Angaben an ausreichend Personal mangele, um rechtzeitig genügend Inspektionen vorzunehmen. Auch Jill Fisher, Autorin und Professorin für soziale Medizin an der North Carolina School of Medicine, kritisierte eine völlig unzureichende Kontrolle vertraglicher wie auch unabhängiger Forschungseinrichtungen. Sie zeigte sich erstaunt, dass die Aufsichtsbehörde nicht einmal eine Inspektion durchführte, obwohl ihr eine formelle Beschwerde einer Ventavia-Mitarbeiterin vorlag. Als die Impfstoffe zugelassen waren, veröffentlichte die FDA eine Zusammenfassung über die Inspektionen der ausschlaggebenden Studien, in der die von Ventavia nicht aufgeführt waren, was die Vorwürfe unterstützt. In der Stellungnahme der Aufsichtsbehörde hieß es, dass die erforderlichen Daten noch nicht verfügbar seien, da die Studie zum fraglichen Zeitpunkt noch nicht abgeschlossen war. Zudem beauftragte Pfizer Ventavia mit der Durchführung von vier weiteren Impfstoffstudien, unter anderem mit Kindern und Schwangeren, **nachdem** Jacksons Bericht im September 2020 bei der FDA eingegangen war.[164]

Diesbezüglich wurde behauptet, dass die Vorwürfe ernst zu nehmen und die Daten von Ventavia besonders streng zu prüfen seien. Die Daten seien jedoch durch zahlreiche andere Studien bestätigt und Ventavia habe nur einen kleinen Teil der Versuchsreihen ausgemacht, sodass die Eignung der Impfstoffe dennoch gegeben sei.[165] Klingt das nicht danach, als sollten abweichende Ergebnisse wie zuvor beschrieben durch Cherry Picking unterschlagen werden?

Ich möchte dir an dieser Stelle meine persönliche Meinung zu diesem Thema schildern, von der deine eigene gern abweichen darf: Es hat sich erwiesen, dass die Corona-Impfstoffe weder vor einer Infektion noch vor der Übertragung des Virus schützen. Das kann ich dir als dreifach Geimpfter bestätigen, nachdem ich 2022 selbst Bekanntschaft mit dem Virus gemacht hatte. Eine Woche lang hatte ich nacheinander starke Halsschmerzen, einen Tag lang Schnupfen und anschließend extrem trockenen Husten. Ich musste mich anstrengen, um tief Luft zu holen, da sich meine Lunge anfühlte, als würde sie mechanisch von einem Gerüst in Form gehalten, ohne sich voll entfalten zu können. Den Impfstoffen wurde mit großer Skepsis begegnet. Doch angenommen, die Impfstoffe wären dazu in der Lage, Krankenhauseinweisungen zu verhindern oder gar Leben zu retten. Hätten sie es nicht verdient, eine Chance zu bekommen? Auf der anderen Seite sind Impfstoffe übliche Medikamente, die Nebenwirkungen haben können, auch wenn die Politik das Gegenteil behauptete.[166] Manchmal können sie schwere Schäden verursachen, selbst wenn das eher selten vorkommt. Meiner Meinung nach wurde die Zulassung zum **damaligen** Zeitpunkt erteilt, weil es als erwiesen betrachtet wurde, dass die Wahrscheinlichkeit geringer ist, durch den Impfstoff zu Schaden zu kommen als durch Covid-19. Was bringt es dir allerdings, wenn du das sicherste Medikament der Welt einnimmst, das beispielsweise nur bei einem einzigen von einer Million Patienten zu einem tödlichen Herzinfarkt führt, und du zufällig dieser eine Mensch bist? Aus diesem Grund bin ich zwar prinzipiell für Impfungen an sich, allerdings gegen eine Impfpflicht, da aus meiner Sicht jeder selbst entscheiden muss, welches Risiko er in Kauf zu nehmen bereit ist. Leider hat sich inzwischen herausgestellt, dass Pfizer und BioNTech bei den Zulassungsstudien, die Grundlage für die Genehmigung für den Einsatz der Impfstoffe waren, ein anderes Herstellungsverfahren verwendet hatten, wohingegen die Massenproduktion mit einem Verfahren betrieben wurde, bei dem die Gensequenzen in Bakterien vervielfältigt wurden, was zu massiven Verunreinigungen mit bakteriellem Erbgut und damit zu qualitativ minderwertigen Impfstoffen führte.[167] Vor diesem Hintergrund stehe ich dem Einsatz der jeweiligen Impfstoffe inzwischen, vornehm ausgedrückt, kritisch gegenüber.

Während der Pandemie verbreitete sich hinsichtlich der neuartigen Impfstoffe lautstark die Haltung: »Ich bin kein Versuchskaninchen!« Auch wenn du mich vielleicht dafür hassen wirst, sehe ich das ganze etwas lockerer.

Du bist schon dein ganzes Leben lang ein Versuchskaninchen der Pharmaindustrie! Ich habe zuvor geschrieben, dass die Tests mit der Phase-3-Studie abgeschlossen sind, da anschließend die Zulassung beantragt werden kann. Stellst du Nachforschungen an, wirst du allerdings schnell feststellen, dass es noch eine Phase-4-Studie gibt. Was glaubst du, wann sie beginnt? Ganz genau, erst **nach** der Markteinführung des neuen Medikaments.

Sobald es jedem von uns unter den erforderlichen Voraussetzungen verabreicht werden darf, sammeln wir noch größere Informationsmengen über Nebenwirkungen, Unverträglichkeiten usw., da diese Medikamente nun im Prinzip an der gesamten Bevölkerung getestet werden. Es gibt sogar eine Kennzeichnung für Arzneimittel, die unter besonderer Beobachtung stehen, in Form eines auf dem Kopf stehenden schwarzen Dreiecks, wie bei Ozempic®. Ungewöhnliche Erscheinungen nach der Impfung und plötzliche Beschwerden der Patienten im Zusammenhang mit der Einnahme eines brandneuen Medikaments können prinzipiell weitergegeben werden. In der Apotheke kann es anonym an die Arzneimittelkommission der Deutschen Apotheker gemeldet werden, die die

Berichte sammelt und anschließend an die zuständige Überwachungsbehörde und den Hersteller weiterleitet. Doch schauen wir uns einmal die Fakten an, um zu verstehen, wie weit das Ganze reicht. Vorab sei erwähnt, dass klinische Studien aus naheliegenden ethischen Gründen nicht an Schwangeren durchgeführt werden dürfen, weshalb du in jedem Beipackzettel findest, dass das Präparat bitte nicht in der Schwangerschaft verwendet werden soll, Potenzmittel eingeschlossen. Die Sicherheit von Arzneimitteln in der Schwangerschaft kann deshalb ausschließlich anhand von Erfahrungsberichten beurteilt werden. Eine gute Quelle hierfür ist das Portal www.embryotox.de. Ist eine Einnahme von bedenklichen Medikamenten, wie im Fall von Epilepsiemedikamenten, die in der Schwangerschaft prinzipiell ungeeignet sind, unerlässlich, muss sich die Patientin immer mit dem behandelnden Arzt absprechen. Verlass dich bitte hier auf keinen Fall auf das Internet. Die Motivation eines ausgebildeten Heilberuflers, dich und dein ungeborenes Kind vor Schäden zu bewahren, ist wesentlich höher, da es hier um die persönliche Haftung geht.

Dass sich die Pharmakonzerne bei den Corona-Impfstoffen aus der Haftung herauswinden wollten, ist wirklich nichts Neues. Ich versichere dir, dass ein Medikamentenhersteller immer zuerst die eigene Haftung im Blick hat und sich dagegen absichert, bevor er überhaupt daran denkt, dem Verbraucher etwas Gutes zu tun. Diese Sorge ist ein Teil meines Berufes, da ich persönlich für die Sicherheit des Patienten hafte, wenn ich ihm ein Arzneimittel in der Apotheke aushändige. Das ist der Grund, weshalb die Beipackzettel so lang und abschreckend sind. Alles, worauf der Hersteller nicht explizit hinweist, kann später gegen ihn verwendet werden, um ihn mit einer Klage um sehr viel Geld zu bringen. In den USA können schnell Schadensersatzforderungen in Millionenhöhe entstehen, wie das Beispiel des Unkrautvernichters Roundup von Bayer, einem der weltweit führenden Pharmaunternehmen, zeigt. Der Anwender John Durnell klagte erfolgreich, weil er die Entstehung seiner Krebserkrankung auf Hautkontakt mit diesem Produkt zurückführte.[168] Da der Hersteller in erster Linie an Einnahmen und nicht an Zahlungen interessiert ist, wird er schon im Vorfeld alles tun, um sich davor zu schützen. Dazu gehört, dass er dich darauf hinweist, nur unter den

Bedingungen für die Sicherheit, Wirksamkeit und Qualität seines Produktes garantieren zu können, die er selbst in den Zulassungsstudien getestet hat. Möchtest du beispielsweise ein Zäpfchen schlucken, machst du das auf eigene Gefahr.

Wenn es besorgniserregende Neuigkeiten über ein neues Medikament gibt, erreichen sie die Fachwelt in Form von »Rote-Hand-Briefen« des Bundesinstituts für Arzneimittel und Medizinprodukte. Der Arzneistoff Rosiglitazon wurde nach der Einführung im Jahr 2000 bis 2010 bei Diabetikern eingesetzt, bis sich herausstellte, dass es unter seinem Einsatz vermehrt zu Herzinfarkten kam. Laut Wikipedia konnte diese Sorge zwar durch neuere Studien größtenteils widerlegt werden, jedoch gab es in der Originalstudie Qualitätsmängel und Datenmanipulation, zumal der Patentschutz für das Arzneimittel ausgelaufen war und sich eine Neuzulassung für das Medikament Avandia® als nicht lukrativ genug für eine weitere Markteinführung herausstellte.[169, 170, 171] Das Schmerzmittel Rofecoxib war ebenfalls ein Kassenschlager, bis nach 18 Monaten im Rahmen einer Studie zum Einsatz bei anderen Anwendungsgebieten auch bei diesem Wirkstoff eine beunruhigende Anzahl an Herzinfarkten und Schlaganfällen beobachtet wurde, woraufhin sich MSD Sharp & Dohme letztendlich entschied, das Medikament Vioxx® freiwillig vom Markt zu nehmen.[172]

Und es geht noch weiter: Felix Hoffmann hatte 1898 bei der Firma Bayer eine Reaktion zur chemischen Erzeugung von Wirkstoffen verwendet, die zur Modifikation sämtlicher Wirkstoffe im Arsenal genutzt wurde. Unter anderem lieferte diese, »Acetylierung« genannte, Reaktion einen weiteren Wirkstoff, der sich als fähiger Hustenstiller und als Schmerzmittel bewährte. Während ASS für zu gefährlich gehalten wurde, um es auf den Markt zu bringen, war die Bewertung der anderen Substanz um ein Vielfaches weniger zurückhaltend. Sie wurde mit einer Werbekampagne in 12 Sprachen angeboten und erfreute sich, dank ihrer Wirkung, bis 1904 zunehmender Beliebtheit, bis sich immer mehr herausstellte, dass die Patienten gar nicht mehr auf das Medikament verzichten wollten, das zu diesem Zeitpunkt für 40 verschiedene Anwendungsgebiete eingesetzt wurde. Erst 1931 veranlasste politischer Druck den Hersteller, den stark süchtig machenden Wirkstoff, den wir heute als Heroin kennen, vom Markt zu nehmen.[173] Aber es kommt noch härter! Bist du bereit?

Der Wirkstoff Thalidomid wird heute ausschließlich in der Krebstherapie eingesetzt und darf nur unter ähnlich strengen Kontrollvorgaben wie bei Betäubungsmitteln in der Apotheke abgegeben werden. Dieses Medikament wurde mit Slogans wie »So harmlos wie Zuckerplätzchen« beworben und sollte in den Jahren 1961 und 1962 als Auslöser einer der größten Katastrophen der Pharmazie in die Geschichte eingehen. Bestimmt kennst du diesen Wirkstoff schon, hast ihn vermutlich jedoch unter einem anderen Namen kennengelernt: Contergan®.[174] Bei diesem Medikament handelt es sich um ein Gemisch aus zwei identischen Wirkstoffen (Racemat), von denen der eine auf der linken Seite liegt, der andere dagegen auf der rechten Seite. Sie sind zwar identisch, jedoch in ihrem Aufbau zueinander spiegelverkehrt. Wenn du beide Wirkstoffe direkt ineinanderlegen würdest, wäre es so, als würdest du deine Hände übereinanderlegen. Der eine Wirkstoff zeigt zum Teil wie dein Daumen nach links und der andere entsprechend nach rechts. Die beiden Teile des Gemisches werden Enantiomere genannt.

Thalidomid (Contergan®)

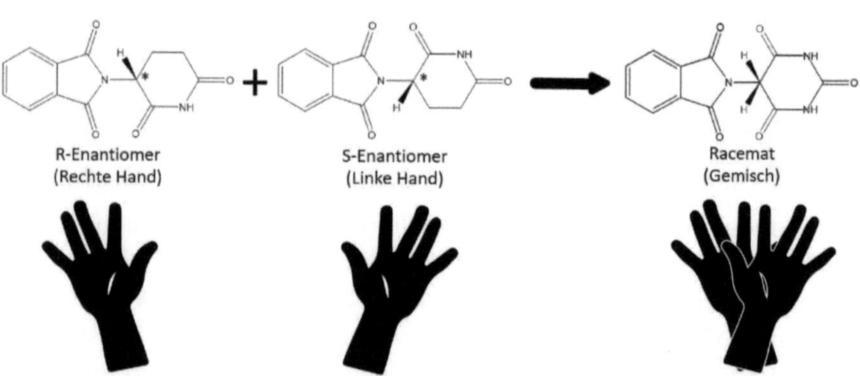

Der eine Teil des Gemisches ist ein gut verträgliches Schlafmittel, während der andere das ungeborene Kind im Mutterleib schädigt, indem er zu Fehlbildungen führt (teratogen). Auch eine alleinige Einnahme des guten Bestandteils (Eutomer) ist nicht möglich, da sich die beiden Formen im Körper ineinander umwandeln. Kleiner Unterschied, großer Schaden.

JEDER WILL DER ZWEITE SEIN

Halten wir Folgendes fest: Der Dreh- und Angelpunkt eines Pharmaunternehmens ist stets die Zulassung, für die es gewaltige Summen ausgeben muss in der Hoffnung, dass die Errungenschaft überhaupt auf dem Markt bleibt, um die Millionen, wenn nicht sogar Milliarden Euro an Investition wieder einzunehmen. Natürlich lässt es sich die Kassenschlager zuvor patentieren, was ebenfalls riesige Kosten mit sich bringt, aber sicherstellt, dass der Konzern für 20 Jahre Marktführer ist und sein Medikament konkurrenzlos verkaufen kann. Eine berechtigte Vorgehensweise. Einer meiner Ausbilder pflegte zu sagen: »Jeder will der Zweite sein.« Auf dem Weg zu einem einzigen neuen Medikament musstest du das Tal der Tränen durchqueren, sehr viele Fehlschläge und vor allem Kosten auf dich nehmen, nur um in den entscheidenden Zulassungsstudien Lotto spielen zu dürfen. Und nachdem du das perfekte Kochrezept gefunden hast, stürzen sich alle gierig darauf, kopieren es, müssen dafür viel weniger Geld in die Hand nehmen und mischen mit deinem Gericht den Markt auf. Hättest du darauf Lust? Manche Firmen haben sich sogar regelrecht auf Nachahmerprodukte spezialisiert. An dieser Stelle muss ich jedoch einmal eine Lanze für die Pharmaindustrie brechen.

Es gibt sehr viele schreckliche, unheilbare Krankheiten, gegen die wir dringend Medikamente brauchen. Wenn die Pharmaindustrie nicht in der Lage ist, die Unmengen an Kosten durch den Verkauf ihrer Medikamente wieder auszugleichen, kann sie keine Forschung mehr betreiben und diese dringend benötigten Medikamente nicht zur Verfügung stellen. Wie du gesehen hast, ist der ganze Prozess zu kostspielig, um Arzneimittel zum Schnäppchenpreis zu verkaufen. Ebenso müssen die Verkaufszahlen stimmen, um allein die Produktion dieser Medikamente aufrechtzuerhalten. Eines dieser Medikamente wird gegen Spinale Muskelatrophie (SMA) bei Kindern eingesetzt, eine Krankheit, die zu Muskelschwund führt und durch den Abbau der Nervenzellen die Kinder erst lähmt und im weiteren Verlauf die Atmung außer Kraft setzen kann. Wir sprechen hier von einer lebensbedrohlichen Erkrankung die ca. sechs von 10.000 Kindern betrifft. Mit einem dieser tragischen Schicksale habe ich bereits Bekanntschaft gemacht.

An einem meiner anstrengenderen Tage, einem leicht verregneten Mittwoch, beschloss ich, mir in der Mittagspause im benachbarten Restaurant eine Pizza Funghi zum Mitnehmen zu holen, um für den Rest des Tages bei Kräften zu bleiben. Routiniert zog ich mein Portemonnaie aus der Tasche, um zu bezahlen, als mir auffiel, dass doch etwas anders war als sonst. Neben der Kasse stand eine Dose, die offensichtlich zu Spendenzwecken aufgestellt wurde. Ich las den Text und erfuhr, dass es um Spenden für ein kleines Mädchen in der Türkei ging, das von SMA betroffen war und das Geld für ein Medikament mit dem Namen Zolgensma® benötigt. Ein Name, den ich nur zu gut kenne. Ich spendete zwei Euro in der Hoffnung, damit helfen zu können. Mehr konnte ich im Moment nicht tun.

Vermutlich hätten auch 20 oder 200 Euro keinen großen Unterschied gemacht, denn das Präparat Zolgensma® ist kein normales Medikament. Es ist eine Gentherapie, die erst 2020 in Europa zugelassen wurde, da die Ursache der Krankheit auf einem Gendefekt beruht und es nur wenige Therapieansätze dagegen gibt. Dieses Arzneimittel hat in kurzer Zeit eine bemerkenswerte Bekanntheit erlangt, jedoch weniger wegen seiner bahnbrechenden Wirkung oder als Hoffnungsträger für das Überleben der Kinder. Sein Ruhm ist ironischerweise untrennbar mit einer gewaltigen Kritik verbunden, die der Hersteller Novartis für eben dieses Produkt einstecken musste. Der Handelsname Zolgensma® ist nämlich nur der offizielle von insgesamt drei verschiedenen Namen. Den Namen des Wirkstoffes Onasemnogen-Abeparvovec kann selbst ich kaum aussprechen, sodass die allermeisten von uns es unter seinem dritten Namen kennen: »Das Zwei-Millionen-Euro-Medikament«. Mit diesem stolzen Preis für eine einzige Spritze galt Zolgensma® zur Zeit der Markteinführung als das teuerste Medikament der Welt und wird von Novartis gelegentlich verlost. Zu diesem Thema gibt es unterschiedliche Meinungen. Novartis selbst hat die Verlosung zusammen mit einem Ethikrat ins Leben gerufen, um das lebensrettende Medikament, nach eigenen Angaben, möglichst früh zur Verfügung stellen zu können, da die einzige genehmigte Produktionsstätte in den USA den weltweiten Bedarf nicht decken könne. Auch das Institut für Klinische und Ökonomische Bewertung (Institute for Clinical and Economic Review) rechtfertigte den Preis. Vor dem Hintergrund, dass eine einmalige Gabe des

Arzneimittels ausreicht, um das funktionsfähige Gen über ein Virus in die Zellen zu schleusen, könnte sich der Preis sogar als günstiger erweisen als bei einem alternativen Medikament, das in den Wirbelkanal gespritzt werden muss und 100.000 Euro pro Injektion kostet. Das Alternativmedikament erfordert vier Injektionen innerhalb von 68 Tagen, gefolgt von einer Spritze zur Auffrischung alle vier Monate. Kritiker wie Norbert Paul von der Mainzer Johannes Gutenberg-Universität werfen Novartis dagegen vor, mit solchen Spendenaktionen indirekt über Verlierer der Verlosung Druck auf die Regierungen und Krankenkassen auszuüben, um ausstehende Zulassungen voranzutreiben und sich so ein Monopol zu sichern. Jens Baas, Geschäftsführer der größten Krankenkasse Deutschlands, der Techniker Krankenkasse, und der Spitzenverband der Gesetzlichen Krankenkassen, d. h. der Zusammenschluss der gesetzlichen Krankenversicherungen in Deutschland, sehen darin ein verantwortungsloses Glücksspiel.[175]

Aus meiner Erfahrung ist diese Äußerung etwas fragwürdig, da ich unaufhörlich erlebe, dass Krankenkassen eher daran interessiert sind, Geld zu sparen, statt den Patienten die besten Medikamente zu finanzieren. In jedem Fall wird auch die Frage nach dem finanziellen Erfolg für das Unternehmen bei der Preisvergabe eine wichtige Rolle spielen.

Ein ähnliches Phänomen beobachten wir im Bereich der Antibiotikaforschung. In jeder aktualisierten Fassung der WHO-Liste, in der unverzichtbare Medikamente aufgezählt werden, wirst du Antibiotika finden.[176] Diese Medikamente gehören ebenfalls zu den am häufigsten verordneten Arzneimitteln, die ich jeden Tag in der Apotheke abgebe. Sie sind lebensnotwendig, wenn Patienten im Krankenhaus operiert werden, um Infektionen vorzubeugen oder zu bekämpfen. Bevor Sir Alexander Fleming 1928 das Penicillin entdeckte, starben mehr als 1,27 Millionen Menschen an Infektionserkrankungen, die durch Bakterien verursacht wurden.[177] 2017 starb in den USA sogar eine Frau, weil **alle** 26 zur Verfügung stehenden Antibiotika wirkungslos waren.[178] Zumindest in Deutschland sind alle Antibiotika, mit Ausnahme von Tyrothricin, rezeptpflichtig, insbesondere um zu gewährleisten, dass Antibiotika nur dann eingesetzt werden, wenn es sinnvoll ist, und nicht etwa bei Viruserkrankungen. Damit soll verhindert werden, dass die Bakterien mit der Zeit lernen, sich gegen unsere Waffen zu wehren, bis sie ihnen überhaupt nichts mehr anhaben können. Laut einer Eurobarometer-Umfrage der EU wusste die Hälfte der Befragten nicht, dass Antibiotika wirkungslos gegen Viren sind.[179] Da Antibiotika demnach nur sehr sparsam eingesetzt werden sollen, ist das für die Hersteller mit einem großen Problem verbunden. Zumal sowohl die am schlechtesten verträglichen als auch die neusten Antibiotika den Sonderstatus als Reserveantibiotika erhalten. Das bedeutet, dass sie erst dann zum Einsatz kommen, wenn alle anderen Antibiotika versagt haben.

Stell dir vor, du bist in der Situation eines Pharmaherstellers, der gern Menschenleben retten möchte, indem er an neuen Antibiotika forscht. Du findest ein neues Medikament, das hochwirksam und perfekt für eine Therapie geeignet ist und in allen klinischen Tests auf ganzer Linie überzeugt hat, sodass du es erfolgreich zulassen konntest. Jetzt ist dein neues Medikament auf dem Markt, wird aber nur für eine eher kleine Gruppe an Patienten reserviert, nämlich die, bei denen alle Konkurrenzprodukte schon erfolglos ausprobiert wurden. Du hast Milliarden aufgewendet und kaum Käufer für dein Präparat, mit denen du Geld verdienen kannst. Die einzige Möglichkeit wäre, es nach dem Vorbild von Zolgensma® zu astronomischen Preisen zu vertreiben, um das investierte Geld zurückzubekommen. Da du vermutlich aber nicht als geldgieriger Konzern gelten möchtest, der für Profit buchstäblich über Leichen geht, kannst du dir vorstellen, wie attraktiv es für die Pharmaindustrie ist, sich überhaupt noch in diesem Forschungszweig zu bewegen. Deshalb ist die Industrie häufig auf staatliche Förderprogramme oder schlichtweg Spenden angewiesen.[180] Es ist makaber, dass ausgerechnet in der Massentierhaltung jedes Jahr Tonnen von Antibiotika verbraucht werden, um die Ansteckungsgefahr der Tiere mit Infektionskrankheiten vorsorglich zu beseitigen, da diese auf engstem Raum gehalten werden. Die Antibiotika führen nicht nur zu immer widerstandsfähigeren Keimen, wir haben die resistenten Erreger anschließend noch in unserem Essen. Zu allem Überfluss sind Antibiotika so günstig, dass ihr ungezügelter Einsatz billiger ist als eine artgerechte Tierhaltung.[181] Interessant ist außerdem, dass Breitband-Antibiotika, die gegen viele verschiedene Bakterien wirken, bei Mäusen und sogar beim Menschen, durch eine gezielte Veränderung der Darmbesiedlung Übergewicht auslösen können.[182, 183] Auch wenn ich das nicht beweisen kann, sollten wir uns die Frage stellen, ob es für die Unternehmen nicht praktisch ist, Unmengen an Antibiotika für Massentierhaltung zu verkaufen und dank ihrem Einsatz von einer noch effizienteren Mast zu profitieren, da die Tiere dadurch noch schneller zunehmen könnten.

Diese wichtigen Substanzen so zu verschwenden, ist fatal, denn neben einem seiner Arbeitskollegen und den behandelnden Ärzten waren es genau diese Medikamente, die meinem Vater das Leben gerettet haben, als er wegen eines geplatzten Blinddarms (perforierte Appendizitis) notoperiert werden musste. Bei dieser schweren Form der Blinddarmentzündung dringt der Darminhalt, genauer gesagt die Darmbakterien, in die Bauchhöhle ein. Er breitet sich dort aus, ruft eine Entzündung hervor (Peritonitis) und verursacht eine lebensgefährliche Blutvergiftung (Sepsis), die wiederum zu Multiorganversagen führt. Medikamente sind in der Tat ein Segen, *solange sie sinnvoll und gezielt eingesetzt werden.*

Etwas deutlicher wird es im Bereich der Malariaforschung. Malaria ist eine Erkrankung, die durch Parasiten (Plasmodien) ausgelöst wird, die wiederum durch die Anopheles-Mücke ins Blut gelangen, sich dann zügig in der Leber festsetzen, um dort zu reifen, dann erneut ins Blut zu gehen und dort deine roten Blutkörperchen zu zerstören. Sie gilt als seltene Krankheit (Orphan Disease), was bedeutet, dass Malariamedikamente ebenfalls seltene Arzneimittel (Orphan Drugs) sind. Dabei ist sie die Nummer Sieben unter den zehn häufigsten Infektionserkrankungen[184] und zählt neben Tuberkulose und AIDS zu den »Großen Drei« der tödlichsten Infektionserkrankungen der Welt.[185] 2021 litten ganze 247 Millionen Menschen an Malaria.[186] Wie kann es dann sein, dass eine so weit verbreitete Erkrankung selten sein soll? Du kannst es dir sicher schon vorstellen: Sie ist nur in bestimmten Bevölkerungsgruppen sehr häufig vertreten: in Entwicklungsländern. *Damit ist sie eine seltene Erkrankung für diejenigen, die sich Malariamedikamente überhaupt leisten können.* Es ist ein simples Prinzip von Angebot und Nachfrage. Kaum Käufer bedeuten unbefriedigende Gewinne. Deshalb ist die Malariaforschung vergleichsweise unattraktiv und Versuche, effektive Impfstoffe gegen Malaria zu entwickeln, sind bis heute gescheitert.

Ohne dir eine Meinung aufzwingen zu wollen: Wärst du bereit, Pharmaunternehmen einen monatlichen Betrag zu spenden, wenn sie dadurch ihre teuersten Medikamente günstiger anbieten könnten? Ob sie das Geld tatsächlich dafür verwenden würden, ist natürlich eine andere Frage.

KLEINE SPENDE, GROSSE WIRKUNG!

Manche Hersteller werden dank der Rabattverträge nahezu ununterbrochen auf Rezept verkauft, da sie günstiger sind. Sie sind kaum bekannt, da sie fast keine Werbung für rezeptfreie Produkte machen. Fragst du dich, warum? Dafür müssen wir uns ein weiteres Problem der Pharmaindustrie anschauen, das sich im Kern wieder um die Zulassung dreht. Sie entscheidet darüber, was der Hersteller mit seinem Produkt machen darf und somit, wie viel Geld er damit verdienen kann. An dieser Stelle kommen die Juristen ins Spiel. In Deutschland gelten die strengen Vorgaben mehrerer Gesetze, die in erster Linie dem Verbraucherschutz dienen. Nach dem Arzneimittelgesetz darf nur für frei erhältliche Medikamente Werbung gemacht werden, die sicher genug sind, dass du sie dir jederzeit ohne Rezept selbst kaufen kannst, nicht aber für bedenklichere verschreibungspflichtige Arzneimittel. *Würde für derartige Medikamente geworben werden, wäre das eine direkte Verleitung der Patienten, ihre Gesundheit zu riskieren, weshalb es nach dem Heilmittelwerbegesetz verboten ist!*

Für die Konzerne ist das ein Hindernis. Patienten kommen oft in die Apotheke und möchten Präparate haben, die sie ohne Rezept nicht bekommen dürfen. Das bedeutet nichts anderes als Umsatzeinbußen für das Unternehmen. Wie willst du ein Präparat verkaufen, für das du keine Werbung machen darfst? Indem es entweder durch einen Antrag aus der Verschreibungspflicht entlassen wird oder du dafür sorgst, dass sie häufiger verschrieben wird. Letzteres ist weniger aufwendig. Auch Fachkreise sind Werbeeinflüssen ausgesetzt. Die Pharmaindustrie bemüht sich nach Kräften, Ärzte und Apotheker von ihren Produkten zu überzeugen, damit die Ärzte sie häufiger verschreiben und die Apotheken sie in ihr Sortiment aufnehmen.[187] In einer Fachzeitschrift, die von Apothekern für Apotheker und alle anderen Angehörigen des pharmazeutischen Personals herausgegeben wird, sind ebenfalls permanent Packungen mit freiverkäuflichen Präparaten abgebildet. Als ich mich in eine Ausgabe vertiefte, sah ich das Bild eines Kollegen, der namentlich genannt, mit verschränkten Armen und professionell mit Kittel abgebildet war. Natürlich durfte die Berufsbezeichnung »Apotheker« nicht fehlen (Autorität bzw. in diesem Fall Identifikation). Im Text dazu wurde betont, dass er ein sehr bekanntes Kombipräparat empfehle, das in der Erkältungszeit häufig zum Einsatz komme. Und mit welcher Begründung? Kurz und knackig: »Weil es Ibuprofen enthält und ich selbst begeisterter Anwender bin.« Aha.

Kurz zum Hintergrund: Ibuprofen gilt offiziell als Schmerzmittel der Wahl, da es in den medizinischen Leitlinien empfohlen wird. Diese Leitlinien sind Empfehlungen von Gesundheitsexperten, meistens Ärzten, für medizinisches Fachpersonal. Insofern war die Empfehlung schon sinnvoll und natürlich empfehle ich selbst ebenfalls gern Produkte, die mich persönlich im Selbstversuch überzeugt haben. Eine so pauschale und viel zu knappe Aussage lässt mich hingegen eher den Kopf schütteln. Obwohl Ibuprofen ein sehr gutes, sehr beliebtes und im Allgemeinen sehr gut verträgliches Medikament ist, ist es noch lange nicht für jeden geeignet. Von dem zusätzlichen Arzneistoff im Präparat ganz zu schweigen. Liest du dir den Beipackzettel des beworbenen Produktes durch, springt dir eine lange Seite mit Gegenanzeigen (Kontraindikationen) entgegen, in der aufgelistet ist, welche Patienten es **nicht** nehmen dürfen: Menschen mit Bluthochdruck, Nierenschwäche, Engwinkelglaukom, Diabetiker, Asthmatiker, Epileptiker, Schwangere und und und. Ein paar Einschränkungen zu viel für eine Standardempfehlung, aber das ist nur meine Meinung.

Natürlich lasse ich mich durchaus von einem Produkt überzeugen, wenn es einen plausiblen Effekt und in qualitativ hochwertigen Studien mit transparenter Durchführung vortreffliche Testergebnisse geliefert hat. Der Pharmaindustrie geht es eher darum, die Ärzte von verschreibungspflichtigen und die Apotheker von rezeptfreien Medikamenten zu überzeugen. Fortschrittliche Arzneimittel können guten Gewissens weiterempfohlen bzw. verschrieben werden, wenn sie einen Zusatznutzen für die Patienten haben. Haben die neuen Präparate dagegen keine nennenswerten Vorteile, wird ihr Einsatz von einem gewissenhaften Heilberufler nicht befürwortet. Doch gegen Korruption ist kein Kraut gewachsen. Es sind Fälle bekannt, in denen die Ärztefortbildungen von Pharmafirmen gesponsert wurden, deren Produkte nur darauf warten, verschrieben zu werden. Außerdem wurden den Ärzten zusätzlich »Kostproben« geschenkt und Beraterverträge angeboten.[188] Bei dem Diabetesmedikament Rosiglitazon könnten neben den geschönten Studien zusätzlich eine Reihe von Kostenübernahmen für Ärzte seitens der Pharmaindustrie zu mehr Verschreibungen und damit zu einem großen Teil seines Umsatzes von drei Millionen Dollar im Jahr 2006 beigetragen haben.[189] Von 202 Studienautoren, die das Risiko für Herzinfarkte unter Rosiglitazon untersuchten, hatten 53 Prozent einen Interessenskonflikt, der in 90 konkreten Fällen auf Geldzahlungen zurückzuführen war. Die Studien wurden entweder von dem Unternehmen gesponsert oder die Autoren waren Angestellte des Unternehmens oder im Auftrag der Firma, z. B. als Referenten oder Berater, tätig. Wenig überraschend wurde der Wirkstoff vorrangig von den Autoren positiv bewertet, die einen solchen Interessenskonflikt hatten.[190]

Gerade bei rezeptfreien Arzneimitteln gilt im Allgemeinen: Je aggressiver die Werbung, umso mehr Werbebudget muss wieder eingenommen werden. Dafür gibt es nur zwei Möglichkeiten: Entweder wird das Produkt teuer angeboten oder es wird mit krachenden Kampfpreisen versucht, den Markt regelrecht zu überschwemmen und den Absatz zu vergrößern. Die ausländischen Internetapotheken konzentrieren sich auf die günstigeren Preise und bieten sogar Rabatte und Gewinnspiele für verschreibungspflichtige Medikamente an, was deutschen Präsenzapotheken verboten ist,[191] da es einer Werbung für potenziell gefährliche Substanzen gleichkommt. Du fragst dich, wie es sein kann, dass dann ausgerechnet das Internet mit solchen Lockangeboten werben darf? Frag am besten den ehemaligen Gesundheitsminister Jens Spahn (CDU). Der Europäische Gerichtshof hatte am 19.10.2016 (Aktenzeichen: C-148/15) entschieden, dass dies rechtens sei, da es ansonsten gegen das Europarecht mit seiner Warenverkehrsfreiheit verstoßen würde.[192] Statt das von den Apothekern geforderte komplette Internetverbot für rezeptpflichtige Medikamente durchzusetzen, erklärte Spahn offiziell, dass wir es akzeptieren müssten, weil sich Deutschland sonst juristisch mit der EU anlegen und sich in einem Vertragsverletzungsverfahren verantworten müsse.[193] Dass Spahn mutmaßlich an Geschäften mit dem Unternehmen »Zur Rose«, dem Schweizer Mutterkonzern der niederländischen Internetapotheke DocMorris, beteiligt war und die Aktienkurse durch die damals geplante verpflichtende Einführung des elektronischen Rezepts (E-Rezept), das wir seit dem 01.01.2024 in den Apotheken routinemäßig bearbeiten müssen, in die Höhe schossen, ist vermutlich ein völlig unbedeutender Zufall.[194, 195, 196]

DIE ZULASSUNG MACHT ES MÖGLICH

Da die größten Hindernisse für einen Pharmakonzern die Durchführung klinischer Studien und die Verschreibungspflicht sind, ist es für die Unternehmen ausgesprochen attraktiv, einige, nennen wir es, alternative Wege zu gehen. Passenderweise gibt es dafür entsprechende Ausweichmöglichkeiten. Laut § 2 Arzneimittelgesetz ist alles ein Medikament, was eine **pharmakologische, immunologische** oder **metabolische** Wirkung hat. Anders ausgedrückt: Alles, was an bestimmte Zielstrukturen in deinem Körper andockt, dein Immunsystem oder deinen Stoffwechsel beeinflusst, ist ein Arzneimittel. Wenn jedoch zum Beispiel eine chemische Substanz in deinem Darm durch die Bindung von Wasser aufquillt, sich vergrößert und dein Darm dadurch in Schwung gerät, den Inhalt besser abtransportiert und die Verstopfung gelöst wird, ist das hingegen ein rein physikalischer Effekt. Physikalische Wirkungen sind laut Gesetz keine Medikamentenwirkungen, deshalb werden solche Präparate als Medizinprodukte bezeichnet. Und das Beste: Da Medizinprodukte keine Medikamente sind, muss nur ihre Sicherheit und die Qualität durch eine zertifizierte Stelle, wie beispielsweise den TÜV, garantiert werden können. Die aufwendigen, teuren und frustrierenden Nachweise für die Wirksamkeit müssen dagegen nicht geliefert werden. *Deshalb versucht jede Firma alles, um ihre neuen Produkte nicht als Arzneimittel, sondern stattdessen als Medizinprodukte zuzulassen und damit den Markt zu erobern.*

Schauen wir uns die Abführmittel an. Es gibt mehrere Hersteller, die Präparate mit dem »Wirkstoff« Macrogol 3350 anbieten, der genau wie oben beschrieben Verstopfungen löst und damit abführend wirkt, weshalb es sich hier in Wirklichkeit nicht um ein echtes Medikament, sondern »nur« um ein Medizinprodukt handelt. Solche Produkte erkennst du übrigens daran, dass sich auf der Verpackung das Kennzeichen CE für die französische Bezeichnung »Communauté Européenne« befindet, das dir zeigt, dass das Produkt die europäischen Vorgaben erfüllt, um im Geltungsbereich der EU vermarktet werden zu dürfen. Andere Präparate, die Macrogol 3350 enthalten, sind sogar nach diesem »Wirkstoff« benannt, obwohl es sich um ein echtes Arzneimittel handelt. Warum? Der eine Hersteller hat es als Medikament zugelassen und der andere als Medizinprodukt. Dahinter gibt es, abgesehen von den günstigeren Vermarktungsbedingungen bei Medizinprodukten, vermutlich keinen tieferen Sinn, es ist einfach der Charakter des deutschen Rechts.

Ein weiteres Beispiel ist das beliebte Schmerzmittel Ibuprofen. Als frisch gebackener Apotheker stand ich in den Schuhen des Berufsanfängers und lernte schnell Patienten kennen, die Ibuprofen in der Stärke 400 mg mit einem Packungsinhalt von 50 Tabletten ohne Rezept kaufen wollten. Selbstbewusst erwiderte ich, dass es eine so große Menge nur mit Rezept gebe, was die Patienten sehr verärgerte. Nach kurzem Beistand der Kollegin stellte sich heraus, dass die Patienten völlig richtig lagen. Mein Problem war, dass ich aufgrund meiner mangelnden Erfahrung nicht wusste, dass es einen kleinen Unterschied im Packungsnamen gab. Ein und derselbe Hersteller verkauft 50 Tabletten mit Ibuprofen der Stärke 400 mg sowohl mit als auch ohne Rezept. Die rezeptpflichtige Variante heißt »Ibu«. Die rezeptfreie Alternative konnte ich im Computer nicht finden, da sie noch den Zusatz »**akut**« im Namen trägt und ich lediglich »Ibuprofen« eingegeben hatte, sodass die gängigen Systeme nur Präparate anzeigen, die den vollen Wirkstoffnamen auf der Packung tragen. Gelegentlich werden Medikamente, die du ohne Rezept kaufen kannst, ab einer bestimmten Menge verschreibungspflichtig, um sicherzustellen, dass du nicht zu viel davon zu dir nimmst, ohne dass es dem Arzt auffällt. In diesem Beispiel haben wir in beiden Fällen denselben Wirkstoff, in derselben Stärke, in der gleichen Menge und sogar noch vom selben Hersteller. Der Grund dafür liegt ebenfalls in der Zulassung. Während Ibu akut nur für die »kurzzeitige symptomatische Behandlung von leichten bis mäßig starken Schmerzen, wie Kopfschmerzen, Zahnschmerzen, Regelschmerzen« und Fieber zugelassen ist, gibt es für Ibu (laut Zulassung) noch mehr Anwendungsgebiete, wie etwa Rheuma, Gichtanfälle oder Wirbelsäulenerkrankungen, kurzum Beschwerden, deretwegen du ohnehin zum Arzt musst. Klingt absurd? Ich als Fachmann bzw. Arzneimittelexperte sage dir: Ja, das ist es. Doch das ist noch nicht alles.

Die Firma Bayer sah sich 2018 mit einem Problem betreffend ihrer beliebten Magentropfen Iberogast® konfrontiert. Dieses pflanzliche Arzneimittel enthält eine Mischung aus neun verschiedenen Heilpflanzen, darunter das Schöllkraut (Chelidonium majus). Welche Rolle diese Pflanze in der Mischung spielt, um zur Wirkung des Präparats beizutragen, ist bis heute nicht eindeutig bekannt, jedoch wissen wir schon seit langer Zeit etwas anderes über dieses Mohngewächs (Papaveraceae). *Das Schöllkraut ist leberschädigend!* Darum verpflichtete das BfArM nach dem Tod einer Frau, die durch schöllkrauthaltige Mittel 2018 ein Leberversagen erlitten haben soll, die Firma dazu, die Packungsbeilage für Iberogast® zu erweitern und entsprechende Warnhinweise zur Leberschädlichkeit hinzuzufügen.[197, 198, 199] Nun fragst du dich sicherlich, warum der Konzern das lästige Schöllkraut nicht einfach weggelassen hat. Leider ist das nicht ganz so einfach, oder sollte ich sagen: nicht ganz so kostengünstig? Der Grund hierfür ist wieder einmal die Zulassung. Selbst wenn du ein bereits zugelassenes Medikament verbessern möchtest, musst du ganz von vorne anfangen und neue Testphasen starten. Das bedeutet nichts anderes als die komplette Produktion umzustellen, neue Studien zu finanzieren und nochmal neue kostenpflichtige Zulassungsanträge zu stellen, denn schon bei einer solch kleinen Veränderung in der Formel handelt es sich um ein komplett neues Arzneimittel. Nach starker Kritik und einem langen Rechtsstreit gab Bayer schließlich dem Druck erneut nach und brachte im Oktober 2020 die Weiterentwicklung seines Kassenschlagers auf den Markt: »neue« Magentropfen ohne Schöllkraut. Das Zulassungsverfahren für das neue Iberogast® Advance gestaltete sich einfacher, da der verwendete Extrakt zuvor schon überzeugend getestet worden war.[200]

Übrigens sind Bruchkerben in den Tabletten längst nicht immer ein eindeutiger Beweis dafür, dass du die Tabletten teilen kannst. Überraschend oft sind es lediglich Zierkerben, die dort eingearbeitet sind. Ja, exakt. Sie sind nur zur **Zierde** da. Der Grund dafür geht in eine ähnliche Richtung wie bei der Vermarktung einer verbesserten Wirkstoffformel. In einem Pharmaunternehmen werden zugelassene Medikamente immer nach dem gleichen Schema F hergestellt. Im Fachjargon sagen wir dazu »Never change a running system«, was so viel bedeutet wie: Niemals das Erfolgsrezept verändern. Um es mit den Worten eines meiner Dozenten zusammenzufassen: Änderungen bezüglich der Tablettenform sind der Albtraum der Pharmazeutischen Technologen. Würde der Hersteller nämlich die Form der Tabletten ändern, müsste womöglich der Druck der Tablettenpresse verändert werden und es müssten vielleicht noch andere Zusatzstoffe zum Einsatz kommen. Gegebenenfalls müsste die Tablettenpresse ausgetauscht werden, falls die Marketingabteilung der Meinung ist, dass sich Tabletten z. B. in Herz- oder Sternform besser verkaufen lassen, und alle diese Veränderungen müssten erneut auf ihre Eignung getestet werden, denn bei Abweichungen von den offiziell anerkannten Arzneibuchvorgaben ist der Hersteller dazu verpflichtet, die Eignung der neuen Herstellungsmethode genau zu überprüfen und dementsprechend nachzuweisen (Prozessvalidierung). Der Valsartan-Skandal ist ein hervorragendes Beispiel für die Notwendigkeit einer solchen Prozedur.

Nachdem die Firma Zhejiang Huahai Pharmaceuticals 2012 die chemische Herstellung (Synthese) des Wirkstoffs Valsartan verändert hatte (vermutlich um Kosten zu sparen), wurden nur durch Zufall potenziell krebserregende Nitrosamine in den Medikamenten gefunden. Dies führte dazu, dass die EMA zusammen mit den nationalen Zulassungsbehörden ein Stufenplanverfahren durchführte. Dabei handelt es sich um ein Krisenmanagementsystem zur Untersuchung und Risikobewertung, bei dem die betroffenen Pharmaunternehmen von den Behörden angehört wurden. Das BfArM und andere nationale Zulassungsbehörden setzten daraufhin die Zulassung dieser Medikamente in der gesamten EU aus, bis die Hersteller die erforderlichen Gegenmaßnahmen erfolgreich umsetzen konnten. Deshalb mussten in Deutschland alle Medikamente, deren Wirkstoffe von diesem Hersteller aus China kamen, vom Markt zurückgerufen und die weitere Auslieferung in den europäischen Markt gestoppt werden. Da die Huahai Pharma Europe GmbH Partnerschaften mit über 500 Pharmaunternehmen hat,[201] waren sehr viele Medikamente von diesen Maßnahmen betroffen. Am 20.09.2018 wurde die Überprüfung auf verwandte Wirkstoffe ausgeweitet, nachdem in Medikamenten mit dem Wirkstoff Losartan der Firma Hetero Labs aus Indien ebenfalls Nitrosamine gefunden worden waren. Basierend auf einem Gutachten des Ausschusses für Humanarzneimittel (CHMP) sollten die Patienten ihre Medikamente selbst dann nicht eigenmächtig absetzen, wenn sie betroffen waren, da das Risiko eines abrupten Therapieabbruchs höher bewertet wurde als das Risiko, durch die verunreinigten Wirkstoffe an Krebs zu erkranken.[202] Verständlicherweise waren die Patienten maximal verunsichert. Viele erhielten ihre Medikamente nicht mehr und mussten auf andere Wirkstoffe umgestellt werden oder sollten weiterhin ihre Medikamente nehmen, obwohl sie mit Verunreinigungen belastet waren, die im Verdacht stehen, Krebs auszulösen. Vor Juni 2018 gehörten Nitrosamine nicht zu den Verunreinigungen solcher Medikamente und wurden deshalb nicht bei Routinetests erfasst. Du musst wissen, dass ein Pharmahersteller sich nach den Vorgaben des Arzneibuchs richtet. Dieses enthält Qualitätsprüfungsvorgaben, in denen genau festgelegt ist, welche Verunreinigungen in welcher Menge gestattet sind. Hierbei geht es jedoch um Verunreinigungen, die durch etablierte Herstellungsprozesse bekannt sind. Führt eine Veränderung im Prozess, wie in diesem Beispiel, zu neuen Verunreinigungen, die mit den etablierten Herstellungsverfahren nicht auftreten, stehen diese nicht im Arzneibuch und müssen demnach weder geprüft werden noch werden sie festgestellt. Meine eigene Großmutter erhielt zu dieser Zeit Tabletten, die auf Verunreinigungen geprüft werden mussten.

DER SCHEIN TRÜGT

Und es kommt noch besser. Es gibt Hersteller, die es mit der Zielgruppenanalyse sehr genau nehmen und versuchen, sich schon durch die optische Gestaltung der Verpackungen einen Wettbewerbsvorteil zu verschaffen, indem sie dir buchstäblich Bilder in den Kopf setzen, die du nicht mehr so leicht vergisst, womit wir wieder bei der Werbung wären. Auf manchen Schmerzmitteln steht auf der Verpackung drauf, dass es bei Frauen gegen Regelschmerzen eingesetzt wird. Derselbe Hersteller vertreibt gleichermaßen ein Präparat, das der Aufschrift nach gegen Gelenkschmerzen geeignet ist. Hier hast du in beiden Fällen denselben Wirkstoff in derselben Stärke vom selben Hersteller in derselben Zubereitung (Tablette) oder, um es auf den Punkt zu bringen, *dasselbe Produkt!* Ein ebenfalls sehr erfolgreiches Beispiel ist die international berühmte ASS. Als Schmerzmittel ist ASS schon längst aus der Mode gekommen, da andere Wirkstoffe besser verträglich sind, aber stell dir nur mal eine Apotheke ohne ASS vor. Deshalb wird es überall vorrätig gehalten, weil die Patienten die Bedeutung einer Apotheke untrennbar mit diesem Arzneistoff verbinden. Das ist der Effekt, den Werbung auf Verbraucher haben kann: ganz genau zu wissen, was du wo findest.

Sehr viel häufiger wird ASS, in der nicht schmerzlindernden Stärke 100 mg, jedoch zur Blutverdünnung eingesetzt, um zu verhindern, dass gefährdete Patienten einen Herzinfarkt oder einen Schlaganfall bekommen. Genauer gesagt wird nicht das Original eingesetzt, sondern die günstigeren Kopien (siehe Kapitel »Kassenrezept«). Ein sehr beliebter Kassenschlager ist die »magenfreundliche« Variante, weil ASS eine Reihe von typischen Nebenwirkungen hat. Abhängig von der Stärke stört es insbesondere den Aufbau und den Erhalt des natürlichen Magenschutzes unserer Magenschleimhaut, was zu schmerzhaften Bauchschmerzen, Magenreizungen oder Geschwüren führen kann. So leid es mir tut, dir das sagen zu müssen, aber dieser Magenschutz ist Humbug und, um es unverblümt auszudrücken, vorsätzliche Täuschung! Diese Präparate schützen deinen Magen nicht[203] und ich möchte dir gern beschreiben, warum. Die Magenreizungen werden durch die Wirkungsweise des Wirkstoffes selbst verursacht. Das bedeutet, der Arzneistoff wird geschluckt, geht dann in den Magen, wandert von dort aus in den Dünndarm, wird dort ins Blut aufgenommen und verteilt sich dadurch im ganzen Körper, bis er an sein Ziel andockt, ein Enzym namens Cyclooxygenase-1 (COX-1). Wenn diese Zielstruktur durch ASS blockiert ist, kann zwar der Stoff, der Schmerzen auslöst, nicht mehr verarbeitet werden, gleichzeitig können aber die Botenstoffe, die den Magen schützen, nicht mehr durch die COX erzeugt werden, was dazu führt, dass der Magen von seiner eigenen Säure angegriffen wird. Der »Magenschutz« ist zwar sehr wohl ein Schutzfilm, verhindert jedoch, dass die Magensäure mit dem Arzneistoff in Kontakt kommt, bevor er in den Dünndarm gewandert ist. Bei vielen Medikamenten, allen voran die Säureblocker Omeprazol und Pantoprazol, die die Bildung von Magensäure reduzieren, ist das unbedingt erforderlich, da die Magensäure den Arzneistoff ansonsten angreift und unwirksam macht, bis er vom Körper aufgenommen werden kann. In der Fachsprache sprechen wir hier von einer verzögerten Freisetzung. Sobald der Stoff jedoch freigesetzt wird, entfaltet er seine ganz normale Wirkung. Er tut es einfach nur etwas später. Zusammengefasst bedeutet es, dass *der Schutzfilm nicht deinen Magen vor dem Arzneistoff schützt, sondern genau umgekehrt, den Arzneistoff vor deinem Magen.*

Noch leichter und angenehmer zu vermarkten sind Präparate im Bereich der Nahrungsergänzungsmittel. Hier wird es richtig ausgefuchst. Insgesamt ist der größte Vorteil dieser Präparate, dass sie wie auch Medizinprodukte, Homöopathika oder traditionell angewendete Arzneimittel keinerlei Wirksamkeitsnachweise brauchen, um auf den Markt zu kommen. Und Nahrungsergänzungsmittel boomen![204] Kennzeichnend für diese Produktgruppe ist, dass sie drei grundlegende Kriterien erfüllen muss.

1. Sie sind dafür gedacht, die Ernährung zu ergänzen.
2. Sie sind üblicherweise hochdosiert bis »überdosiert«.
3. Sie sind portionsweise in typischen Darreichungsformen, wie Kapseln, Tabletten, Beuteln usw., erhältlich.

Anders als 55 Prozent der Verwender von Nahrungsergänzungsmitteln in einer Forsa-Umfrage glauben, muss noch nicht einmal überprüft werden, ob sie sicher sind.[205] Hierbei ist zu beachten, dass Nahrungsergänzungsmittel generell für Menschen gedacht sind, die sich ohnehin schon gesundheitsbewusst ernähren und verhalten. Warum solltest du jemandem etwas verkaufen, was gut für seine Gesundheit ist, wenn er darauf keinen großen Wert legt? Das bedeutet, dass hier schwerpunktmäßig Frauen angesprochen werden, da sie häufiger auf ihre Gesundheit achten als Männer. Mit einem Konsumentenanteil von 55 Prozent griffen 12 Prozent mehr Frauen als Männer zu solchen Produkten.[206] Das Schöne an dieser Produktgruppe ist, dass sie im Gegensatz zu echten Wirkstoffen nicht nur apothekenpflichtig ist, sondern in Drogerien und Supermärkten verkauft werden darf. Das wiederum ermöglicht es den Herstellern, eine größere Gruppe von Menschen zu erreichen und selbst angesichts des aktuellen Apothekensterbens weiterhin große Mengen an Produkten zu verkaufen, die sehr oft blumige Gesundheitsversprechen nutzen.

Willst du als Pharmakonzern mit Nahrungsergänzungsmitteln große Gewinne machen, dürfte ein guter Anwalt dein bester Freund sein. Echte Medikamente werden als Funktionsarzneimittel bezeichnet. Dieser Begriff legt nahe, dass es anscheinend auch »Arzneimittel« geben muss, die nicht die Funktion eines Medikaments haben. Schauen wir uns an, was wir unter einem sogenannten **Präsentationsarzneimittel** zu verstehen haben. Wie der Name schon vermuten lässt, sind es Produkte, die allein aufgrund ihrer Verpackung wie Medikamente aussehen und wie eines wirken können, aber nicht müssen. Wenn ein Nahrungsergänzungsmittel wie ein Medikament aussieht und in Form von Kapseln oder Tabletten in den typischen Blistern in einer Schachtel verpackt ist, wirst du als Laie eher geneigt sein, es für ein Medikament zu halten und mit großer Wahrscheinlichkeit von einer stärkeren Wirkung ausgehen. Deshalb sind diese Produkte oft ausdrücklich apothekenpflichtig und dürfen nur in einer Apotheke verkauft werden, um den Verbraucher vor einer solchen Manipulationsmasche zu schützen. Manchmal hängt es ausschließlich von der im Handel befindlichen Menge ab, ob ein Arzneistoff als Medikament verkauft wird.

Ein Beispiel hierfür ist unser Schlafhormon Melatonin. Das Oberlandesgericht Frankfurt (Aktenzeichen: 6 U 2/15) entschied am 11.03.2021, dass Kapseln mit 0,5 mg Melatonin keine Zulassung als Arzneimittel benötigten, obwohl Melatonin einen nachgewiesenen pharmakologischen Effekt habe, deshalb die Definition eines Medikaments erfülle und als echtes Arzneimittel im Handel erhältlich sei, wie etwa ein verschreibungspflichtiges, langwirksames Präparat mit 2 mg länger freigesetztem Melatonin. Das Oberlandesgericht begründete seine Entscheidung damit, dass es theoretisch möglich sei, diese Menge von 0,5 mg mit den passenden Nahrungsmitteln aufzunehmen.[207] Dazu sei gesagt, dass Melatonin ein Paradebeispiel für Substanzen mit einer komplizierten Rechtslage ist, da die juristischen Auseinandersetzungen immer noch nicht abgeschlossen sind und sich in dieser Hinsicht noch einiges ändern kann. Vitamine, Mineralstoffe und Spurenelemente werden derzeit eher dann als Medikamente eingestuft, wenn es nahezu unmöglich ist, eine vergleichbare Menge über eine ausgewogene Ernährung aufzunehmen.

Wenn du meinen Vortrag auf dem Greator Festival 2021 gesehen hast, ist dir sicher aufgefallen, dass ich es kritisch sehe, Vitamin C als Wirkstoff zu bezeichnen.[208] Zahlreiche Lebensmittel und etliche Erkältungsmedikamente werden aufgrund ihres Vitamin-C-Gehalts mit Vorliebe als förderlich für das Immunsystem angepriesen. Ich gebe gern zu, dass es durchaus Ansichtssache ist, da diese Substanz tatsächlich eine Wirkung auf unseren Körper hat, dennoch bleibe ich bei meiner Meinung, mit der ich mich klar auf die rechtliche Definition bezogen habe. Würden wir Vitamin C als echten Wirkstoff nach Arzneimittelgesetz betrachten, müssten wir nach meinem Verständnis auch Proteinshakes im Kraftsport als Anabolika werten. Vermutlich sind wir uns darin einig, dass wir uns von einem Wirkstoff eine bessere Wirkung erhoffen als von einem Nährstoff (siehe Kapitel »Formulierungen«). Außerdem ist Vitamin C nicht zuletzt deshalb so beliebt, weil es praktisch nicht überdosiert werden kann. Erst ab einer Tagesdosis von 5.000 mg kann eine »Überdosierung« von Vitamin C zu Durchfall oder anderen Magen-Darm-Beschwerden führen.[209] Zum Vergleich: Der Tagesbedarf liegt laut Deutscher Gesellschaft für Ernährung (DGE) bei 110 mg für Männer und 95 mg für Frauen. Selbst Raucher, die einen noch höheren Bedarf haben als Schwangere und Stillende, benötigen davon nur 155 mg.[210] Eine Orientierung über die Höchstmengen solcher Vitamine, Spurenelemente und Mineralstoffe, kurz Nahrungsergänzungsmittel, kannst du dir auf der Seite des Bundesinstituts für Risikobewertung (BfR) anschauen, die sich an den DGE-Empfehlungen orientieren. Der Vollständigkeit halber sei erwähnt, dass die DGE allerdings umstritten ist und in vielen Fachkreisen als sehr konservativ mit längst überholten Bewertungen gilt. Ich selbst richte mich nach der DGE, weil ihre Angaben andererseits Zubereitungsverluste durch z. B. Kochen berücksichtigen und ausführlich erforschte Daten widerspiegeln. Als Verbraucher, der Orientierung sucht, rate ich dir grundsätzlich, bei körperlichen Beschwerden ein Blutbild bei deinem behandelnden Arzt machen zu lassen, bevor du zu solchen Ersatzprodukten greifst. Erst dann kannst du mit Sicherheit feststellen, ob dein Körper überhaupt etwas braucht.

Es gibt aber durchaus Ernährungsformen, bei denen eine zusätzliche Einnahme solcher Präparate sinnvoll sein kann. Veganer haben beispielsweise stets einen handfesten Mangel an Vitamin B12, da es ausschließlich in tierischen Produkten, allen voran Fleisch und Eiern, enthalten ist. Ein weiterer Umstand, der den Konzernen und Internethändlern in die Hände spielt, ist, dass die Symptome einer Unterversorgung mit einem bestimmten Nährstoff sehr uncharakteristisch sind. So kann alles Mögliche Kopfschmerzen, Verdauungsprobleme, Müdigkeit, Lustlosigkeit und Konzentrationsstörungen hervorrufen. Letzteres selbst dann, wenn du einfach nur zu wenig getrunken hast. Die perfekte Gelegenheit, um mit einem fantastischen, fabrikneuen Produkt daherzukommen und dir mehr Energie zu versprechen. Steve Jobs sagte einst: »Iss dein Essen, als ob es Medizin wäre, andernfalls wirst du dich von Medikamenten ernähren.« Diesem weisen Mann pflichte ich auf ganzer Linie bei, denn Pillen und Kapseln möchtest du wohl kaum als neue Grundnahrungsmittel in deinem Ernährungsplan unterbringen.

MEDIZINISCHE NAHRUNGSMITTEL?

Brisanterweise darf der Hersteller bei Nahrungsergänzungsmitteln die rechtliche Einordnung selbst vornehmen, bis er von Mitwettbewerbern angefeindet wird, die sich durch das neue Konkurrenzprodukt bedroht oder zumindest gestört fühlen. Wo kein Kläger, da kein Richter. Da ein fertiges Produkt rechtlich gesehen nur Arzneimittel **oder** Nahrungsergänzungsmittel sein kann, wird sich der Hersteller nach Möglichkeit immer um den Status als Nahrungsergänzungsmittel bemühen, da die Gruppe der Arzneimittel die mit Abstand strengsten Qualitätsansprüche erfüllen muss und demnach am schärfsten reguliert ist. Nahrungsergänzungsmittel dagegen müssen vor der Vermarktung lediglich beim Bundesamt für Verbraucherschutz und Lebensmittelsicherheit (BVL) angezeigt werden.[211]

Unter diesem Gesichtspunkt sind die Werbeversprechen besonders interessant, die uns im Hinblick auf solche Konsumgüter täglich begegnen. Du kannst dir vorstellen, dass die Entwicklung neuer Produkte für den Markt unter diesen laschen Bedingungen recht einfallsreich ist. Da in diesem Bereich kaum Kontrollen stattfinden, kam es sogar vor, dass giftige Verunreinigungen wie Blei enthalten waren.[212] Immerhin müssen auch Nahrungsergänzungsmittel bestimmte Kennzeichnungen tragen, die den Verbraucher wenigstens ansatzweise darüber informieren, dass sie nicht so gut sind wie eine ausgewogene, vollwertige Ernährung. Zwei dieser Hinweise besagen, dass du die empfohlene tägliche Verzehrmenge nicht überschreiten solltest und dass Nahrungsergänzungsmittel, wie der Name schon sagt, lediglich als Ergänzung deiner Nahrung dienen und nicht als Ersatz. Wie schon Theophrastus Bombastus von Hohenheim, alias Paracelsus (1493–1541), sagte: »Die Dosis macht das Gift.« Deshalb empfiehlt es sich, genau auf eben diese empfohlenen Mengen zu achten, die vom Bundesinstitut für Risikobewertung herausgegeben werden und auf der Verpackung extra ausgewiesen sein müssen.

Doch bedenke: *Das bedeutet noch lange nicht, dass die im Produkt enthaltenen Mengen diese Grenzen automatisch einhalten.*

Tatsächlich ist nur der Warnhinweis selbst gesetzlich vorgeschrieben, dass das Risiko einer Überdosierung besteht, aber keine klare Höchstmenge. Deshalb werden dir mit Vorliebe extrem hochdosierte Präparate nach dem Motto »Viel hilft viel« angeboten. Während die Abweichung bei Wirkstoffen, die wir in der Apotheke für Rezepturen verwenden, gerade einmal 1 Prozent betragen darf, kann die Dosierung des »Wirkstoffs« in Nahrungsergänzungsmitteln um satte 50 Prozent abweichen. Bei klassischen Kortisonsalben mit dem Arzneistoff Triamcinolonacetonid wird üblicherweise eine Menge von 0,1 Prozent verwendet, da dieser Stoff hoch wirksam ist und sogar zu den CMR-Stoffen zählt, die krebserzeugend (cancerogen), erbgutverändernd (mutagen) oder ein Risiko für deinen Kinderwunsch (reproduktionstoxisch) sind.

Machen wir es anschaulich. Bei 200 g einer Zinktablette, die 200 mg Zink enthalten soll, ist prinzipiell eine Abweichung von 100 mg erlaubt, sodass 300 mg Zink enthalten sein dürfen, wohingegen eine Salbe mit dem Antibiotikum Erythromycin gerade einmal eine Abweichung von 2 mg haben darf und sich maximal 202 mg Antibiotikum darin befinden dürfen.

Rechnest du die Menge auf lediglich 30 g Salbe herunter, darfst du nur eine Abweichung von 0,3 mg haben:

Zubereitung	**Nahrungsergänzungsmittel**	**Arzneimittel**
Gesamtmenge	30 g	30 g
Substanz	0,03 g	0,03 g
Erlaubte Abweichung	Bis zu 50 %	1 %
Unterschied	0,015 g	0,0003 g

Anhand dieses Beispiels verstehst du sicher, weshalb ich mich so sehr dagegen wehre, Vitamine, Mengenelemente und Spurenelemente als Wirkstoffe zu bezeichnen, aber in der Werbung klingt es eben gleich viel gesünder. Laut Verbraucherzentrale werden sogar Süßigkeiten mit vermeintlichen Vorteilen für die Gesundheit aufgewertet.[213] Bestimmt hast du schon einmal Werbung für Bonbons gesehen, die extra viel gesundes Vitamin C enthalten.

Halten wir fest: *Bei Nahrungsergänzungsmitteln darf der Hersteller gern ein wenig großzügiger schludern.* Kommt ja gar nicht drauf an, der Rechtsprechung sei Dank. Passenderweise brauchst du als Hersteller für Nahrungsergänzungsmittel keine aufwendigen Wirksamkeitsnachweise und Genehmigungen, sondern musst sie lediglich beim Bundesamt für Verbraucherschutz und Lebensmittelsicherheit (BVL) registrieren lassen.

Falls ein Hersteller ein Produkt jedoch verkaufen möchte, bei dem der gesundheitliche Nutzen relativ gut bewiesen ist, sodass es sich anbietet, handfeste Gesundheitsversprechen durch den Genuss dieses Produktes zu machen, sind die Vorgaben wesentlich strenger. Damit du nicht schutzlos den wildesten Prophezeiungen ausgeliefert bist, kommt hier die Health-Claims-Verordnung (Regelungsbereich der Verordnung Nr. 1924/2006) der EU ins Spiel, die besagt, dass handfeste Gesundheitsversprechen nur dann erlaubt sind, wenn an ihnen wirklich etwas dran ist. Dafür müssen die zugrunde liegenden wissenschaftlichen Begründungen offiziell von der Europäischen Behörde für Lebensmittelsicherheit (EFSA) anerkannt sein.[214] Das bedeutet konkret, dass ein unmissverständliches Heilversprechen wie etwa »Schützt vor Krankheiten!« nicht erlaubt ist, denn dann wäre das Produkt so stark wirksam wie ein Medikament und würde auch wie eins behandelt werden, zusammen mit dem ganzen zuvor beschriebenen Stress für den Hersteller. Darum nutzt der Anbieter eine verbale Zauberformel: »Trägt bei zu ...« Dieser Satz ist so herrlich, da er der Wahrheit entspricht, einen positiven Effekt realistisch in Aussicht stellt, dir das Gefühl gibt, etwas richtig Gutes für deine Gesundheit zu tun, und sich gleichzeitig nicht weit aus dem Fenster gelehnt wird. Auf diese Weise wird eine juristische Hintertür als Fluchtweg offengelassen, denn wenn dir ein ganz klares Heilversprechen gegeben würde und der Hersteller es am Ende nicht einhalten kann, müsste er vor Gericht dafür geradestehen. Ich kann dir garantieren, dass es das Letzte ist, was er will. Deshalb hörst du viel öfter Formulierungen wie etwa: »*Unterstützt das Immunsystem*« oder »*Trägt zur natürlichen Darmgesundheit bei*«. Derzeit werden 2.324 solcher Gesundheitsversprechen im EU Register of Health Claims gelistet (Stand 03.10.2023).[215] Erwähnenswert ist, dass diese Health Claims nur für die entsprechenden Inhaltsstoffe autorisiert sind und nicht für das gesamte Produkt, das diese beinhaltet. Für Propolisprodukte (siehe Kapitel »Exotische und natürliche Inhaltsstoffe«) existiert kein einziger zugelassener Health Claim durch die EFSA.[216]

Einen Sonderfall stellen die sogenannten bilanzierten Diäten dar, die auch als »Lebensmittel für spezielle Verbrauchergruppen« bezeichnet werden und explizit für Menschen vorgesehen sind, die aufgrund einer Krankheit einen besonderen Bedarf an bestimmten Nahrungsmitteln haben. Entscheidend ist jedoch die Wirkweise. Auch ein bilanziertes Diätmittel ist lediglich ein Nahrungsmittel zur Behandlung von Krankheiten und kein Medikament mit einer pharmakologischen Heilwirkung, weshalb hierfür ebenfalls die Zulassung wegfällt und sich die Behörden mit einer Anzeige bzw. Registrierung zufriedengeben. Zu berücksichtigen ist hier, dass die bilanzierten Diätmittel zwar nicht wie ein Medikament zur Behandlung einer Krankheit verwendet werden dürfen, aber dennoch nur unter der Aufsicht eines Arztes eingesetzt werden sollen, denn grundsätzlich kann der Verzehr bei Gesunden, die nicht an der passenden Krankheit leiden, durchaus mit gesundheitlichen Nachteilen verbunden sein. Im Klartext bedeutet das: *Bilanzierte Diäten sind nicht für Gesunde, sondern für Kranke, und zwar nur, wenn sie einen Mangel ausgleichen können, der explizit und eindeutig durch eine bestimmte Krankheit entsteht.* Bei entzündlichen Darmerkrankungen wie Morbus Crohn werden Nährstoffe durch eine gestörte Darmbarriere (Leaky-Gut-Syndrom) nicht mehr effizient aufgenommen, sodass die Patienten einen erhöhten Bedarf an Kalorien und Nährstoffen haben. Deshalb dürfen bilanzierte Diätmittel nicht für Patientengruppen bzw. Beschwerdebilder beworben werden, die fachlich gesehen gar nicht als Krankheit gelten. Sollten dir Gesundheitsversprechen begegnen, die dir eine gezielte Verwendung bei Stress, Vergiftungen, depressiven Verstimmungen, Akne oder Ähnlichem schmackhaft machen wollen, kannst du getrost davon ausgehen, dass es sich um Manipulation handelt. Bitte sei dir bewusst, dass die glorreichen Health Claims, die du in der Werbung ständig hörst, für bilanzierte Diäten nicht verwendet werden dürfen. Gesundheitsversprechen richten sich ausdrücklich an Gesunde!

Wie du siehst, ist es für den Laien sehr schwer, durch diesen Produktdschungel durchzublicken, weshalb die Hersteller viele Möglichkeiten haben, ihre Produkte zu bewerben, einfach nur, indem sie ihnen eine passende Bezeichnung geben. Selbst wenn diese nicht gestattet ist, muss es der zuständigen Behörde erst einmal auffallen. Der gewaltige Vorteil für die Hersteller ist, dass sie definitiv einen Hinweis auf der Verpackung anbringen dürfen, bei dem eine bestimmte Krankheit an den betroffenen Patienten als Zielgruppe offiziell adressiert werden darf, solange der Zusatz »*Zum Diätmanagement bei …*« verwendet wird. Die Entscheidung über die rechtliche Einordnung, ob ein Produkt als ein solches bilanziertes Lebensmittel zu werten ist, liegt beim BVL. Da sämtliche Anbieter im Internet zudem ihre beeindruckende Kreativität ausleben, hast du sicherlich schon einmal erlebt, wie ständig irgendein neues tolles Geheimmittel oder noch nie dagewesenes Naturprodukt vorgestellt wird, dass endlich als der ultimative Fettverbrenner entdeckt wurde. Solche besonders exotischen Lebensmittel eignen sich perfekt dafür, rechtlich in eine weitere Kategorie zu fallen: die der »neuartigen Lebensmittel« (Novel foods).

Diese Kategorie beinhaltet Produkte, die in der gesamten EU vor dem Jahr 1997 nicht verzehrt wurden, weshalb für sie interessanterweise strengere Regeln gelten, denn im Gegensatz zu den anderen Nahrungsergänzungsmitteln brauchen sie eine Zulassung, da hierzulande so gut wie nichts über sie bekannt ist und deshalb in Europa sichergestellt werden muss, dass sie tatsächlich ungiftig genug sind, um diese in die Ernährung einbauen zu können. Möchte dir jemand etwa die Blätter einer geheimnisvollen Heilpflanze aus Lateinamerika verkaufen, die vor Hunderten von Jahren von den dortigen Naturvölkern gegen Magenbeschwerden genutzt, aber erst vor wenigen Wochen in Kolumbien wiederentdeckt wurde und jetzt die Pfunde purzeln lässt, kannst du dir sicher sein, dass es als ein solches neuartiges Lebensmittel zu verstehen ist. Selbst wenn die Geschichten wahr sein sollten, weiß niemand, ob es überhaupt gesund ist, welche (womöglich krebserregenden) Inhaltsstoffe es konkret enthält und in welchen Mengen sie für deinen Körper zu viel werden. Eines ist klar: *Der Anbieter im Internet wird dir keinen gesundheitlichen Schaden ersetzen. Auch nicht, wenn er mit einer Zufriedenheitsgarantie wirbt.*

Außerdem gibt es noch den Sonderfall der »traditionellen Lebensmittel«. Diese Formulierung ist eine wahre Goldgrube für verschiedenste Anbieter, denn wenn der Verkäufer ein traditionelles Lebensmittel, das nicht aus der EU stammt, in der EU verkaufen möchte, es damit quasi importiert, muss er in seinem Antrag lediglich nachweisen, dass es im Herkunftsland wahrhaftig von einer breiten Masse der Bevölkerung (»bedeutsame Anzahl«) als Teil ihrer normalen Ernährung verspeist wird und das seit mindestens 25 Jahren. Keine Tierversuche, keine toxikologischen Gutachten und noch dazu ohne teure, langwierige und aufwendige Zulassungsstudien. Und das Beste: Der Händler überprüft selbst, ob ein Lebensmittel auf diese Weise eingestuft wird. Wenn dem so ist, ist keine besondere Kennzeichnung erforderlich. Hör ruhig einmal in dich hinein. Kennst du solche wundersamen Produkte, die traditionell in exotischen Ländern oder faszinierenden Kulturen verwendet werden? Wenn ja, wirst du dich mit großer Wahrscheinlichkeit für das Produkt selbst interessieren. Ohne verpflichtende Kennzeichnung fehlt der Warnhinweis, was dafür sorgt, dass wir das Erzeugnis als normales Alltagsgut wahrnehmen und es dadurch interessant erscheint, ohne gleichzeitig fremd und abstoßend oder gar eklig zu wirken.

Gentechnisch hergestellte Lebensmittel zählen übrigens nicht zu den neuartigen Lebensmitteln. Das ist ebenfalls mit bedeutenden Vorteilen für einen jeden Anbieter verbunden, da die Verwendung von Gentechnik mit weitaus strengeren Kennzeichnungsvorschriften verbunden ist und demnach auf traditionellen Nahrungsmitteln grundsätzlich der sympathische Hinweis verwendet werden darf, dass es ohne Gentechnik erzeugt wurde. Lebensmittel mit dieser Kennzeichnung erfreuen sich seit den letzten vier Jahren zunehmender Beliebtheit. 2022 wurden in diesem Markt knapp 16 Milliarden Euro Umsatz erzielt, besonders im Bereich der Milchprodukte.[217]

Möglicherweise sind dir schon die sagenhaften K2-Tropfen auf Cannabisbasis begegnet, die Fettpolster für dich loswerden sollen. *Ein Produkt, das Cannabis enthält, enthält sicherlich auch den daraus gewonnenen Stoff Cannabidiol (CBD), der nach dem aktuellen Stand (2023) nicht verkehrsfähig ist und damit nicht in solchen Schlankmachern enthalten sein darf.*[218] Die Stadt Köln verbot 2020 offiziell den Verkauf von CBD-haltigen Lebensmitteln und schloss ausdrücklich den Internethandel mit ein.[219] Wenn dir in Geschäften übrigens Cannabis in Bonbons oder Schokolade begegnet, musste der Hersteller zuvor nachweislich ausgeschlossen haben, dass du davon »breit« werden kannst. So war es jedenfalls vor der Legalisierung von Cannabis im April 2024.[220] Solltest du doch einmal im Internet auf ein unwiderstehliches Produkt stoßen, das deine Ernährung so optimiert, dass es dich von sämtlichen Beschwerden befreit, ist ein seriöser Anbieter verpflichtet, die volle Transparenz über die enthaltenen Inhaltsstoffe zu gewährleisten. Daher muss er dir in seinem Onlineshop genau sagen, was im Detail enthalten ist, wie viel er von den Inhaltsstoffen verwendet hat, wie sein Produkt anzuwenden und aufzubewahren ist usw. Fehlen diese Informationen oder sind sie nur über verschlungene, labyrinthartige Pfade zugänglich, gilt die Devise: »Finger weg!« So etwas kannst du übrigens auf den Netzseiten der örtlichen Lebensmittelüberwachung melden. Eine akzeptable Umsetzung ist es, mit einem Sternchen, einem Sonderzeichen oder einem Link auf die erforderlichen Informationen hinzuweisen, um dich als Verbraucher eindeutig auf die Produkteigenschaften aufmerksam zu machen, die dir Rückschlüsse auf die Qualität erlauben. So gilt gerade im Bereich der Lebensmittel, dass die richtige Ernährung bestenfalls dabei unterstützt (ja, auch ich nutze die juristisch sichere Formulierung), eine Krankheit zu behandeln, aber niemals ein Ersatz für eine echte medizinische Therapie sein kann.

Auf den Punkt gebracht nimmst du Nahrungsergänzungsmittel nur zu dir, um deine normalen körperlichen Prozesse aufrechtzuerhalten, damit du am Leben bleibst und nicht durch Mangelerscheinungen krank wirst.

Nicht zuletzt, weil es Menschen gibt, die durch einseitige, unausgewogene und falsche Ernährung übergewichtig, aber trotzdem mangelernährt sind, ist es nicht möglich, sich durch einzelne Nahrungsmittel mit außergewöhnlichen Mengen an speziellen Nährstoffen unbesiegbar zu machen. Das Gegenteil wird der Fall sein, da beispielsweise zu große Mengen an Protein von über 3,5 g pro Kilogramm Körpergewicht bei jungen, gesunden Erwachsenen auf die Nieren schlagen.[221] Stattdessen isst du, abgesehen von der kindlichen Wachstumsphase, damit du groß und stark **bleibst**.

Das Internet ist ein Spinnennetz aus Übertreibungen, verfälschten Darstellungen, Scheinheiligkeit und falschen Beweisen, gerade deshalb, weil es für die Aufsichtsbehörden mit enormen Anstrengungen verbunden ist, die unterschiedlichsten Gesundheitsversprechen zu neuen Trendprodukten zu überprüfen, bei denen die Verkäufer ihrer Kreativität freien Lauf lassen. Es gibt schlicht und einfach so große Scharen von ihnen und täglich kommen neue dazu, die wie Unkraut sprießen. Dabei spielt es den Internetanbietern besonders in die Hände, dass solche Behauptungen schnell zurückgezogen und in Windeseile durch andere Varianten ersetzt werden können. Halten wir fest: Gesundheitsversprechen, die sich insbesondere auf die Wirkung gegen eine bestimmte Krankheit oder auf das Erreichen gewünschter Gesundheitszustände (besseres Immunsystem, besserer Energiestoffwechsel usw.) beziehen, spielen mit deinen Ängsten bzw. appellieren an deine Sehnsüchte, um dir den Eindruck zu vermitteln, dass du solche Produkte unbedingt brauchst, obwohl du es gar nicht tust, nur weil du dich einmal schwach und müde fühlst. Gerade wenn ohne den seriösen Disclaimer, dass eine professionelle Therapie nicht ersetzt werden kann und du bei zu großen Beschwerden zum Arzt musst, behauptet wird, dass du durch dieses sensationelle neue Produkt auf deine bisherigen Medikamente verzichten kannst, darfst du dir sicher sein, dass es sich um ein blankes Abzockerangebot handelt.

Kommen wir damit zu meinen absoluten Lieblingen: den Naturprodukten. Ein neues Naturprodukt in Form von Pflanzenextrakten und pulverisierten Drogen ist eine herrliche Gelddruckmaschine, weil sie rechtlich zu den sogenannten Botanicals zählen und es im Gegensatz zu Vitaminen und Mineralstoffen noch keine hundertprozentig klaren Regeln der zuständigen EU-Behörde gibt, was bei ihnen erlaubt ist und was nicht.[222] Damit hat der Produzent nahezu einen Freifahrtschein, seine Produkte mit den wildesten Lobeshymnen aufzuwerten, da sie nur schwer zu überprüfen sind, die Prüfung lange dauert und die Artikel demnach völlig legal geduldet werden. Jedenfalls solange niemand zu Schaden kommt. Übrigens sind die Prüfungen für etliche Health Claims der Botanicals schon seit 2010 in der Warteschleife (Stand 2024), was wiederum den Herstellern echter pflanzlicher Medikamente ein Dorn im Auge ist, da diese ihre Produkte mit viel Aufwand auf den Markt gebracht und sich die Anwendungsgebiete damit offiziell verdient haben. Die Anbieter von Botanicals gehen dagegen auf den vorderen Startplätzen ins Rennen und verkünden direkt ihre Gesundheitsversprechen, bis sie nach langer Zeit eventuell untersagt werden und somit ein erheblicher Wettbewerbsnachteil für die Pharmaindustrie entsteht.[223]

Du wirst es sicher nicht gern hören, aber das, was du gerade gelesen hast, betrifft auch die beliebten Detox-Kuren, die du vielleicht schon ausprobiert hast. Hierzu gab es sogar schon einmal eines von vielen Gerichtsurteilen. Und zwar nicht irgendein x-beliebiges, sondern eines direkt vom Bundesgerichtshof in Karlsruhe, dem obersten Gericht für zivile und strafrechtliche Angelegenheiten in Deutschland. *Mit diesem Urteil (Aktenzeichen: I ZR 71/16) bestätigte das Gericht, dass es sich bei der Bezeichnung »Detox« für Kräutertees eindeutig um eine irreführende und demnach manipulative Aussage handelt, die die Verbraucher in dem Glauben lässt, sie könnten mit dem Tee ihren Körper entgiften und von innen heilen, obwohl damit meistens lediglich für eine Verwendung als Wellnessgetränk geworben werden soll, das dir dabei hilft, dich zu entspannen und dich wohlzufühlen.*[224]

Die Beliebtheit dieser natürlichen Heilmittel geht so weit, dass es für mich in manchen Fällen schon an Fanatismus grenzt. In einem persönlichen Gespräch berichtete mir eine Frau, dass sie durch die Einnahme von Zunderschwamm eine sagenhaft feine Haut bekommen habe. Hinter den »schlimmsten Kopfschmerzen ihres Lebens«, die sie unmittelbar nach dem Verzehr des Pilzes hatte, vermutete sie ein Anzeichen für einen Reinigungsprozess ihres Körpers. Eine andere Frau erzählte mir, dass sie die sehr bekannten Vitalpilze ausprobiert und sie am selben Tag noch entsorgt habe, weil sie sich danach so reflexartig habe übergeben müssen, dass sie es kaum noch rechtzeitig zum stillen Örtchen geschafft habe. *Nach meinem Verständnis sind solche Reaktionen keine Reinigungseffekte, sondern Vergiftungserscheinungen.* Aus eigener Erfahrung kann ich dir garantieren, dass ich mich in der Pubertät schon einmal durch exzessiven Alkoholgenuss übergeben musste und danach mit Kopfschmerzen zu kämpfen hatte. Dass der Alkohol meinen Körper gereinigt hatte, bezweifle ich sehr. Ebenso, dass sich solche Mittel auf Dauer durchsetzen würden, wenn die Patienten damit rechnen müssen, dass es ihnen durch die Einnahme noch viel schlechter geht als vorher, zumal sehr viele Patienten ihre Therapie aufgrund der typischen Nebenwirkungen abbrechen und die Wirksamkeit ihrer ärztlich verordneten Medikamente infrage stellen. Außerdem verfügt der Körper selbst über sehr effektive Mechanismen, um sich von Giften zu befreien, wenn er dafür genug Zeit bekommt. Alkohol wird von ganz allein abgebaut und das Zellgift Ammoniak, das beim Abbau von Proteinen entsteht, wird erst in Harnstoff umgewandelt und dann über die Nieren mit dem Urin entsorgt, ohne dass du dem Körper erst eine Detox-Kur zuführen musst.

Ich gebe dir hier ein paar Zahlen, mit denen du das besser einordnen kannst: Die Europäische Behörde für Lebensmittelsicherheit hat seit dem 31.01.2008 vier Jahre gebraucht, um ca. 44.000 Gesundheitsversprechen, die meisten davon für besagte Vitamine, Mineralstoffe und Spurenelemente, auf 222 zulässige Aussagen zu reduzieren, die in die von der Europäischen Kommission genehmigte Teilliste aufgenommen wurden (Verordnung Nr. 432/2012).[225] Wir reden hier im Übrigen über Versprechen, die in den meisten Fällen nicht eindeutig bewiesen sind. Mehr als 2.000 Health Claims wurden sogar auf ganzer Linie abgelehnt. Beachte, dass in diesem Fall wieder die alten manipulativen Tricks angewendet werden. Schon wenn ein Produkt nur dem Anschein nach ein echtes Arzneimittel ist, mit dem gesundheitliche Vorteile glaubhaft in Aussicht gestellt werden, erhöht es in unserer Vorstellung automatisch die Qualität, weshalb wir prinzipiell eher gewillt sind, für derartige Produkte höhere Preise zu bezahlen. Wer möchte schon ein billiges Standardmodell, wenn er gleich das ganze Luxuspaket haben kann? Das bedeutet, dass sich selbst hinter der künstlichen Verteuerung eines Preises bis hin zu Wucherpreisen eine fiese Manipulationstechnik verbergen kann, um an mehr Geld zu kommen. Die Sehnsucht der Patienten nach genau der Schmerzbefreiung, dem schlanken Körper, dem hohen Energielevel oder den neuen Muskeln muss nur groß genug sein. Hier schließt sich der Kreis. Die Motivationen, die hier ausgenutzt werden, sind »Von-weg«- und »Hin-zu«-Motivationen. Vom Schmerz weg bzw. hin zu mehr Fitness.

Da gerade im Internet immer bedeutend ist, woher der neuste Kassenschlager stammt, sollte dir bewusst sein, dass diese komplizierten rechtlichen Einordnungen in den einzelnen EU-Staaten sehr stark voneinander abweichen. Ein solcher Gesundheitsbooster kann in Spanien als Medikament gelten und wäre bei uns nur ein Nahrungsergänzungsmittel mit hierzulande illegalen Anwendungsgebieten. Aufgrund dieser fehlenden Einheitlichkeit gibt es in der Praxis so viele derartige Fälle, dass es dem Europäischen Gerichtshof nie an Arbeit mangelt. Im Allgemeinen darf eine Werbung zu gesundheitlichen Themen niemals übertreiben, lügen oder in den Zuständigkeitsbereich eines echten Gesundheitsexperten, wie etwa eines Arztes, eingreifen.

Halten wir fest: *Etwas, das wirklich hilft, darf allzu häufig gar nicht beworben werden und deshalb steht das Werbeverbot sogar schwarz auf weiß im Heilmittelwerbegesetz.*

ÜBUNG

Teste dich selbst. Welche dieser Motivationen weckt das größere Verlangen in dir? Hin zu mehr Bewegungsfreiheit oder weg vom Gelenkschmerz? Damit weißt du direkt, auf welche Versprechen du besonders achten musst, weil sie effektiver sind.

MYTHOS HOMÖOPATHIE

Die Homöopathie wurde um 1797 vom deutschen Arzt Samuel Hahnemann (1755–1843) begründet. Während Medikamente im klassischen Sinne intensiv getestet werden müssen, ist es für homöopathische Arzneimittel lediglich erforderlich, diese beim BfArM zu registrieren. Homöopathische Arzneimittel sind Arzneimittel, die in Form von extrem hochverdünnten Zubereitungen eingenommen werden. Hierfür werden in aller Regel Pflanzenextrakte in 10er- oder 100er-Schritten verdünnt (potenziert) und auf Streukügelchen (Globuli) aus Rohrzucker (Saccharose) aufgetragen, jedoch können ebenso Mineralien in alkoholischer Flüssigkeit gelöst und verdünnt werden. Dabei gilt: Je höher die Potenz bzw. Verdünnung, umso stärker ist die homöopathische Arznei. Die höchste von Herstellern regulär lieferbare Potenz ist C1000, was einer Verdünnung von $1:10^{2.000}$ entspricht. Zum Vergleich: Bereits eine Potenz von C200 bzw. $1:10^{400}$ entspricht laut Wikipedia einer Menge von einem Molekül der Ausgangssubstanz, also des Wirkstoffs, »im 10^{320}fachen des gesamten beobachtbaren Universums.« In diesem Sinn wird häufig argumentiert, dass Homöopathika ihre Wirkung nur über den Placeboeffekt entfalten. Auch wenn der Verkauf von homöopathischen Mitteln seit 2020 leicht zurückgegangen ist, handelt es sich immer noch um einen großen Markt mit 534 Millionen Euro Umsatz.[226] Da stellen wir uns berechtigterweise die Frage, ob wir so viel Geld wenigstens für etwas ausgeben, das tatsächlich wirkt. Zwar hat sich in einer Metaanalyse von über 16 (verwertbaren) klinischen Studien mit insgesamt 2.617 Patienten gezeigt, dass zumindest in einer Studie eine leichte Überlegenheit homöopathischer Arzneimittel gegenüber Placebo besteht, jedoch wird ganz klar betont, dass die zugrunde liegende Studie in ihrer Gestaltung so gravierende Mängel aufweist, dass eine Wirksamkeit nicht nachgewiesen und damit nicht angenommen werden kann. Zum Schluss betonen die Autoren in wissenschaftlicher Manier, dass das Feld noch besser erforscht werden muss.[227]

Halten wir Folgendes fest: *Aus wissenschaftlicher Sicht ist die Homöopathie mit ihrem Konzept, dass Gleiches durch Gleiches oder zumindest Ähnliches geheilt wird, indem Wirkstoffe so stark verdünnt werden, dass sie kaum noch nachweisbar sind, totaler Humbug.* Homöopathie ist selbst in der Fachwelt ein sehr umstrittenes Thema mit vielen Meinungen. Ich kenne Fachkollegen, die auf homöopathische Arzneimittel schwören und solche Präparate begeistert bei sich selbst sowie der eigenen Familie anwenden. Homöopathie ist am besten mit einer Religion vergleichbar: Du glaubst daran, dass es wirkt, oder du glaubst es eben nicht. Lauterbachs Plänen zufolge sollen homöopathische Präparate künftig nicht mehr von den Krankenkassen bezahlt werden. Er begründet diese Entscheidung damit, dass die Regierung den Krankenkassen aufgrund des Urteils des Bundesverfassungsgerichts nicht mehr genug Geld geben könne. Da der Bundeshaushalt für das Jahr 2023 vom Gericht in Karlsruhe als Verstoß gegen die Verfassung bewertet wurde, fehlen der Regierung 60 Milliarden Euro, die nicht mehr zur Verfügung stehen, um die fehlenden Mittel in Milliardenhöhe auszugleichen.[228, 229] Selbst die Krankenkassen weisen darauf hin, dass diese Einsparungen von schätzungsweise 50 Millionen Euro ohnehin nicht ausreichen würden.[230] Kritiker befürchten außerdem, dass mehr Medikamente verschrieben werden, die von den Krankenkassen zwar bezahlt werden, aber viel teurer sind, falls die kostengünstigere Homöopathie nicht mehr erstattet wird. Dadurch müssten die Kassen noch mehr zahlen und am Ende wären die Patienten die Leidtragenden.[231] Eine Meinung aus Sicht eines Verbrauchers findest du in diesem Video (YouTube: Lauterbach streicht Homöopathie Kassenleistung).[232]

Fakt ist, dass für homöopathische Arzneimittel, die sich vor allem bei Frauen großer Beliebtheit erfreuen, andere Vorschriften gelten als für wissenschaftlich getestete Medikamente. Im Studium wurde uns vermittelt: »Ein Medikament ohne Nebenwirkungen hat gar keine Wirkung.« Andererseits, und das sage ich als ehemaliger wissenschaftlicher Mitarbeiter, kann ich nicht beweisen, dass homöopathische Arzneimittel unwirksam waren, wenn die Patienten ihren Heilungserfolg darauf zurückführen. Viele Patienten vertrauen aufgrund positiver Erfahrungen auf Homöopathika und aus dieser Sicht dürften sie ihre Daseinsberechtigung dauerhaft behalten. Jedenfalls hat die Firma Medice mit ihrem homöopathischen Produkt Meditonsin die Verbraucherzentrale Nordrhein-Westfalen wegen irreführender Werbeversprechen auf den Plan gerufen. Laut Hersteller habe eine groß angelegte Anwenderstudie mit über 90 Prozent zufriedener Anwender nachgewiesen, dass ihr Produkt wirksam, verträglich und als natürliches Arzneimittel zusätzlich noch anderen chemisch-synthetischen Produkten überlegen sei. Wie ausgeführt erfordert die Auswertung von Studien ein fundiertes Fachwissen, weshalb diese Studie nicht für die Öffentlichkeit, sondern nur für medizinische Fachkreise bestimmt war. Außerdem handele es sich nur um eine reine Beobachtungsstudie, die die Wirksamkeit nicht belegen könne und somit gezielt der falsche Eindruck erweckt werde, dass nach der Einnahme garantierte Behandlungserfolge erwartet werden können, dass es völlig nebenwirkungsfrei und zusätzlich noch den Konkurrenzprodukten überlegen sei. Dies führte dazu, dass die Verbraucherzentrale das Unternehmen erst abmahnte und anschließend vor dem Landgericht Dortmund verklagte und Recht bekam (Aktenzeichen: 25 O 22/22).[233, 234]

IN KÜRZE

- Pharmaunternehmen müssen sehr strenge Qualitätsanforderungen erfüllen.
- Dafür sind sie auf die Durchführung der hochwertigsten Studien angewiesen.
- Die Markteinführung eines einzigen neuen Medikaments ist überaus lang und teuer.
- Die Zulassung eines neuen Arzneimittels ist das oberste Ziel und gleichzeitig das größte Problem der Konzerne.
- Die Pharmakonzerne lassen sich auf ein Glücksspiel ein, denn es gibt keine Garantie, dass sich ein Medikament dauerhaft verkaufen lässt.
- Ein neues Medikament wird nach der Zulassung in einer Phase-4-Studie an dir ausprobiert.
- Die Pharmaindustrie ist an der Entwicklung von Medikamenten interessiert, die sich auch verkaufen lassen, nicht an lebensnotwendigen Arzneien.
- Die Pharmaindustrie ist stets bemüht, die Zulassung durch rechtliche Definitionen zu umgehen.
- Die Pharmaindustrie darf keine Werbung für rezeptpflichtige Medikamente machen.
- Pharmaunternehmen sind sehr spendabel, wenn es darum geht, Ärzte von ihren Präparaten zu überzeugen.
- Nahrungsergänzungsmittel für die Gesunderhaltung gedacht, nicht für die Heilung.
- Viele Produkte sind keine Arzneimittel, werden aber als solche dargestellt.
- Die Aufsichtsbehörden sind mit der Prüfung der verlockendsten Gesundheitsversprechen restlos überfordert.
- Homöopathie ist wissenschaftlich wirkungslos und daher eine Glaubensfrage.

TEIL 6

DEINE GESUNDHEIT

SO GEHT GESUNDHEIT

Wäre es bei all diesen Manipulationen nicht wünschenswert, dass wir uns selbst für unsere Gesundheit einsetzen? Allein schon aus Kostengründen? Der Rekord für die meisten auf Rezept verordneten Medikamente für ein und denselben Patienten, den ich bisher bearbeitet hatte, liegt übrigens bei 19. Stell dir das bitte einmal vor: *19 verschiedene Medikamente!* Ganz abgesehen davon, dass du für die meisten davon bezahlen musst, wäre das für mich ein wahres Horrorszenario, wenn mein Leben komplett von Substanzen abhängig wäre. Das willst du ganz sicher nicht und deshalb kann ich dir nur aus tiefstem Herzen raten, deine eigene Gesundheit zu einer Priorität in deinem Leben zu machen, denn um nichts anderes geht es. Natürlich sind unserem Handeln natürliche Grenzen gesetzt, jedoch bin ich davon überzeugt, dass es jeder von uns in der Hand hat, seine eigene Gesundheit zu fördern und letzten Endes zu meistern, denn eine Tablette allein heilt dich nicht. Du musst sie physisch in die Hand nehmen und schlucken.

Für die eigene Gesundheit zu sorgen ist leichter, als du glaubst. Schon bei der Bundeswehr hatten wir als pflichtbewusste Soldaten die Pflicht zur Gesunderhaltung. Das geht! Natürlich betone ich an dieser Stelle noch einmal, dass du Medikamente unbedingt nehmen solltest, wenn sie dir verschrieben werden. Alles andere wäre fahrlässig und verantwortungslos. Doch im Prinzip gilt, dass du selbst viel zu deiner Genesung und zur Vermeidung von Krankheiten beisteuern kannst. Das fängt schon bei den kleinen Dingen an, die wir niemals unterschätzen dürfen: Du kannst beim Radfahren einen Helm tragen, dir bei Schneefall einen Schal anziehen, wenn du krank bist, zu Hause bleiben und dich auskurieren, statt zu arbeiten, zwei Liter Wasser am Tag trinken, im Sommer einen Sonnenschutz tragen, regelmäßig Joggen gehen und vieles mehr. Komplexer wird es, wenn du dich mit deiner Ernährung auseinandersetzt und anfängst, professionell Sport zu betreiben, der auf deine Bedürfnisse zugeschnitten ist. Das geht am einfachsten mit einem Personal Trainer, aber den musst du dir natürlich leisten können und meiner Erfahrung nach ist diese Hürde höher, als Neujahrsvorsätze einzuhalten. Jeder dieser einzelnen Teilaspekte ist eine Wissenschaft für sich und kann unmöglich in diesem Buch ausreichend zusammengefasst werden.

Vor dem Hintergrund, dass viele Patienten sehr viel Geld für Nahrungsergänzungsmittel ausgeben, kann es jedoch sinnvoll sein, in hochwertige Nahrungsmittel, wie frischen Hochseefisch und Gemüse, zu investieren. Am häufigsten fehlen uns erfahrungsgemäß Vitamin D, Vitamin B12 und Folsäure (Vitamin B9). Im Vergleich zu hochwertigen Präparaten mit 1.000 µg Vitamin B12 sind Tabletten oder Weichkapseln mit einer Tagesdosis Vitamin D von 1.000 bis 2.000 Internationalen Einheiten (IU) sehr kostengünstig und damit empfehlenswert. Da Vitamin D über Sonnenlicht aktiviert wird und daher umgangssprachlich als Sonnenvitamin gilt, halte ich es definitiv für sinnvoll, dieses fettlösliche Vitamin besonders im Winter zusätzlich zum Essen einzunehmen. Nahrungsergänzungsmittel sind in der Schwangerschaft bzw. bei Kinderwunsch ebenfalls eine lohnende Investition, denn die werdende Mutter muss nicht nur ihr Kind, sondern auch sich selbst versorgen. Die mit Abstand wichtigste Substanz für die Familienplanung ist die Folsäure, die schon vor der beginnenden Schwangerschaft zugeführt werden sollte, um Neuralrohrdefekte bei den Kindern zu vermeiden. Durch Folsäure kann somit die Gefahr reduziert werden, dass es beim Fötus zu Fehlentwicklungen des Gehirns, der Wirbelsäule oder der Haut kommt.

Wenn es um Gesundheit geht, können wir jedoch viel mit unserem Verstand bewirken. Der Placeboeffekt zeigt uns die erstaunliche Anpassungsfähigkeit unseres Körpers.[235] Wenn wir die Prozesse in unserem Körper sogar mit unserem Verstand beeinflussen können, können wir auch auf körperliche Genesung hinarbeiten. Selbst wenn es nur Spuren der Besserung sind, die wir mit unserem Willen beeinflussen können, lohnt es sich dann nicht, in diese Arbeit zu investieren, um mehr Lebensfreude und Kraft zu spüren oder ein höheres Energielevel zu bekommen, statt wahllos einige Pillen zu schlucken, nur weil in der Werbung erwähnt wurde, dass sie uns mehr Energie spenden? Medikamente können dich immer nur heilen, wenn du sie (richtig) anwendest. Daher ist es völlig legitim zu behaupten, dass du deine Gesundheit selbst unter Kontrolle hast. Arzneimittel sind lediglich die **Verstärker**, aber du musst dich dafür entscheiden, gesund zu werden, und sie einnehmen.

Wir können Gewicht verlieren, Muskeln aufbauen und sogar unsere Hautbeschaffenheit durch die Ernährung beeinflussen. Es gibt Präparate mit Bakterienstämmen (Probiotika), die magensaftresistent sind und zur Linderung von Juckreiz bei Hautbeschwerden eingesetzt werden. Längst ist die Existenz der Darm-Hirn-Achse bekannt, die eine physische Verbindung zwischen unserem Körper und unserem Verstand herstellt. Hast du schon einmal festgestellt, dass du schneller aus der Haut fährst, wenn du hungrig bist? Das liegt daran, dass unsere Verdauungshormone wie Ghrelin sich direkt auf unsere psychische Verfassung und teilweise sogar auf unsere Denkweise auswirken. Selbst Zusammenhänge zwischen dem Zustand unseres Verdauungstrakts und geistigen Krankheiten, wie Angststörungen, konnten bereits nachgewiesen werden.[236] Das verleiht unserem Bauchgefühl doch eine ganz neue Bedeutung, nicht wahr? Viele Antidepressiva, wie Amitriptylin, sind mit der Nebenwirkung der Gewichtszunahme verbunden. Noch ist es nicht gelungen, psychische Erkrankungen durch die Veränderung der bakteriellen Darmzusammensetzung zu behandeln. Doch die Möglichkeit, durch den Einsatz von Probiotika auf die vergleichsweise schlechter verträglichen Antipsychotika zu verzichten, ist nicht mehr so abwegig und hat die Aufmerksamkeit der Forschung auf sich gezogen.

Für mich ist das ein anschauliches Beispiel dafür, wie richtig die asiatischen Kulturen mit ihrer Philosophie darin liegen, dass Körper und Geist miteinander verbunden sind und sich gegenseitig beeinflussen. Hat jemand körperliche Schmerzen, wird er sich kaum auf eine Rechenaufgabe konzentrieren können. Mangelt es jemandem an geistiger Gesundheit, ist es noch schlimmer, da er sich selbst, wie beim Borderline-Syndrom, körperliche Wunden oder Schmerzen zufügt oder vielleicht sogar Selbstmord begeht. Da macht es keinen Unterschied, ob sich jemand mit Unmengen von Schmerzmitteln behandelt. Die körperlichen Ursachen bleiben. Nach über 13 Jahren, in denen ich mich im japanischen Budo Taijutsu übe, was frei mit »Körperkunst des Krieges« übersetzt werden kann, habe ich neben vielen Prinzipien der Meditation einige fundamentale Konzepte gelernt, die dir genau diese mentale Stärke verleihen, um an deinen Zielen zu arbeiten und diese zu erreichen. Obwohl ich sie regelmäßig verkaufe, verzichte ich selbst komplett auf Schlafmittel, da sie weder die Schlafqualität verbessern noch eine spürbare Erholung am Morgen ermöglichen. Viele davon vertragen sich nicht mit einer Vielzahl von anderen Arzneimitteln, wie etwa Allergietabletten, und besonders die rezeptpflichtigen Vertreter dieser Klasse sind dafür bekannt, bei Übergebrauch zu Schlafstörungen und einer geringeren geistigen Leistungsfähigkeit zu führen. Das einzige Schlafmittel, das ich in schweren Fällen und ausschließlich zu therapeutischen Zwecken empfehle, ist Melatonin, trotz seiner zugegeben hohen Sicherheit und Verträglichkeit. In jedem Fall sind körperliche Entspannungsübungen mit weitaus weniger Risiken verbunden als Betablocker, die schon so manchem Studenten zur Prüfungsvorbereitung dienten. Die richtige Geisteshaltung ist hierbei entscheidend, um deinen Körper zu kontrollieren. Du kannst deine Aufmerksamkeit nicht mit Koffeintabletten schärfen. Sie machen dich bloß nervös. Klarheit und Fokus erlangst du nur durch geistiges Training.

Was ich dir ab jetzt beschreiben werde, ist nicht mehr wissenschaftlich erklärbar, sondern beruht auf Lehren aus dem Bereich der Spiritualität. Um diese Philosophien zu veranschaulichen, werde ich mich vermehrt auf die legendäre Star-Wars-Reihe beziehen, da diese auf zahlreiche fernöstliche Lehren zurückgreift und sie nur neu aufgearbeitet hat. Darth Vaders Helm ist einem Samurai-Helm mit Nackenschutz nachempfunden. Königin Amidala ist wie eine Geisha geschminkt. Kanzler Palpatine trägt Kimonos. Die traditionellen Gewänder der Jedi sind japanischen Jinbei nachempfunden und ihre Lichtschwertkampfstile, wie »Ataru« (jap.: treffen), sind japanische Wörter. Hast du dich schon einmal gefragt, warum Meister Yoda so eigenartig spricht? Er bedient sich der japanischen Grammatik: »Kono hon wa totemo omoshiroi desu«, wörtlich übersetzt: »Dieses Buch, sehr interessant ist.« Der Star-Wars-Schöpfer, George Lucas, hat die Jedi-Ritter nach dem Vorbild der chinesischen Shaolin-Mönche erschaffen, die durch die Kontrolle der Lebensenergie, des »Chi«, analog zur »Macht«, ihren Körper zu Leistungen antreiben können, die für die meisten von uns schier unmöglich erscheinen. Sie vollbringen akrobatische Meisterleistungen, verfügen über eine unglaubliche Kraft und Ausdauer und scheinen ihren Körper unverwundbar zu machen. Genau wie die Jedi dürfen die Shaolin nicht töten, da sie das Gelübde des Friedens abgelegt haben.

Das Chi lässt sich (noch) nicht wissenschaftlich erklären. Fest steht aber, dass die Shaolin dafür *enorme Konzentration, außergewöhnliche Körperbeherrschung, volle Hingabe und jahrelanges, kompromissloses Training* brauchen. Die alten Lehrmeister drückten sich in ihrer Weisheit meistens sehr kryptisch aus, weil es in den altertümlichen Sprachen schwierig war, so abstrakte Begriffe wie Verstand, Wille, Instinkt, Konzentration, Selbsterkenntnis, Seele, Moral, Leidenschaft, Persönlichkeit oder das tiefste eigene Begehren treffend auszudrücken und im richtigen Kontext zu vermitteln. Deshalb verwendeten sie Metaphern wie Herz, Geist, Weg, Leere, Fülle, (inneren) Frieden, Kost, Verlust des eigenen Ichs usw.

Medikamente können effektive Werkzeuge sein, um körperliche und durchaus auch seelische Leiden in den Griff zu bekommen. Wenn wir jedoch die Lieferengpässe berücksichtigen und uns daran erinnern, dass wir womöglich keinen Zugang zu Arzneimitteln haben, wenn wir sie am dringendsten brauchen, sollten wir über alternative Strategien zumindest nachdenken. Das Schöne ist, dass sie stets **therapiebegleitend** eingesetzt werden können. Vergleichbar mit dem Einsatz von Probiotika unter Antibiotika-Therapie. Werden Probiotika zeitversetzt zum Antibiotikum eingenommen, helfen sie, Nebenwirkungen wie Durchfall zu verringern. Die Darmflora wird zwar durch das Antibiotikum geschädigt, jedoch durch die später von außen zugeführten guten Bakterien wieder stabilisiert.

DIE FINSTERE BEDROHUNG

Wenn dir deine Gesundheit wirklich so wichtig ist, dass du sie aktiv optimieren möchtest, musst du unbedingt die größten Hindernisse kennen, die dich davon abhalten. In deinem Leben gibt es einen Feind, der deinen Erfolg in allen Lebensbereichen verhindert. Dieser Feind ist unglaublich mächtig und doch sind wir uns oft nicht einmal bewusst, dass er da ist. Schlimmer noch, dein größter Feind beobachtet dich wie ein wildes Tier und folgt dir auf Schritt und Tritt. Er ist groß und stark. Du spürst ihn, wenn er in seiner vollen Größe hinter dir steht und seinen kalten Schatten auf dich wirft. Er hat kalte Klauen, die wie Eissplitter über deine Haut kratzen. Er ist sogar giftig und kann dafür sorgen, dass du deinen Körper nicht mehr unter Kontrolle hast und zitterst. Manchmal ist sein Gift so stark, dass es dich von Kopf bis Fuß lähmt, bis zur völligen Regungslosigkeit. *Dieser Feind ist deine eigene Angst.*

Zwar gibt es Medikamente wie Benzodiazepine, die Angststörungen beheben, jedoch haben diese sehr unangenehme Nebenwirkungen: Tagesschläfrigkeit (Rebound-Effekt), nachlassende geistige Leistungsfähigkeit, Konzentrationsstörungen und Schwächegefühl. Von der Suchtgefahr ganz zu schweigen. Schätzungsweise 1,6 Millionen Menschen in Deutschland sind süchtig danach.[237]

Unmittelbar nachdem eine unserer Studentinnen ihre Staatsexamensprüfung in Pharmazeutischer Biologie nicht bestanden hatte, beschrieb sie ihre Erfahrung: »Äußerlich war ich durch die Medikamente vollkommen ruhiggestellt, aber innerlich habe ich geschrien!« In der Coronapandemie hatte sich gezeigt, dass die mentale Gesundheit der Menschen umso stärker beeinträchtigt war, je häufiger sie soziale Medien nutzten. Sie litten auffällig häufiger unter Depressionen, Stress und schweren Angststörungen.[238] Allein ihre Angst vor dem Virus hatte diese Menschen buchstäblich krank gemacht. Die bekanntesten Stimmungsaufheller (Aphrodisiaka) in der Apotheke dürften die Johanniskrautpräparate sein, von denen du viele ohne Rezept kaufen kannst. Johanniskraut (Hypericum perforatum) ist zwar pflanzlich, doch mit vielen Problemen verbunden. Dieses Kraut ist das Paradebeispiel für ein Arzneimittel mit einem hohen Interaktionspotenzial, d. h., es verträgt sich mit extrem vielen anderen Medikamenten nicht, die über die Leber abgebaut werden. Das liegt daran, dass der Extrakt dieser Heilpflanze dazu imstande ist, die Leber zur vorübergehenden Einstellung vieler Mitarbeiter zu bewegen, die sich am Abbau der Wirkstoffe beteiligen (Cytochrom P450-Induktion). Damit wird verhindert, dass andere Medikamente ihre Wirkung entfalten, bevor der Körper eine ausreichende Menge aufgenommen hat. Solche Wirkverluste finden wir nicht nur bei der Pille und der Pille danach, sondern auch bei einer Vielzahl hochwirksamer Herzmedikamente, Hormone, HIV-Tabletten etc. Ein prominentes Gegenbeispiel ist übrigens Grapefruitsaft, der den Abbau von Medikamenten sehr effektiv unterbindet (CYP P450-Inhibition).

Glücklicherweise funktioniert die mentale Beeinflussung der Gesundheit in beide Richtungen. Vielleicht befürchtest du, dass es ins Extrem übergeht und du das Verlangen bekommst, dich nur noch zu 100 Prozent gesund zu verhalten, bis es zu einem echten Suchtverhalten (Orthorexie) ausufert. Ich verstehe deine Sorge gut, denn solche Fälle gibt es. Aber da kann ich dich beruhigen. Was dich zu Suchtverhalten treibt, ist dein größter Feind. Solche krankhaften Süchte sind Ausdruck panischer Angst. Angst davor, krank zu werden, Angst davor, nicht intensiv genug an deiner Gesundheit zu arbeiten, und Angst davor, nicht gut genug zu sein, um den Ansprüchen anderer Menschen und den Idealen, die durch die heutige Medienlandschaft vorgegeben werden, zu entsprechen. Nur wenn du dich von dieser Angst kontrollieren lässt, kann es zur Sucht werden. Schon als ich mich 2016 auf mein Drittes Staatsexamen vorbereitete, erfuhr ich von der sogenannten »Model-Kombination«, die allen voran von jungen Frauen genutzt wird, um ihren Vorbildern in den sozialen Medien nachzueifern und sich dabei schnell in der Magersucht oder der Bulimie wiederzufinden (siehe Kapitel »Der Influencer«). Aus naheliegenden Gründen werde ich die einzelnen Wirkstoffe nicht benennen, die zu diesem Zweck systematisch missbraucht werden. Im Wesentlichen handelt es sich um Abführmittel und Diabetesmedikamente.

Gehst du stattdessen den Weg der Selbstliebe, brauchst du dich davor nicht zu fürchten. Wenn du dich so liebst, wie du bist, wenn du mit deinem Körper zufrieden bist und ihn nicht besser machen, sondern in erster Linie bewahren möchtest, wirst du kein Problem damit haben, dir selbst zu vergeben, wenn du einmal vermeintliche gesundheitliche Fehltritte begehst. Du behältst die Kontrolle über dein Verhalten, weil du weißt, was du tust, und du achtest darauf, nicht zu übertreiben, weil du deine Grenzen kennst, so wie der Jedi-Meister Mace Windu. Er ist der Einzige, der den Lichtschwertstil Vaapad perfektionierte, ohne der Dunklen Seite zu verfallen. Eine sehr starke mentale Belastungsprobe, da diese Technik durch ihre besonders hohe Aggressivität hervorsticht. Ist deine Konzentration auf dem absoluten Höhepunkt, bekommst du den Tunnelblick, in dem du alles andere ausblendest und dich nur noch auf deine aktuelle Aufgabe konzentrierst. Andere nennen das den »Flow«. Vor allem Sportler kennen diesen Zustand sehr gut und bezeichnen ihn als »Runner's High«. Währenddessen verändert sich ebenso, wenn auch nur vorübergehend, deine Denkweise. Du bist nicht mehr nervös, sondern ruhig, selbst wenn du unter Adrenalin stehst, und denkst nicht mehr bewusst nach, sondern handelst rein intuitiv. Diesen Zustand können wir als eine Art meditativen Zustand verstehen. Alle anderen Jedi steigerten sich durch diese Technik so in ihr eigenes aggressives Verhalten hinein, dass sie dabei den Jedi-Kodex brachen, der solch negative Emotionen strikt verbietet. Es ist wie bei einer Drogensucht. In der Praxis werden viele Patienten von Nasenspray, Schlafmitteln oder Schmerzmitteln wie Opium abhängig. Der Wirkstoff Tilidin, der zu den Opioiden gehört, wird extra mit einer geringeren Menge des Gegenmittels Naloxon kombiniert, um diese Gefahr zu verringern. Je härter die Droge, umso schneller geht es. Die Jedi-Ritter ließen sich zu sehr von ihrem Verlangen hinreißen, hörten auf, ihre eigenen Verhaltensregeln zu befolgen, und verhielten sich nicht mehr wie die Friedenshüter, die sie zu sein geschworen hatten. Sie wandten sich dadurch von ihrer Identität als Jedi ab und verloren sich dabei selbst, da sie in ihrem Verhalten nicht mehr wiederzuerkennen waren. Kurzum, ihr Charakter veränderte sich, indem sie ihre Selbstbeherrschung aufgaben.

Was macht Mace Windu so einzigartig? Nun, während alle anderen Jedi sich für stark genug hielten, gegen den Effekt immun zu sein, war sich Meister Windu zu jeder Zeit der Gefahr voll bewusst, dass er womöglich nicht genug vom Kampf bekommen konnte. Das Wissen um seine Anfälligkeit für die Dunkle Seite ermöglichte es ihm, seine eigenen Grenzen zu erkennen und immer im Auge zu behalten. Er war wachsam, diese Grenze nicht zu überschreiten, weil er wusste, wo sie verlief, und es merkte, wenn er zu nah an sie herankam, während die anderen Jedi diese Schwelle überschritten, ohne es überhaupt zu merken, da sie glaubten, sie existiere für sie gar nicht.

Stell dir vor, du möchtest einmal kurz Cannabis ausprobieren und ehe du es dich versiehst, bist du in der Sucht gefangen. Es ist entscheidend, die eigenen Grenzen zu kennen, so auch die Grenzen der

Selbstmedikation. Liegt eines der folgenden Kriterien vor, solltest du die Hilfe eines Arztes in Anspruch nehmen, statt dich komplett selbst zu behandeln.

- Langanhaltende Beschwerden
- Starke Beschwerden, besonders bei plötzlichem Auftreten
- Hohes Fieber
- Bakterielle/parasitäre Infektionen
- Besonders geringes/hohes Lebensalter
- Ungewöhnlicher Krankheitsverlauf
- Unbekannte Ursache
- Verdacht auf innere Blutungen und/oder hoher Blutverlust
- Verdacht auf starke allergische Reaktion
- Atemnot
- Potenziell lebensbedrohliche Zustände!

Zu wissen, wann du Hilfe brauchst und zum Arzt gehen musst, gehört zur Selbstliebe.

Ziele im Leben zu haben und sie konsequent und ehrgeizig zu verfolgen, ist wichtig. Du darfst dich aber nicht davon abhängig machen. Wir sprechen hier nicht von außergewöhnlichen Umständen in deinem Leben, von Notfällen, die drastisches Handeln erfordern, sondern von Dingen, in die du dich zu sehr hineinsteigern kannst. Schaffe dir einen Ausgleich, gehe regelmäßig einer anderen Tätigkeit nach und sei dir immer darüber bewusst, warum du etwas tust und welche Vorteile du jetzt schon daraus ziehst. Was immer du tust, wird keine Chance mehr haben, dich so zu vereinnahmen, dass du glaubst, es unbedingt brauchen zu müssen. Unser Verstand arbeitet mit dem sogenannten retikulären Aktivierungssystem. Dabei handelt es sich vor allem um den Filter in unserem Kopf. Das retikuläre Aktivierungssystem ist das Datenverarbeitungssystem, mit dem verarbeitet wird, welche Informationen für uns so wichtig sind, dass sie uns dauerhaft im Gedächtnis bleiben, wohingegen wir die weniger wichtigen Dinge wieder vergessen.[230] Verbinden wir einen Lernprozess mit starken Emotionen, ist er viel effektiver. Zugleich zeigt die Wissenschaft, dass Rachegefühle Glückshormone, wie Dopamin, in unserem

Kopf freisetzen.[240] Interessanterweise konnte sogar bestätigt werden, dass Menschen, die glaubten, sich besser zu fühlen, wenn sie einen Täter bestrafen, sich nach der persönlichen Rache tatsächlich schlechter fühlten und der Vorfall sie in ihren Gedanken regelrecht verfolgte. Zusätzlich steigerte die körperliche Ausübung der Vergeltung die Aggression der Betroffenen noch.[241, 242] Und es kommt noch schlimmer: Ein Teufelskreis setzt sich in Gang, da anschließend noch unser limbisches System, das Belohnungszentrum, aktiviert wird. Es schüttet Dopamin aus und verstärkt damit das Glücksgefühl, das durch diese negativen Denkweisen entsteht.[243] Das ist der Grund, weshalb Rache so süß ist. Es ist pervers, aber es macht uns **kurzfristig** glücklich, Rachegelüste zu empfinden. Sobald wir es zu sehr genießen, berauschen wir uns an diesem Gefühl und steigern uns hinein, bis wir gar nicht mehr aufhören wollen. Es ist also wahr, dass Rache uns letztendlich nicht glücklich macht, sondern uns sogar zerstören kann.

Leider ist Dopamin genau der Botenstoff, der ebenso bei Schizophrenie und Drogensucht im Übermaß vorhanden ist. Dieser Botenstoff spielt eine wichtige Rolle in der Parkinson-Therapie. Morbus Parkinson ist eine Erkrankung, bei der Nervenzellen, die Dopamin produzieren, zugrunde gehen. Parkinson-Patienten werden mit dem Medikament Levodopa behandelt, das im Körper zu Dopamin wird, um den Verlust an Dopamin auszugleichen. Die Dosis muss mit der Zeit erhöht werden, da der Körper gegen die Therapie resistent wird. Kommt es dadurch mit der Zeit zu Überdosierungen, werden bei Patienten häufig schizophrene Wahnvorstellungen beobachtet.[244]

Und wie sieht es mit anderen psychischen Störungen aus? Verordnungen verschiedener Antidepressiva verzeichnen deutschlandweit einen Anstieg um insgesamt 745 Prozent[245] bei 1,64 Milliarden definierten Tagesdosen im Jahr 2020.[246] Weltweit belaufen sich die Kosten bereits auf 11,65 Milliarden US-Dollar für das Jahr 2022. Bis 2032 wird eine Steigerung auf 17,19 Milliarden erwartet.[247] Dank diesen umsatzstarken Entwicklungen hat die Pharmaindustrie das Feld für sich entdeckt und steckt viel Forschung in die Entwicklung neuer Antidepressiva.[248] Die Anwendung dieser Medikamentengruppe ist für den Patienten unattraktiv, da die Einnahme von Antipsychotika mit einer Gewichtszunahme verbunden ist[249] und Antipsychotika zudem ein Missbrauchspotenzial haben.[250]

Deshalb ist es für die Jedi so wichtig, sich in Disziplin und Selbstkontrolle zu üben, denn du hast die Wahl, ob du dich diesem Verlangen hingibst oder dich dagegen wehrst. Wenn du dich um deinen Körper kümmerst, ihn beobachtest, seine Signale erkennst und richtig deutest, lernst du dich selbst kennen. Du wirst erfahren, wie du ihn behandeln musst und was er braucht. Wenn du deinen Körper kennengelernt hast, ihn gut behandelst und auf ihn hörst, wirst du um ein Vielfaches weniger anfällig für die Einflüsterungen aus Medien und Pharmaindustrie sein. Glücklicherweise setzen auch Lachen sowie körperliche Nähe zu anderen Menschen Endorphine (Glückshormone) frei.[251] Außerdem wurde bestätigt, dass Lächeln, selbst wenn es aufgesetzt ist, deine Stimmung verbessert. Schon kleine Änderungen der Körperhaltung können eine große Wirkung haben.[252] Du bist nicht grundlos »down«, wenn es dir schlecht geht. Deine Stimmung spiegelt sich in deiner Körperhaltung wider. Dein Körper und deine seelische Verfassung sind miteinander verbunden. Körper, Geist und Seele sind eins. Gut zu wissen, dass es in beide Richtungen funktioniert und du deine Stimmung verbessern kannst, wenn du einfach nur 15 Minuten lang aufrecht mit schulterbreiten Füßen stehst, das Kinn hebst und lächelst, als ob du gerade die Beförderung deines Lebens bekommen oder deinen Traumurlaub gebucht oder den Hauptgewinn bekommen hättest oder was dich sonst noch mit Freude erfüllt.

ÜBUNG

Wie gut kennst du dich selbst? Diese Frage ist wichtig zu beantworten, wenn du an deinen Schwächen arbeiten willst, um deine Gesundheit zu verbessern.

Schreibe mindestens drei deiner größten Schwächen auf. Wie wirken sich diese Schwächen auf deine Gesundheit aus? Bist du vielleicht ungeduldig und greifst deshalb zur schnellen Junkfood-Variante? Schreibe dann zu jeder deiner Schwächen eine Vorgehensweise auf, wie du diese in Zukunft ablegen wirst. Schon kleinste Veränderungen können einen gigantischen Effekt auf dein Leben haben. Probiere deine eigenen Lösungen aus und sieh, wie sich dein Leben verbessern wird.

DIE KRAFT DES GEISTES

Um deine Gesundheit in den Griff zu kriegen, mangelt es dir nicht an Wissen, das bekommst du bei Dr. Google in wenigen Sekunden, sondern du brauchst eine gesunde Denkweise, eine positive Lebenseinstellung, geistige Klarheit und mentale Stärke, um deinen Fokus im Leben auf das auszurichten, was dir guttut und damit sowohl für deinen Körper als auch für deinen Verstand gut ist. Ernähre dich nicht nur körperlich, sondern auch geistig gesund, indem du dir bewusst eine Auszeit gönnst und weniger Informationen aufnimmst. Wir sind heute von so vielen Ablenkungen umgeben und einem so gewaltigen Informationsfluss ausgesetzt, dass wir uns selbst verlieren. Wir vernachlässigen unsere eigenen Bedürfnisse, ignorieren die Warnsignale des Körpers, lassen uns zu Dingen hinreißen, die wir nicht tun wollen, und stehen unter Dauerstress. Darum ist es sehr effektiv, aus dem Kopf in den Körper zu gehen und die mentalen Störfaktoren mithilfe von körperlichen Übungen auszublenden. Du kannst dazu meditieren, Yoga, Breath work oder Vergleichbares machen.[253, 254, 255, 256, 257] Du kannst genauso gut eine Runde spazieren gehen oder den Spaziergang mit Waldbaden verbinden. Es wird dir helfen, inmitten des Chaos des Alltags wieder zu dir selbst zu finden. Du achtest auf deinen Atem, wie sich dein Körper anfühlt und aktivierst deine Sinne, indem du dich auf deine Umwelt konzentrierst. Die Sinneseindrücke werden dich von deinem Tagesplan und dem Gedankenkarussell ablenken. Die meisten unserer täglichen Gedanken sind negativ, da wir Menschen dank unseres Überlebensinstinkts darauf gepolt sind, Probleme zu erkennen und zu lösen. Darum konzentrieren wir uns zu sehr auf die Dinge in unserem Leben, die nicht nach unseren Wünschen laufen. Deine Umwelt an einem ruhigen, naturbelassenen Ort auf dich wirken zu lassen und sie ohne jede Wertung und Anstrengung wahrzunehmen, hat einen heilsamen Effekt auf deinen Körper, da allein schon die ruhige, kontrollierte Atmung dein Nervensystem beruhigt und dadurch Puls und Blutdruck senkt.[258] Stress ist der Feind unserer Zeit. Um ihn mit Medikamenten zu bekämpfen, bräuchtest du Wirkstoffe, die deinen Körper komplett ausbremsen, wie Schlafmittel, Antiepileptika oder Betablocker. Diese Substanzen betäuben deinen Körper jedoch so stark, dass du dich in der Regel völlig kraftlos fühlst und zu schwach, um deinen Leidenschaften und Interessen nachzugehen. Abgesehen davon ist Atemkontrolle bei der Meditation ein Privileg. Für Asthmatiker, die auf ihre Sprays angewiesen sind, ist das nicht selbstverständlich. Es wird dir ebenso helfen, die negative Gedankenspirale zu durchbrechen. Jede Art von Sport ist dafür geeignet, solange du keine Leistung anstrebst und dich nicht überforderst.

Wenn wir uns nicht zum Sport überwinden können, dann liegt es doch daran, dass wir Angst davor haben, ein selbst gegebenes Ziel nicht zu erreichen. Dadurch verlieren wir die Achtung vor uns selbst, fühlen uns schuldig, denken, dass wir es nicht wert sind, gesund, fit und schön zu sein, da wir nicht hart genug trainieren. Und bevor wir das riskieren, lassen wir es lieber gleich bleiben. Viele Menschen haben das Problem, dass sie sich ein paarmal überwinden, aber das extra harte Training dann nicht zum gewünschten Ergebnis führt und du nach zwei eisern durchgezogenen Wochen immer noch kein Gewicht verloren, immer noch keinen flacheren Bauch und immer noch keine Muskeln bekommen hast. Dadurch greifen die Menschen dann zur Abnehmspritze. Ich weiß, dass es nichts Frustrierenderes gibt als das. Bedenke, dass die Motivation aus der Bewegung selbst kommt. Es gibt genug Beispiele für Doping, ob Erythropoietin im Radsport oder Testosteron im Krafttraining. Viele Bodybuilder sterben an Herzinfarkten.[259, 260, 261] Hormontherapie ist mit Stimmungsschwankungen verbunden. Mach deine Stimmung nicht von Medikamenten abhängig. Geh nicht mit einem konkreten Leistungsziel zum Sport, das du unbedingt erreichen musst, sondern mit dem Willen, dich einfach nur zu bewegen, um deinem Körper etwas Gutes zu tun, egal wie viel, und um auf andere Gedanken zu kommen. Du wirst feststellen, dass der Ehrgeiz, noch etwas mehr Gas zu geben, dann von ganz allein kommen wird. Kennst du das, wenn dir jemand sagt: »Endspurt, jetzt nochmal alles geben!«? Ist es dir leichter oder schwerer gefallen? Sobald du das Ziel **siehst**, nicht einfach nur aus einer Laune heraus festlegst, sondern es leibhaftig vor Augen hast, kannst du beobachten, wie dein Körper automatisch damit beginnt, mehr Leistung abzurufen. Dann werden die Glückshormone in deinem Kopf freigesetzt.[262, 263] Nach der Einheit wirst du dich stolz und glücklich darüber fühlen, dass du heute erfolgreich warst und etwas geleistet hast. Solange du es für dich selbst tust und nicht, um ein Ziel zu erreichen, wirst du keine Dopingmittel brauchen. Doping im Sport ist aus meiner Sicht eine Verzweiflungstat. Diese entsteht wiederum aus Versagensangst.

Um in die Thematik einzusteigen, empfehle ich dir, mit dem Essen anzufangen. Ich spreche noch nicht einmal davon, dich gesund zu ernähren; das hier ist kein Ernährungsratgeber. Aber schon die Art und Weise, **wie** du isst, hat einen großen Effekt auf dein seelisches Wohlbefinden. Lass dir Zeit beim Essen und nimm dir vor, es ganz bewusst zu genießen. Kontrolle über Essgewohnheiten sorgt für weniger Verdauungsstörungen, was machst du dann? Du kaufst Arzneimittel oder Medizinprodukte gegen Blähungen, Völlegefühl, Bauchkrämpfe, Durchfall und andere Magen-Darm-Beschwerden. Wenn dein Körper Zeit hat zu verdauen und die Ernährung optimiert wird, brauchst du nicht alle möglichen Nahrungsergänzungsmittel. Da ich ohnehin danach gefragt werde, ist hier meine Auswahl der Top sechs Nahrungsergänzungsmittel, von denen es gern etwas mehr sein darf:

- Vitamin D (Fisch, Champignons) für Immunsystem und gesunde Knochen
- Magnesium (Nüsse, Gemüse) gegen Muskelbeschwerden, Diabetes und hohen Blutdruck
- Vitamin B12 (Eier, Fleisch) zur Blutbildung und zum Schutz von Nervenzellen
- Folsäure (grünes Blattgemüse) zum Schutz von Zellen und Blutgefäßen
- Omega-3-Fettsäuren (Fisch, Algen, Nussöle) gegen Entzündungen und zum Leberschutz
- Ballaststoffe (Vollkornprodukte, Kohl) zur gesunden Verdauung und zum Schutz vor Darmkrebs

Seien wir doch einmal ehrlich, wie oft schlingen wir unser Essen herunter als gäbe es kein Morgen? Selbst beim Essen sind wir gestresst. Schalt stattdessen ab und konzentriere dich mit allen Sinnen auf dein Essen. Nimm alle Eindrücke in dich auf, kaue langsam und gib deinem Körper Zeit, alles zu verdauen. Sei dabei allein und an einem ruhigen Ort. Führe dich ruhig selbst zum Essen aus und verbringe ein Date nur mit dir. Tu dir selbst einen großen Gefallen und befolge den Rat, den Jedi-Meister Qui-Gon Jinn in »Episode I« seinem Schüler Obi-Wan Kenobi gibt: *Richte deine Aufmerksamkeit auf das Hier und Jetzt aus*. Doch stattdessen konsumieren manche Menschen Cannabis und andere Drogen. Sie wollen sich ablenken und ihrem tristen Alltag entfliehen. Sie betäuben sich gewissermaßen. Schließlich haben Betäubungsmittel daher ihren Namen, weil sie dich betäuben, statt Klarheit zu schaffen. Natürlich sollst du dir der Zukunft bewusst sein und Pläne für dein Leben machen, Visionen haben, was du alles erreichen möchtest, und dir Ziele setzen, aber wie Meister Jinn sagte »nicht auf Kosten des Augenblicks«! Es gibt Momente, die voll und ganz dir gehören. Du kannst nicht zu einem wahren Genussmenschen werden, wenn du dem, was du gerade tust, was dich erfüllt und was du liebst, nicht deine volle Aufmerksamkeit schenkst. Koste jede Sekunde deines Lebens aus, das genau JETZT stattfindet. Ich meine es ernst. Lege dieses Buch für 15 Minuten weg, schließ die Augen, sag nichts und achte einfach nur auf deinen Körper und deine Umgebung. Du wirst überrascht sein, welche Klarheit du dadurch bekommst.

Hast du es getan? Sehr gut! Dadurch zeigst du deinem Körper ebenfalls Wertschätzung, denn du sorgst dafür, dass er alles bekommt, was er braucht, um dir ein Leben lang treu zu dienen. Du wohnst in deinem Körper, also behandle ihn wie einen Tempel. Wohin es führt, wenn du ihn nicht pflegst, nicht schonst und keiner Wartung unterziehst, darüber hast du bisher genug gelesen. Das wird teuer.

So wie du eine Sache tust, führst du unbewusst alles im Leben aus. Warum es wichtig ist, dich einer Sache im Leben voll zu verschreiben, erklärt uns Meister Yoda in »Episode V«, als Luke Skywalker sein Raumschiff mit der Macht aus dem Sumpf holen soll. Luke war verzweifelt. Er hielt es für völlig unmöglich. Yoda war leicht verärgert und wies ihn darauf hin, dass es nur in seiner Vorstellung unmöglich ist, aber keinesfalls in der Realität. Entscheidend ist, dass deine Realität von deiner Wahrnehmung bestimmt wird. Die Welt ist das, wofür du sie hältst. Für dich sieht sie genauso aus, wie du sie siehst. Ist etwas deiner Meinung nach unmöglich, dann wirst du es nicht schaffen. Glaub mir, ich hatte viele Mitstudenten, die sich im Vorfeld ihre selbsterfüllenden Prophezeiungen verkündeten und durch ihre Prüfungen durchfielen. Als Luke resignierte und dann noch halbherzig versprach, es zu versuchen, herrschte Meister Yoda ihn an: »Nein! Tu es oder tu es nicht! Es gibt kein Versuchen!« Welch weise Worte. Es kam, wie es kommen musste. Luke schaffte es nicht, sein Schiff mit der Kraft seiner Gedanken aus dem Sumpf zu holen. Wie auch? Er konnte es sich ja nicht einmal vorstellen! Er hielt es natürlich aufgrund seines Scheiterns erst recht für unmöglich, bis Meister Yoda kurz darauf sein Schiff für ihn mit der Macht aus dem Sumpf befreite und demonstrierte, was alles mit Konzentration und fester Überzeugung möglich ist. Und was machte Luke? Er konnte es (zumindest nach seiner eigenen Aussage) immer noch nicht glauben, als sein Schiff wieder vor ihm stand, sodass Yoda nichts anderes übrigblieb, als ihm die harte Wahrheit zu sagen: »Und deshalb versagst du!« Hast du einmal einen Kampfsportler Ziegelsteine zerschlagen sehen? Sie sagen selbst, dass sie dafür jeden störenden Gedanken aus ihrem Kopf vertreiben müssen. Im zweiten Teil von »Kill Bill« verlangte Meister Pai Mei nicht grundlos von Beatrix Kiddo, dass sich das Holz, das sie zerschlagen sollte, vor ihrer Hand zu fürchten hat und nicht umgekehrt. Wann wirst du es eher schaffen, Steine zu zerschlagen? Wenn du dir die ganze Zeit ausmalst, wie höllisch die Schmerzen sein werden, die du gleich in deiner Hand spürst, oder wenn du nur daran denkst, den Stein mit aller Kraft zu zertrümmern? Diese Haltung ist extrem wichtig für Krebspatienten. Resignation führt zum Tod. Du musst felsenfest davon überzeugt sein, dass dir die Medikamente helfen, bis du sie nicht mehr brauchst.

Der größte Feind unserer Zeit ist Stress. Patienten kommen wegen Burnout ins Krankenhaus und brauchen dann Medikamente. Nicht wenige versuchen, ihre Nervosität mit homöopathischen Arzneimitteln in den Griff zu bekommen. Wegen der bereits beschriebenen Bedenken bezüglich dieser Produktgruppe (siehe »Mythos Homöopathie«) empfehle ich eher körperliche Übungen zur Stressreduktion, denn damit kann ich dir eine größere Erfolgsaussicht versprechen. Psychische Erkrankungen befanden sich mit 15,1 Prozent auf Platz drei der 10 wichtigsten Krankheitsarten für Arbeitsunfähigkeitstage in Deutschland in 2022.[264] Es kam zu einem Zuwachs von 40 Prozent mehr Verordnungen in den vergangenen 10 Jahren.[265] Zudem wird die Wirksamkeit von Antidepressiva bei leichten depressiven Symptomen überschätzt. Zwar haben Antidepressiva eine nachgewiesene Wirkung, jedoch trägt der Placeboeffekt so maßgeblich dazu bei, dass die Wahrscheinlichkeit, nicht auf diese Medikamente anzusprechen, hoch ist.[266] Es gibt starke Anzeichen dafür, dass Antidepressiva vor allem Senioren mehr schaden als sie ihnen nutzen.[267]

Was will ich dir damit sagen? Du darfst auf keinen Fall zu viele Gedanken daran verschwenden, dass du krank werden könntest. Auf dich achten und vorsichtig sein ja, aber mach dich keinesfalls verrückt, denn sonst beherrscht dich wieder deine Angst. Sie setzt dich unter Stress und wirkt sich sicher nicht förderlich auf dein Immunsystem aus. Kurzum, je mehr du befürchtest, krank zu werden, umso wahrscheinlicher ist es, dass du tatsächlich erkrankst. Denke stattdessen positiv und gehe immer davon aus, dass du wieder gesund werden wirst. Allein schon, weil es dein Leben angenehmer machen wird, als dich ständig mit Sorgen zu plagen. Anakin Skywalker sprach in »Episode III« mit Yoda über seine Angst, jemand Nahestehenden zu verlieren. Yoda sagte ihm, dass er sich von dieser Angst (da ist sie schon wieder!) befreien müsse, indem er alles loslässt, was er zu verlieren fürchtet, weil Verlustangst eng mit Raffgier verbunden sei. In »Episode I« drückte er es noch drastischer aus und verwies darauf, dass Furcht zu Wut, dann zu Hass und am Ende zu unsäglichem Leid führt. Du fragst dich, was das mit Medikamenten zu tun hat? Vor etlichen Jahren hatte sich jemand bei mir in der Apotheke nach einem Mittel gegen Trennungsschmerz erkundigt. Und ich verrate dir etwas total Irres: Ich hätte sogar etwas herausgeben können. Und wenn Patienten depressiv sind, brauchen sie womöglich Tabletten oder greifen zur Spritze oder zur Flasche. Die entscheidende Frage lautet, ob es die Ursache beseitigt hätte und ob es nicht sinnvoller wäre, dieses Problem ohne Medikamente zu lösen. Bitte bedenke, dass Ärzte bei der Diagnose schwerer und definitiv behandlungsbedürftiger Angststörungen sehr starke Beruhigungsmittel, wie die erwähnten, verschreiben können und das erfahrungsgemäß gern machen werden. Und wer würde dann davon profitieren? Die Pharmaindustrie!

ÜBUNG

Wie sehr willst du es? Schreib auf, dass Gesundheit ab heute eine Priorität in deinem Leben ist und dass du dich mehr um dich kümmern möchtest. Warum erst bis zum neuen Jahr warten? Schreib deinen Vorsatz auf und hänge ihn vor den Spiegel, an die Decke über dem Bett oder an die Tür, irgendwohin, wo du ihn jeden Tag siehst, und lies ihn dir jedes Mal, wenn du ihn siehst, laut vor. Die Zeit für positive Veränderung ist genau jetzt!

WISSEN IST MACHT

Die Jedi nehmen bis auf wenige Ausnahmen nur Kinder in ihre Reihen auf. Das hat damit zu tun, dass Kinder am schnellsten lernen. Sie sind frei von jeglichen gedanklichen Beschränkungen und sie nehmen alles vorurteilsfrei an, was sie in sich aufnehmen. Im Gegensatz zu Erwachsenen haben sie noch keine negativen Glaubenssätze entwickelt, die im Kontrast zu dem stehen, was ihre eigenen Erfahrungen oder die Überzeugungen anderer Menschen sie gelehrt haben. Im Film »The Forbidden Kingdom« goss Lu Yan seinem Kung-Fu-Schüler Jason so viel heißen Tee nach, bis sein Becher überlief, während Jason ihn nach den ihm bekannten Techniken ausfragte. Die Schmerzen brachten Jasons Aufmerksamkeit wieder ins Hier und Jetzt, worauf der Meister sagte: »Siehst du? Du weißt doch schon so viel. Wie willst du ein Gefäß füllen, das schon voll ist?«

Wenn du etwas Neues lernst, werden viele Dinge in Kontrast zu dem stehen, was du bisher gelernt hast, und deinen erlernten Glaubenssätzen so sehr widersprechen, dass du eine innere Blockadehaltung dagegen entwickelst. Du wirst nicht an den Wahrheitsgehalt deiner neuen Lehren glauben können, sie deshalb nicht annehmen und in letzter Konsequenz nicht erlernen. Möchtest du etwas lernen, ist es also von entscheidender Bedeutung, dass du »deinen Geist für das Wissen öffnest«. Nimm alles, was dir erzählt und beigebracht wird, völlig wertungslos und ohne

Vorurteile an, wie zum Beispiel die Beratung in der Apotheke. Es kommen immer neue Erkenntnisse aus der Forschung. Frag doch aktiv, ob es etwas Neues gibt. Allen voran bei Inhalationsgeräten gibt es viel bei der Anwendung zu beachten, um die beste Wirkung spüren zu können. Gerade das Pulver bei inhalativem Kortison ist so fein, dass du es gar nicht merkst, wenn du es einatmest. Möchtest du überprüfen, ob etwas aus dem Gerät herauskommt, kannst du ein Stück schwarze Pappe vor das Gerät halten. Wir sind in der Apotheke dafür da, um zu garantieren, dass du dich mit deinen Medikamenten auskennst. Das Dogma der Apothekerkammer sagt, dass wir uns deshalb von dir erläutern lassen sollen, wie du deine Arzneimittel gebrauchst. Nutze dieses Angebot, wenn du dir unsicher bist. Außerdem unterstützt du uns damit, weil wir für eine solche pharmazeutische Dienstleistung (pDL) zusätzlich bezahlt werden. Keine Sorge, für dich ist es kostenlos, die Krankenkasse bezahlt dafür.

Bei manchen Patienten kam heraus, dass sie in der Anwendung Fehler gemacht hatten, die ihnen gar nicht bewusst waren. Schon so mancher Patient hat keine Verbesserung bei seinen Beschwerden gespürt, weil er vergessen hatte, die Schutzkappe vom Mundstück zu entfernen. Außerdem ist zu beachten, dass du beim Ausatmen nicht in das Gerät hineinatmen darfst. Die extrem feinen Kortisonpulver verklumpen sonst sehr schnell, da sie stark hygroskopisch sind, d. h., leicht Wasser aus der Umgebungsluft aufnehmen und somit die genaue Dosis nicht mehr verabreicht werden kann. Zusätzlich müssen die Sprays in die Lunge und nicht in den Magen. Wann immer du den Wirkstoff spüren oder schmecken kannst, wirst du ihn verschlucken und er kann seine Wirkung nicht entfalten. Durch die Feinheit der Pulverpartikel ist ihr Gewicht so gering, dass sie leicht wieder ausgeatmet werden können, bevor sie in der Lunge ankommen. Genauso wichtig ist die Hygiene des Mundrachenraums, da Kortisonpulver das Immunsystem lokal im Rachenraum schwächen und so die Entstehung von Infektionen mit dem Hefepilz Candida albicans (Mundsoor) begünstigen. Ja, die Inhalationssysteme gehören wahrlich zu den beratungsintensivsten Präparaten, deren Anwendung eine Wissenschaft für sich ist. In meiner praktischen Ausbildung wurde von einem Patienten berichtet, der gefragt wurde, ob seine Medikamente zuverlässig helfen. Er offenbarte, dass er zwar eine gute Wirkung spüre, aber die Anwendung sehr umständlich sei, weil er immer ins Auto steigen müsse, um sein Gerät auszulösen. Und das nur, weil der Patient einen sogenannten Autoinhalator verwendete. In diesem Sinne kann diese Checkliste dabei helfen, gängige Fehler bei Inhalationsgeräten zu vermeiden:

- Schütteln
- Schutzkappe entfernen
- Gerät seitlich vom Körper halten
- Ausatmen (nicht ins Mundstück hinein)
- Kopf in den Nacken legen
- Mundstück mit Lippen umschließen, Gerät auslösen und gleichzeitig einatmen
- Luft für fünf bis zehn Sekunden anhalten und das Gerät zur Seite nehmen
- Langsam durch die Nase ausatmen
- Mund und Rachenraum gründlich ausspülen

Tu so, als würdest du alles zum ersten Mal hören, und schenke ihm deine volle Aufmerksamkeit. Vergiss alles, was du zu wissen glaubst, und erlerne den Stoff von Grund auf neu. Im besten Fall bist du dabei so konzentriert, dass du die Zeit und »dich selbst vergisst«. Das merkst du daran, dass du nicht mehr mitbekommst, was um dich herum geschieht, keine Schmerzen mehr spürst und keinen Hunger mehr bekommst. Du richtest den Fokus nicht mehr auf dich, sondern auf deinen Lernstoff. So etwas funktioniert nur, wenn du an einem Thema echtes Interesse hast. Nur dann kannst du in deinem Selbststudium Erfolg haben.

Schauen wir uns einmal die Kodizes der Jedi und ihrer Erzfeinde, der Sith, an:

Das Lebensmotto der Jedi lautet: »Es gibt keine Gefühle, nur Frieden. Es gibt keine Unwissenheit, nur Wissen. Es gibt keine Leidenschaft, nur Gelassenheit. Es gibt kein Chaos, nur Harmonie. Es gibt keinen Tod, nur die Macht.«

In der Tat kannst du durch Meditation und innere Harmonie so viel Stress abbauen, dass du nicht zwangsläufig Beruhigungsmittel

brauchst.
Und wie sehen die Sith das Ganze? »Frieden ist eine Lüge, es gibt nur Leidenschaft. Durch Leidenschaft erlange ich Stärke. Durch Stärke erlange ich Macht. Durch Macht erlange ich den Sieg. Durch den Sieg zerbersten meine Ketten. Die Macht befreit mich.«

Auf welcher Seite stehst du? Welche der beiden Gruppierungen hat recht? Die Antwortet lautet: beide! Das Leben strebt nach Gleichgewicht, weshalb du die helle und die dunkle Seite der Macht nutzen solltest. Es ist wie mit dem kreisförmigen Yin-Yang-Symbol, bei dem ein schwarzes und ein weißes Feld ineinander verschlungen sind.

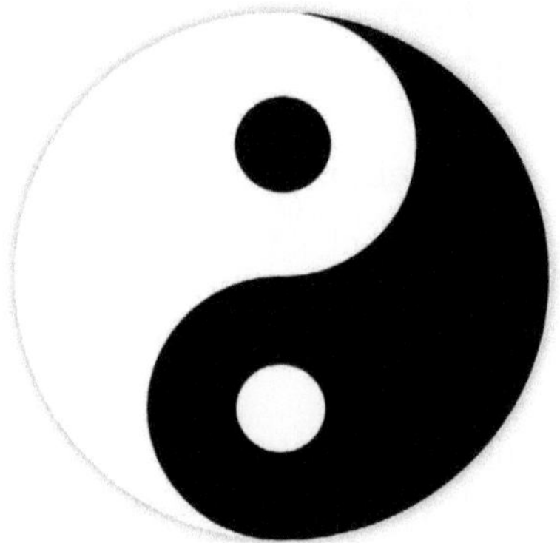

Im schwarzen Feld befindet sich ein weißer Punkt und im weißen Feld ein schwarzer Punkt. Zwar mag eine Seite stets dominieren, jedoch kommst du nie vollständig ohne eine der beiden Seiten aus. Insbesondere rezeptpflichtige Medikamente können heilen, haben jedoch immer unangenehme Nebenwirkungen (Schwarz in Weiß). Manche richten mehr Schaden als Nutzen an oder werden missbräuchlich verwendet (Weiß in Schwarz).

Weltweit leiden 280 Millionen Menschen unter Depressionen, was zu einem wirtschaftlichen Schaden von 2,5 Billionen Dollar pro Jahr führt.[268] Bei einer Großveranstaltung verbesserten die Teilnehmer Depressionen, Angststörungen, Stress und ihr Wohlbefinden ohne Medikamente durch Dankbarkeitsübungen, Gruppenarbeit, geführte Meditationen und körperliche Bewegung. Diese Ergebnisse deuten darauf hin, dass solche

Übungen einen stärkeren Effekt haben könnten als Medikamente.[268]

ÜBUNG

Gibt es etwas Schöneres, als eine schwere Last abzuwerfen? Was bereust du in deinem Leben am meisten? Mach dir klar, dass es ein wichtiger Teil deines Lebens ist, der eine Bedeutung hat! Was hat sich daraus für dich ergeben? Was hast du dadurch gewonnen? Warum könntest du dafür sogar dankbar sein? Es sollte genau so passieren und das ist okay. Verurteile dich nicht für deine Fehler, sondern nimm sie an und vertraue dem großen Plan des Schicksals. Ohne diese Erfahrung wärst du nicht der, der du heute bist, und du darfst dich lieben, genau so wie du bist!

WÄHLE DEINE FREUNDE WEISE

Ein weiterer elementarer Faktor für dein psychisches Wohlbefinden, der sich auch auf deine körperliche Gesundheit auswirkt, ist der Kontakt zu anderen Menschen. Unterschätze niemals diesen Einfluss. Andere Menschen können dein Leben bereichern oder vergiften. Es hat sich sogar gezeigt, dass die Qualität unserer Beziehungen einen ebenso großen Effekt hat wie bekannte Risikofaktoren wie Rauchen, Alkoholkonsum usw.[269]

Während meiner Zeit als »Apothekerlehrling« hatte ich einen Kollegen, den ich Olaf nenne. Olaf war sehr kontaktfreudig und wollte mich so schnell kennenlernen, dass er mir gleich an seinem ersten Tag sehr intime Fragen zu meinem Liebesleben stellte. Mit dem Hinweis, dass wir unter uns Männern seien (in einem klassischen Frauenberuf), schuf er subtil eine Kapsel, in der wir vom Rest des Teams isoliert waren und damit enger zusammenrückten, um sich geschickt in eine Position als meine Vertrauensperson zu manövrieren. Später unterstrich er den so geschaffenen Rahmen immer wieder, indem er mich daran erinnerte, dass wir Freunde seien, und betonte, dass ich ihm alles erzählen könne.

Kleine Zwischenfrage: Wenn jemand wirklich vertrauenswürdig ist, warum muss er dich dann extra überreden? *Vertrauen kann man nicht aus-*

handeln, man muss es sich verdienen! Nur du allein weißt, ob du jemanden ins Vertrauen ziehen kannst. Du spürst es einfach und wirst dich mit der Zeit von selbst jemandem öffnen, wenn er bewiesen hat, dass er immer zu dir hält und fest an deiner Seite steht. Es ist nicht nötig, dass jemand nach deinen privatesten Informationen fragt. Erst recht nicht ohne triftigen Grund und schon gar nicht, ohne dich überhaupt zu kennen.

Da Olaf schon etwa zehn Jahre Berufserfahrung hatte und Freunde immer füreinander da sind, ließ er es sich nicht nehmen, sich inoffiziell zu meinem Ausbilder zu ernennen, obwohl er das nach der Approbationsordnung für Apotheker gar nicht durfte, aber so läuft das, wenn der Apothekenleiter das nicht so genau nimmt. Olaf klärte mich direkt über die Hierarchie auf, verkündete auch, dass er am längeren Hebel sitze, und stellte klar, dass er bei Problemen nur mit dem Chef sprechen müsse, der ihm schließlich voll und ganz vertraue. Nahezu jeder seiner Sätze begann oder endete mit den Worten: »Ganz ehrlich!« Ich hatte eines Tages eine Strichliste geführt, wie häufig er diese Worte benutzte, und zählte innerhalb von 19 Minuten acht Striche.

Wahrheitsschwüre werden im Allgemeinen besonders gern von Lügnern geleistet. Solche Menschen wissen nämlich ganz genau, dass sie nicht vertrauenswürdig sind. Deshalb begehen sie unbewusst den Fehler, ihre Selbstwahrnehmung auf dich zu projizieren, und denken, dass du ihren Berichten keinen Glauben schenkst, weshalb sie dich erst überreden müssen. **Überreden**, nicht überzeugen, denn das können sie nicht! Machen sie das lange genug, werden sie dich nicht mehr überreden, sondern dir ihre Manipulationen regelrecht **einreden**, und das ist brandgefährlich, weil viele Menschen ihnen schließlich tatsächlich glauben und ihren eigenen Wert infrage stellen. Sie fühlen sich unfähig, unwürdig, wertlos und geraten so noch mehr in eine Abhängigkeit zum Manipulator. In sehr vielen Videospielen und Filmen kannst du beim letzten Endgegner etwas beobachten, was die Sith mit Vorliebe nutzen, um die Jedi in Star Wars zu besiegen: die Untergrabung des Geistes. Beim großen Showdown redet der Oberbösewicht dem Helden ein, dass er schon versagt habe, alles verloren sei und es keinen Sinn mehr habe, weiterzukämpfen. Das tut der Schurke wohlwissend, dass der Held eine lange Reise voller Gefahren durchgestanden, sich immer wieder bewiesen hat und in zahllosen Ausnahmesituationen über sich hinausgewachsen ist. Und jetzt steht dieser angeblich so chancenlose Held vor ihm und muss nur noch den obersten Erzfeind besiegen, um endgültig zu triumphieren. Natürlich sagt der Bösewicht das aus Angst! Er weiß, dass er die letzte Auseinandersetzung unbedingt gewinnen muss, und um seine Chancen zu verbessern, möchte er dem Helden seinen Mut nehmen, indem er versucht, ihn zum Aufgeben zu bringen oder zumindest dazu, dass er sich keine Mühe mehr gibt. Darum werden Kämpfe häufig schon entschieden, **bevor** sie überhaupt ausgetragen werden. Ob bewusst oder unbewusst, genau das wollen Narzissten.

An einem anderen Tag war ich mit einer Frage eines Patienten so überfordert, dass ich es Olafs Erfahrung überließ, dessen Wünsche zu erfüllen. Olaf geriet mit dem Patienten in einen Streit und warf mir anschließend lautstark vor, dass ich unangenehme, um nicht zu sagen nervige, Kunden auf ihn abwälzen würde, sodass der Chef ihm Einhalt gebieten musste. Falls du denkst, er hätte sich später entschuldigt, muss ich dich enttäuschen. Er tat betroffen und sagte, ohne mich dabei anzuschauen: »Ganz ehrlich, wenn ich der Praktikant wäre und du hättest mir das alles so gut erklärt, ich hätte es nicht gemacht.« Ein gelungenes Manipulationsbeispiel für eine Täter-Opfer-Umkehr. Sei auf der Hut, denn Manipulatoren aus Leidenschaft werden versuchen, dir ins Gewissen zu reden, damit du glaubst, du hättest wirklich Schuld auf dich geladen. Gelingt es ihnen, dir diese Rolle aufzuzwingen, hast du verloren, denn damit zerstören sie dein Selbstwertgefühl, sodass sie dich noch weiter in ihre Gewalt bekommen.

Eines Tages wies Olaf mich im stillen Kämmerlein darauf hin, was ich alles falsch gemacht hatte, nur damit es ihm dann später gegenüber den anderen Kollegen »herausrutschte«. Wenn ich hingegen etwas gut gemacht hatte, lobte er mich dafür, dass er es selbst kaum besser geschafft hätte. Olaf hielt es zudem für wichtig, dass ich als angehender Apotheker Verfallsdaten kontrollierte. Allerdings nicht von Medikamenten, sondern von Kosmetikartikeln. Mit dieser Aufgabe hatte ich mich schwergetan und es schlichen sich mehrmals Fehler ein, was auch dem Umstand geschuldet war, dass die Verfallsdaten der Kosmetika bei einer ausgewählten Produktreihe nicht direkt auf der Verpackung standen, sondern über einen Code identifiziert werden mussten, der wiederum in einem eigenen Ordner hinterlegt war. Ich musste dieselbe Liste dreimal bearbeiten, bis Olaf mir verkündete, dass sie (»ganz ehrlich«) mit meiner Verfallsdatenkontrolle nicht zufrieden seien und es jetzt noch ein letztes Mal mit mir versuchten, bevor sie aufgeben würden. Er betonte sehr übertrieben, dass sogar die Schülerpraktikantin in der Lage sei, Verfallsdaten zu kontrollieren (»Stell dir vor.«). Seltsam nur, dass er zu erwähnen vergessen hatte, wie überfordert er selbst mit der Verfallsdatenkontrolle gewesen war, weil er den Ordner mit dem Codeverzeichnis gar nicht kannte. Eines Tages fragte Olaf mich sogar, ob ich unter Alzheimer leide, was nach meinem Verständnis eine klare Beleidigung ist. Jeden Tag machte er mich darauf aufmerksam, wie er die Apotheke gerade vor dem Bankrott oder einer Klage bewahrt habe, und erklärte mir detailliert, wie er diese Glanzleistung vollbracht hatte, wobei er sich selbst als Berufsprofi lobte. Manchmal begrüßte er mich mit »Ne, Tino Seidemann?« und grinste dabei. Ich habe bis heute nicht verstanden, was an meinem Namen so lustig ist, dass jemand darüber lachen muss.

Insgesamt war Olaf sehr redselig. Er redete leidenschaftlich gern über andere Menschen, egal ob er sie kannte oder nicht, und nutzte jede Gelegenheit, um über andere Leute, meistens Patienten, abzulästern, und hatte auffallend viele lobende Worte für jeden Kollegen, ganz besonders für Vorgesetzte, übrig. Wurde ich vom Chef ermahnt, plapperte Olaf ihm die Kritik wie ein Papagei nach. Vermutlich, damit sie nicht unterging.

Als ich einem Patienten eine falsche Lieferzeit für seine Bestellung nannte, kam dieser dreimal herein, bis er sein Medikament erhielt, und Olaf wurde nicht müde, nach jedem einzelnen Besuch zu betonen, wie schlecht der Mann zu Fuß und schon total frustriert sei und jetzt nur meinetwegen leiden müsse. Er wies mich darauf hin, dass es in der Apotheke noch nie so viele Bestandsfehler gegeben habe und das erst vorkomme, seit ich zum Personal gehöre. Das verblüffte mich, weil Olaf zum einen erst nach mir eingestellt worden war und zum anderen in einer Apotheke jeder Arbeitsschritt genau dokumentiert wird. Wenn er die Wahrheit sagte, warum gab es dafür keine Beweise?

Sehr aufschlussreich war auch ein Tag, an dem ich mich bereit erklärt hatte, am Samstag zu arbeiten. Olaf versicherte daraufhin der diensthabenden Kollegin, dass sie sich bei ihm melden möge, sollte ich nicht erscheinen. Er könne dann kurzfristig für mich einspringen. Der plötzliche Einwand machte mich derart stutzig, dass ich ihn fragen musste, warum er so einen Vorschlag mache, schließlich kenne er mich doch inzwischen ganz genau und wisse, dass ich keine leeren Versprechen gebe. Darauf antwortete er: »Nein, machst du natürlich nicht.« Und fügte an die Kollegin gewandt hinzu: »Aber wenn doch, musst du mich sofort anrufen, ich komme auf jeden Fall!« Bezeichnend war ebenfalls, dass Olaf die Angewohnheit hatte, Missstände, für die er mich verantwortlich machte, im Beisein von Kollegen anzusprechen. Das geschah, indem er im Vorbeigehen, genau in Hörweite der Kollegen, sagte: »Ne, Tino, nicht wieder kaputtmachen.« Das Ganze tarnte er mit einem Grinsen, sodass es als freundschaftliches Aufziehen ausgelegt werden konnte. Da die Kollegen für gewöhnlich keinen Zusammenhang zu diesen Bemerkungen hatten, musste ich zwangsläufig erklären, was sich hinter diesen Kommentaren verbarg. Ich weiß nicht, wie du das siehst, aber ich finde, dass jemand, der so subtile Anschuldigungen macht, das Ganze als Necken tarnt und dadurch gezielt perfide Anhörungen und offizielle Schuldeingeständnisse herbeiführt, über eine erschreckend große Menge an bösartiger Energie verfügen muss. Das ist an Intriganz einfach nicht mehr zu überbieten. Als mir der Chef schließlich verbot, in den Handverkauf zu gehen, sprach Olaf mit ihm und verständigte sich mit ihm darauf, dass ich noch eine Chance bekomme. Daraufhin betonte er eindringlich, wie sehr er sich für mich eingesetzt habe, der Chef ihm voll und ganz vertraue, indizierte damit, wie viel ich ihm zu verdanken habe, und machte zweimal deutlich, dass ich als Grundvoraussetzung für seinen Deal nur »unter strengster Aufsicht« arbeiten dürfe. Natürlich unter seiner Aufsicht. Endlich durfte er Chef spielen. Zuvor hatte er mich als Freund heimlich davon in Kenntnis gesetzt, dass der Chef ihm gesagt habe, dass mir gekündigt werden müsse, und ich es lediglich seinem Einsatz zu verdanken habe, dass ich noch nicht rausgeflogen sei. Noch dazu ermahnte er mich (natürlich als Freund), den Chef nicht darauf anzusprechen, da dieser nicht denken solle, dass Olaf seine Geheimnisse verrate. Ist es nicht seltsam, dass der Chef lieber Olaf über Kündigungsabsichten informiert statt mich als Betroffenen? Wozu gibt es Abmahnungen? Dass ich ihm Stillschweigen geloben musste, ist ein perverser, beliebter und perfider Trick von Telefonbetrügern, mit dem sie verhindern, dass ihr Betrug sofort aufgedeckt wird, wenn die erwähnten Personen zur Rede gestellt werden und alles klarstellen (siehe Kapitel »Das Erfolgsrezept der Besten«).

Hattest du auch schon mal so einen Freund wie Olaf?

Es ist ebenfalls eine große Wohltat für deine geistige Verfassung, wenn du dich von Dummschwätzern fernhältst. *Darum ist es von entscheidender Bedeutung, dass du Dummschwätzer sofort erkennst und sie so schnell wie möglich aus deinem Leben wirfst!* Diese Checkliste wird dir dabei helfen.

Ein Dummschwätzer …

1. wird LAUT!
2. belehrt dich.
3. fällt dir ins Wort.
4. ist jähzornig.
5. wird beleidigend.
6. redet ständig über sich, wenn er mit dir spricht.
7. legt viel Wert auf Hierarchie (und steht dort natürlich über dir).
8. vergleicht deine Leistung gern mit seiner eigenen (natürlich ist ER immer besser).
9. erwähnt gern seine Leistungen (nicht, dass du es noch irgendwann vergisst.)
10. macht Witze auf deine Kosten, insbesondere vor anderen Menschen.
11. betont permanent, wie unfähig/dumm/untalentiert du bist (damit du es ihm hoffentlich irgendwann glaubst).
12. stellt die Qualität deiner Ausbildung infrage (obwohl er fachfremd ist).
13. macht dich für sämtliche seiner Probleme verantwortlich.
14. behauptet Dinge, die einer genaueren Überprüfung nicht standhalten.

15. verstrickt sich in Widersprüche.
16. bezieht sich auf Vorurteile, tut aber so, als wären es unumstößliche Fakten (Bsp.: »Das kann nur der Pole geklaut haben! Bevor er hier war, ist das nie passiert.«).
17. kann tiefergehende Fragen nicht beantworten bzw. weicht Rückfragen aus.
18. sagt dir, dass du etwas nicht verdient hast (vollkommenste Ausdrucksform von Neid).
19. verurteilt dich, ohne nachzufragen, wie du es gemeint hast (weil er dich gar nicht verstehen möchte).
20. stellt gegenüber anderen deine Kompetenz infrage (»Jeder merkt, dass du Blödsinn redest.«).
21. versteckt sich hinter »Experten« (ohne deren Argumentation erklären zu können).
22. kann seine Behauptungen nicht beweisen.
23. lästert gern über andere Menschen (wenn ihr gemeinsame Feinde habt, muss er ja dein Freund sein. Zumindest bis er von anderen Leuten umgeben ist, die noch höheren Status haben).
24. versucht, dich zu Dingen zu überreden, die du nicht machen möchtest.

Ein Kriegsgebiet ist schädlicher für deine Gesundheit als eine Oase. Mit deinen Mitmenschen verhält es sich ähnlich. Umgib dich deshalb nur mit Menschen, die dir Energie geben, dann brauchst du keine Energiespender in Form von Substanzen mehr.

IN KÜRZE

- Gesundheit ist eine Entscheidung.
- Du bist stärker, als du denkst, wenn du nur an dich glaubst.
- Genieße jeden Augenblick, indem du dich nur auf den Moment konzentrierst.
- Akzeptiere dich mit all deinen Schwächen und fange an, dich selbst zu lieben.
- Achte darauf, dir das richtige Umfeld zu schaffen.

SCHLUSSWORT

Um im Leben erfolgreich zu werden, musst du dich selbst überwinden, deshalb bist du selbst immer dein wahrer Gegner. Ich möchte nicht aufräumen, muss es aber tun, wenn ich ein schönes Heim haben möchte. Ich möchte nicht arbeiten, muss es aber tun, um Geld zu verdienen. Und ja, ich gebe es zu, es gibt Tage, an denen ich keine Lust habe, Sport zu machen, aber ich tue es dennoch, inzwischen allein deshalb schon, weil es ein fester Bestandteil meines Lebens ist und ich damit einer Gewohnheit nachgehe, die förderlich für meine Gesundheit ist. Eine passende Sportart kann für dich wie Meditation sein.

Berücksichtige, dass für alles, was du tust, gleichermaßen die Habersche Regel gilt:

Menge des Giftes × Einwirkzeit = Ausmaß der Vergiftung, also die Stärke multipliziert mit der Zeit, die du ihr ausgesetzt bist, führt wie bei einem Medikament dazu, dass du in den richtigen Dosisbereich kommst, darin bleibst oder alles zu viel wird. Baust du die richtigen Gewohnheiten in dein Leben ein und achtest auf die kleinen, gesundheitsfördernden Dinge, die du jeden Tag tust, wirst du deine Gesundheit kontrollieren und nicht der Gesundheitswahn dich, weil du es mit Leichtigkeit und Freude tun kannst. Es gibt dir ein Gegengewicht zum Alltagsstress, bringt dich auf andere Gedanken, entspannt dich und erlaubt dir, dich um dich selbst zu kümmern. Das ist eine echte Form der Selbstliebe. Praktizierst du sie jeden Tag, wird sich dein Leben schlagartig zum Besseren verändern. Du wirst nicht nur selbst spürbar gesünder werden, sondern es werden sich noch viele andere Lebensbereiche massiv verbessern. Dir werden sich neue Türen öffnen und Menschen werden ihren Weg in dein Leben finden, die förderlich für deine Gesundheit sind. Du wirst sie treffen, weil du dich an Orte begibst, an denen du Gleichgesinnte findest, die die gleichen Wertvorstellungen haben wie du. Du teilst die gleichen Interessen mit ihnen und hast Gesprächsthemen, für die sich auch dein neues soziales Umfeld begeistert. Kontakte, die dir viel tiefgründigere Unterhaltungen mit ihnen erlauben und eine intensivere Bindung zu ihnen ermöglichen. Du wirst ein gesünderes Leben mit mehr Fülle, voller Bewusstsein und Genuss führen. Du wirst feststellen, dass du manche Medikamente nicht mehr brauchen wirst, denn du hast schon alles in dir.

Um die Frage zu beantworten, die im Titel dieses Buches steckt: *Medikamente sind ein Fluch, wenn du sie leichtfertig einsetzt, ohne darüber nachzudenken, aber ein Segen, wenn du sie richtig anwendest und genau weißt, was du tust.* Du hast es in der Hand! Probiere diese Konzepte aus und sieh, wie viel Positivität, Glück und Zufriedenheit du damit in dein Leben ziehst. Richte dein Leben neu darauf aus und meistere deine Gesundheit!

DANKSAGUNG

Dieses Buch ist ein großer Beitrag zu meinem Lebenswerk. An dessen Entstehung waren mehr Personen beteiligt, als ich an dieser Stelle erwähnen kann. Ich danke meiner gesamten Familie für ihre unnachgiebige Unterstützung. Ganz besonderer Dank gebührt meinen Eltern, die mich dazu gebracht haben, meine Komfortzone zu verlassen. Meinem Vater, der mich zum kompromisslosen Durchhaltevermögen im Studium animierte und mir dadurch den Motor gab, auf der Straße des Lebens bis zum Ziel zu fahren. Höchster Dank geht an meine Mutter und meine Großeltern für ihre grenzenlose und bedingungslose Liebe. Der gleiche Dank gebührt meinem Trainer Nikolaos Stefanidis, der mich für die tieferen Ebenen der Gesundheit und für die Verbindung von Bewusstsein, Wahrnehmung, Spiritualität und Lebensführung sensibilisierte. Mein Dank gilt ebenso meinem Bühnenmentor Lorenzo Scibetta, der mich gelehrt hat, meine Geschichten so zu erzählen, dass ich meine Zuhörer damit emotional berühre. Weiterhin danke ich Fadi Tchallo, der sich als Förderer, Manager und Impulsgeber verdient gemacht hat, sowie seinem ganzen Team und der gesamten Impulsfamilie. Ich danke meinen Mentoren Hermann Scherer, Dirk Kreuter und Ralf Niehoff für ihre buchstäblich bereichernden Erfahrungen aus dem Erfolgsleben und der Unternehmensgründung. Ferner danke ich Boris Schwarz dafür, dass er mir mit seinem inspirierenden Buch »Fettkiller-Code«, dabei half, mich auf die Prüfung in meiner Weiterbildung zum Ernährungsberater vorzubereiten und mir gestattete, ihn in meinem Werk direkt zu zitieren. Ich danke allen Mitgliedern und Kooperationspartnern meines Arbeitskreises für die wertvollen Gedankenanstöße, das biotechnologische Wissen, das mir während meiner Zeit an der HHU vermittelt wurde, und für die unschätzbare Teamarbeit. Im Speziellen danke ich meinem Betreuer Prof. Dr. Rainer Kalscheuer, meinem Zweitbetreuer Prof. Dr. Dr. h. c.

Peter Proksch sowie Dr. Marian Frank, Dr. Nam Michael Tran-Cong, Kim Le, Dr. Lasse van Geelen, Viktor Simons, Dr. Arta Kuci, Simone Möninghoff-Pützer, Heike Goldbach-Gecke, Simone Miljanovic und Claudia Eckelskemper für die enge, vertrauensvolle und unersetzliche Zusammenarbeit, die unser Institut durch turbulente Zeiten während der Coronapandemie getragen hat. Von ganzem Herzen danke ich unserer Kollegin Imke Form, die viel zu früh von uns gegangen ist. Danke dafür, dass ich dich kennenlernen durfte. Ich werde nie unsere gemeinsame Zeit im Labor vergessen, in der du mir Gesellschaft und Beistand geleistet hast. Ferner danke ich allen meinen Ausbildern und Weggefährten, die mich auf dem Weg zum Apotheker gefördert und mir dabei geholfen haben, meinen Traumberuf ausleben zu dürfen. Darüber hinaus möchte ich mich herzlich bei Oliver Peter Wessel, Ute Wessel und dem gesamten Team in der St. Josef-Apotheke bedanken, ebenso bei Frau Dagmar Brunn und dem Team der Hirsch-Apotheke, Dr. Christoph Hermann und dem Team der Paracelsus-Apotheke, Bettina Schnitzler-Platt, Herrn Christian Platt und dem Team der Apotheke Platt für spannende Einblicke in den Beruf, ihre unbezahlbare Loyalität, für ihren bedingungslosen Beistand in schwierigen Zeiten und dafür, mit mir bis heute Seite an Seite im Dienst der Gesundheit zu stehen. Weiterhin danke ich meiner gesamten Community für den Zusammenhalt, die Unterstützung und das Vertrauen, das sie mir entgegenbringen.

Ich danke ganz besonders dir dafür, dass du dich in diese Zeilen vertieft und mir damit eine so große Wertschätzung erwiesen hast. Es war mir eine ganz besondere Ehre, dich in meine geheime Welt der Pharmazie einzuführen, und ich hoffe, dass du wertvolle Inspirationen gewinnen konntest, die dein Leben erfüllter und hoffentlich gesünder machen. Gesundheit ist unser wichtigstes Gut. Ohne sie sind wir in unserem Leben so stark eingeschränkt, dass wir kaum unser wahres Potenzial entfalten, frei werden und nach den Sternen greifen können. Vergiss niemals deinen eigenen Wert, mache Gesundheit zu einem wichtigen Teil deines Lebens und du wirst es nicht bereuen. Kümmere dich jeden Tag um dich und tu dir und deinem Körper etwas richtig Gutes. Nur so kannst du wahrhaftig zum Meister deiner Gesundheit werden und dir damit die Kontrolle über dein Leben zurückholen.

Dir hat diese Lektüre gefallen? Du möchtest mehr über Gesundheit erfahren? Du hast genug davon, pausenlos gestresst zu sein und dich niedergeschlagen und allein zu fühlen? Du möchtest dich endgültig von deinen quälenden Selbstzweifeln verabschieden? Du brauchst Hilfe dabei, deine Gesundheit zu meistern, und möchtest, dass ich dir dabei helfe, eine speziell auf dich zugeschnittene Strategie zu entwickeln, mit der du wieder mehr Energie, Vitalität, Leidenschaft und Fülle in dein Leben ziehst? Du brauchst einen unschlagbaren Motivationsturbo, um deine Ziele im Leben unaufhaltsam zu erreichen? Worauf wartest du? Melde dich für ein persönliches Gespräch bei mir und folge mir auf LinkedIn, Facebook, Instagram und TikTok.

Lade dir gern mein kostenloses Hörbuch »Meistere deine Gesundheit« herunter unter:

https://tino-seidemann.de/

Ich freue mich darauf, dich kennenzulernen.

Dein Tino

ÜBER DEN AUTOR

Tino Seidemann wurde am 17.08.1989 in Lutherstadt-Wittenberg geboren. Nach dem Abitur am Gymnasium Petrinum in Dorsten 2009 leistete er Wehrdienst beim Nachschubbataillon 462 in Diez an der Lahn. Er studierte Pharmazie an der Heinrich-Heine-Universität Düsseldorf und erhielt 2017 die Approbation als Apotheker. Von 2017 bis 2022 arbeitete er an der HHU als wissenschaftlicher Mitarbeiter in Lehre und Forschung im Institut für Pharmazeutische Biologie und Biotechnologie mit den Forschungsschwerpunkten »Molekularbiologie und bioaktive Naturstoffe aus Umweltorganismen und deren pharmazeutisches Potenzial gegen nosokomiale Pathogene« sowie »Mycobacterium tuberculosis«. Seit Januar 2023 erkannte ihm die Apothekerkammer Nordrhein die Zusatzbezeichnung Ernährungsberatung an. Während seines Werdegangs sammelte er weitere Berufserfahrung in mehreren Apotheken in Düsseldorf, Duisburg, Essen und Köln.

Des Weiteren ist Tino Seidemann Keynote-Speaker, Co-Autor des Fortbildungsartikels »Durchbruch bei der Therapie der chronischen Hepatitis C« und vom Deutschen Olympischen Sportbund als Übungsleiter in der Stufe C für Breitensport lizensiert. In seiner Freizeit ist er begeisterter Sportler im Bujinkan Budo Taijutsu und nahm zudem bereits erfolgreich am anspruchvollsten Hindernislauf der Welt, dem Strong Viking, teil.

Im Jahr 2021 stand er erstmals als Keynote-Speaker beim Greator Online Festival auf der Bühne. Seine Keynote: »Manipulation mit Pillen. Apotheker über die Tricks der Pharmaindustrie.«, wurde kurze Zeit später auf YouTube veröffentlicht. Seitdem wird er regelmäßig in Podcasts auf YouTube und als Gesundheitsexperte in Radiointerviews eingeladen. Im Jahr 2022 erhielt er das Zertifikat der GMP Academy. Vom ERFOLG-Magazin wurde er zum TOP-Experten in der Kategorie »Arzneimittel und Gesundheit« sowie als Top-100-Unternehmer ernannt. In seiner Ausbildung erhielt er umfangreiche Kenntnisse über die pharmazeutischen Tätigkeitsfelder in öffentlichen Apotheken, Krankenhausapotheken und der pharmazeutischen Industrie. Durch die Tätigkeit als Akteur im Gesundheitswesen wird er täglich mit politischen Machtkämpfen, Preisgestaltungen, kritischen Versorgungsstrukturen, gesundheitlichen Problemen und vielen anderen Missständen im Gesundheitssystem konfrontiert. Nachdem er mit zunehmender Berufserfahrung den Eindruck hatte, dass Apotheker in erster Linie als Verkäufer wahrgenommen werden, entstand in ihm der Wunsch, den Patienten die wahre Expertise und Bedeutung unserer Arzneimittelexperten aufzuzeigen und die Rolle seines Berufsstandes im modernen Gesundheitsmarkt detailliert zu beschreiben.

Er begann seine Karriere als Gesundheitscoach und teilte sein Wissen mithilfe von Vorträgen und nutze zudem Social Media, um ein neues Gesundheitsbewusstsein innerhalb der Gesellschaft zu fördern und den Systemdefiziten im Gesundheitssystem entgegenzuwirken. Patienten dabei zu helfen, Produkte sinnvoll anhand eigener Bedürfnisse auszuwählen, und die Therapieerfolge durch passende Verhaltensweisen sowie zahlreiche Tipps und Tricks zu fördern, ist sein großes Ziel. Hierbei steht für ihn immer der Patient im Mittelpunkt. Er glaubt fest daran, dass die eigene Gesundheit Voraussetzung dafür ist, dass jeder von uns sein volles Potenzial entfalten kann. Mit diesem Buch möchte Tino Seidemann einen genauen Überblick über die komplexen Zusammenhänge im Gesundheitssystem geben und dem Leser faszinierende Einblicke in die Welt der Pharmazie geben.

LITERATURVERZEICHNIS

[1] Statistisches Bundesamt (2023): Umsatz auf dem deutschen Pharma-Gesamtmarkt von 2006 bis Q3 2023 (in Milliarden Euro), https://de.statista.com/statistik/daten/studie/158096/umfrage/pharma-gesamtmarkt-umsatzentwicklung-seit-2006/, abgerufen am 08.01.2024.

[2] Ziegler, Juliane (2012): Apotheke durchsucht – Augentropfen verätzen Frühchen-Augen, DAZ.online.

[3] Europäische Union (2019): Verordnung (EU) 2019/1148 über die Vermarktung und Verwendung von Ausgangsstoffen für Explosivstoffe, https://www.bghw.de/bekanntmachungen/verordnung-eu-2019/1148-ueber-die-vermarktung-und-verwendung-von-ausgangsstoffen-fuer-explosivstoffe, abgerufen am 14.01.2024.

[4] Bundesinstitut für Arzneimittel und Medizinprodukte (2023): Verkehrsfähige Arzneimittel im Zuständigkeitsbereich des BfArM, https://www.bfarm.de/DE/Aktuelles/Statistiken/Arzneimittelzulassung/verkehrsfaehige-Arzneimittel/_node.html, abgerufen am 08.01.2024.

[5] World Health Organization (2023): Model List of Essential Medicines 23rd List (2023), chrome-extension://efaidnbmnnnibpcajpcglclefindmkaj/https://iris.who.int/bitstream/handle/10665/371090/WHO-MHP-HPS-EML-2023.02-eng.pdf?sequence=1, abgerufen am 28.11.2023.

[6] Kripke, Daniel F. (2016): Mortality Risk of Hypnotics: Strengths and Limits of Evidence, Drug Safety, 39(2), 93–107.

[7] Sucker-Sket, Kirsten (2022): Arzneimittellieferengpässe – Ärztepräsident bringt Arzneimittel-Flohmärkte ins Spiel, DAZ.online.

[8] Wolf, Elke (2018): Nasensprays – Besser unkonserviert. Pharmazeutische Zeitung.

[9] YouTube (2021): Pharma-Lüge: Apotheker über die Tricks der Arzneimittelindustrie, https://www.youtube.com/watch?v=cmmuCepShO0, 5:28 min.

[10] Lukics, Krisztina Sára and Lukács, Ágnes (2022): Modality, presentation, domain and training effects in statistical learning, Nature(28), Article 20878.

[11] Boytchev, Hristio (2016): Zahlungen an Ärzte – Keiner ist so nett wie der Pharmareferent, Der SPIEGEL.

[12] Bundesinstitut für Arzneimittel und Medizinprodukte (2024): Fälschung des Arzneimittels Ozempic®, https://www.bfarm.de/DE/Arzneimittel/Arzneimittelinformationen/Rapid-Alert-System/Arzneimittelfaelschungen/Ozempic/_artikel.html, abgerufen am 12.12.2023.

[13] Musial, Johannes (2023): Antibiotika-Engpässe – Wie uns lebenswichtige Medikamente ausgehen, ZDF heute Journal, https://www.zdf.de/nachrichten/panorama/arzneimittel-antibiotika-mangel-medikamente-100.html, abgerufen am 12.12.2023.

[14] Sucker Sket, Kirsten (2022): BGH LEGT URTEILSGRÜNDE VOR – Warum das E-Bike-Gewinnspiel von DocMorris unzulässig war, DAZ.online.

[15] Hollstein, Patrick (2023): Grundsatzstreit um Apothekenplattformen – EuGH-Anwalt: DocMorris als Gesundheitsrisiko?, Apotheke Adhoc.

[16] o. A. (2017): DAV-Wirtschaftsforum – SPD-Bonus kostet jede Apotheke 27.000 Euro, Apotheke Adhoc.

[17] Bundesminsiterium für Gesundheit (2023): Preismoratorium für Arzneimittel, https://www.bundesgesundheitsministerium.de/preismoratorium/, abgerufen am 31.12.2023.

[18] Nitz, Gerhard (2021): Regresse: Was Ärzte über die aktuelle Entwicklung bei Wirtschaftlichkeitsprüfungen wissen müssen, Arzt & Wirtschaft.online, https://www.arzt-wirtschaft.de/abrechnung/beratung-vor-regress-eine-hilfreiche-regelung, abgerufen am 31.12.2023.

[19] Müller, Alexander (2021): 99 Prozent Abschlag auf APU – AOK plaudert Rabattvertragsgeheimnisse aus, Apotheke Adhoc.

[20] Deutsches Apothekenportal (2020): Wer darf in der Apotheke Rezepte abzeichnen?, https://www.deutschesapothekenportal.de/rezept-retax/apothekenfragen-archiv/vollstaendiger-beitrag/wer-zeichnet-rezepte-in-apotheke-ab/, abgerufen am 23.03.2024.

[21] Dostert, Elisabeth (2020): Warum viele Apotheker um ihre Existenz bangen, Süddeutsche Zeitung.

[22] Bundesministerium für Gesundheit (2022): GKV-Finanzstabilisierungsgesetz, https://www.bundesgesundheitsministerium.de/ministerium/gesetze-und-verordnungen/guv-20-lp/gkv-finanzstabilisierungsgesetz, abgerufen am 11.12.2023.

[23] Bender, Sabine (2011): Top im Job – WAS IST EIGENTLICH DER KASSENABSCHLAG? PTA-Magazin.

[24] Piontek, Sandra (2024): PEN STATT SPRITZE ABGEGEBEN – Riesen-Retax: Apotheker bleibt auf 8000 Euro sitzen, Apotheke Adhoc.

[25] Müller-Bohn, Thomas (2022): Hochpreiser gefährden Grundversorgung – Analyse zu Möglichkeiten und Grenzen der Finanzierung von Arzneimittelinnovationen, Deutsche Apothekerzeitung, S. 48.

[26] Lang, Carolin (2020): Wie erkläre ich es dem Kunden – Rabattvertrag und Reimport, Pharmazeutische Zeitung.

[27] o. A. (2015): Parallelhandel – IKK will höhere Importquote, Apotheke Adhoc.

[28] Borsch, Julia (2022): ASYLBEWERBERLEISTUNGSGESETZ – Geflüchtete aus der Ukraine: Welche Regeln gelten bei der Arzneimittelversorgung?, DAZ.online.

[29] Bundesministerium für Justiz (2024): §§ 4,6 Asylbewerberleistungsgesetz, https://www.gesetze-im-internet.de/asylblg/__4.html, https://www.gesetze-im-internet.de/asylblg/__6.html, abgerufen am 09.01.2024.

[30] YouTube (2009): Extra3 – Die Sendung mit dem Klaus: Krankenkassen, https://www.youtube.com/watch?v=hprIxEBMBm4.

[31] Bundesinstitut für Arzneimittel und Medizinprodukte (2023): Lieferengpässe, https://www.bfarm.de/DE/Aktuelles/Schwerpunktthemen/Lieferengpaesse/_node.html, abgerufen am 23.10.2023.

[32] ARD-Morgenmagazin (2023): Video: Bundesgesundheitsminister Lauterbach erwartet weniger Medikamentenengpässe im Winter, https://www.ardmediathek.de/video/morgenmagazin/bundesgesund-heitsminister-lauterbach-erwartet-weniger-medikamentenengpaesse-im-winter/das-erste/Y3JpZDovL2Rhc2Vyc3RlLmRlL21vcmdlbm1hZ2F6aW4vZjczZDkyY2Et-NWY4Ni00YjcxLThlZDktNWFjZGMyOTVmMmM1, 01:52 min, abgerufen am 11.12.2023.

[33] ABDA – Bundesvereinigung Deutscher Apothekerverbände (2023): Notruf der Ärzte-, Zahnärzte- und Apothekerschaft: Freie Heilberufe bitten Bundeskanzler um Hilfe – Gemeinsame Pressemitteilung von ABDA, KBV und KZBV, https://www.presseportal.de/pm/7002/5629621, abgerufen am 11.12.2023.

[34] Hollstein, Patrick (2023): AUSSAGEN ZU PANIKMACHE – Apotheker wollen Entschuldigung von Lauterbach, Apotheke Adhoc.

[35] Overwiening, Gabriele Regina, Gassen, Andreas und Hendges, Martin (2023): Apotheker-, Ärzte- und Zahnärzteschaft bitten Kanzler um Hilfe!, https://www.youtube.com/watch?v=YLSq-bACzEM, 04:12 min.

[36] Ärzte ohne Grenzen (2021): Jeder zweite Mensch mit Diabetes hat keinen Zugang zu Insulin: Ärzte ohne Grenzen fordert mehr Anstrengungen für Generika, https://www.aerzte-ohne-grenzen.de/presse/insulin-diabetes, abgerufen am 21.11.2023.

[37] Schlenger, Ralf L. und Lenzen-Schulte, Martina (2021): MEDIZINREPORT – Jahrhundertprojekt Insulinforschung: Lohn der Hartnäckigkeit – als Insulin zum Medikament wurde, Deutsches Ärzteblatt, 118(29–30), A-1404.

[38] Sanofi-Aventis Deutschland GmbH (2023): Kundenschreiben – INSUMAN RAPID/INSUMAN BASAL/INSUMAN COMB 25 (Humaninsulin): Dauerhafte Einstellung der Produktion, chrome-extension://efaidnbmnnnibpcajpcglclefindmkaj/https://www.bfarm.de/SharedDocs/Arzneimittelzulassung/Lieferengpaesse/DE/2023/info_insulin_human_20230525.pdf?__blob=publicationFile, abgerufen am 14.01.2024.

[39] Piontek, Sandra (2022): Antibiotika fallen reihenweise aus – Lieferengpässe: „Auf uns wollte keiner hören", Apotheke Adhoc.

[40] Germersdorf, Julia (2023): REZEPTUR WEGEN NICHTLIEFERFÄHIGKEIT – Zwei Stunden für einen Amoxi-Saft, Apotheke Adhoc.

[41] ZDF heute Journal (2023): Rabatte verschärfen Engpässe – Werden Arzneimittel knapp? Importeure warnen, https://www.zdf.de/nachrichten/wirtschaft/arzneimittel-medikamente-knapp-mangel-100.html, abgerufen am 14.01.2024.

[42] Bundesinstitut für Arzneimittel und Medizinprodukte (2023): Lieferengpässe., https://www.bfarm.de/DE/Aktuelles/Schwerpunktthemen/Lieferengpaesse/_node.html, abgerufen am 23.10.2023.

[43] siehe 31

[44] siehe 41

[45] siehe 38

[46] Heide, Dana (2024): Antibiotika – Pharma-Inspekteure trauen sich nicht mehr nach China, Handelsblatt.

[47] siehe 46

[48] Klöckner, Jürgen (2023): Lauterbach Gesetz – Pharmafirmen nehmen Arzneimittel in Deutschland vom Markt, Handelsblatt.

[49] Grünberg, Christina (2023): Reaktion auf die Eckpunkte zum Generika-Gesetz – Overwiening: 50 Cent Aufschlag für Lieferengpass-Management sind „eine Frechheit", DAZ.online.

[50] Deutscher Bundestag (2024): Gesundheit – Nach langem Ringen: Bundestag verabschiedet Cannabis Legalisierung, https://www.bundestag.de/dokumente/textarchiv/2024/kw08-de-cannabis-990684, abgerufen am 23.03.2024.

[51] ZDF heute Journal (2024): Bundesrat macht Weg frei – Cannabis-Gesetz gebilligt: Was künftig gilt, https://www.zdf.de/nachrichten/politik/deutschland/cannabis-legalisierung-gesetz-ueberblick-100.html, abgerufen am 12.04.2024.

[52] YouTube (2023): Clownswelt: Lauterbach besorgt lieber Gras statt Fiebersaft! – Dr. Martin Vincentz (AfD), https://www.youtube.com/watch?v=tE2n98-ncBk&t=1s.

[53] YouTube (2023): LAUTERBACH ZERLEGT APOTHEKEN!, https://www.youtube.com/watch?v=vjaVU_DN98Y.

[54] Mende, Annette (2020): ABDA-Handlungshilfe – Anleitung zur Herstellung von Desinfektionsmitteln, Pharmazeutische Zeitung.

[55] siehe 2

[56] o. A. (2023): Urteil im Glucose-Prozess: Zwei Jahre auf Bewährung für Apothekerin, DAZ.online.

[57] NTV.de (2022): Medikamentenskandal in Gambia – 66 Kinder sterben nach Einnahme von Hustensaft, https://www.n-tv.de/panorama/Medikamentenskandal-66-Kinder-sterben-nach-Einnahme-von-Hustensaft-article23634334.html, abgerufen am 13.10.2023.

[58] Auer, Sebastian (2018): Skandal um Krebsmedikamente – Zwölf Jahre Haft für Bottroper Apotheker, Deutschlandfunk.

[59] Wernicke, Christian (2017): Medizinskandal – Skrupellose Geschäfte mit gepanschten Krebsmedikamenten, Süddeutsche Zeitung.

[60] YouTube (2019): Henrik Widegreen – Never Google Your Symptoms, https://www.youtube.com/watch?v=Vn_ZkI7-IZ4, 0:55 min.

[61] Lungenärzte im Netz (2023): Husten, chronisch – Krankheitsbild & Ursachen:, https://www.lungenaerzte-im-netz.de/krankheiten/husten-chronisch/krankheitsbild-ursachen, abgerufen am 12.12.2023.

[62] o. A. (2006): Billige Drogen – Teenager werden high mit Hustensaft, Der SPIEGEL.

[63] WELT (2021): BETRUG – Enkeltrick ist eine deutsche Erfindung mit inzwischen internationaler Verbreitung, https://www.welt.de/vermischtes/article232739289/Mehr-Enkeltrick-Betrueger-wegen-Corona.html, abgerufen am 16.04.2024.

[64] POLIZEILICHE KRIMINALPRÄVENTION DER LÄNDER UND DES BUNDES (2021): Vorsicht vor Betrug mit Corona-Impfstoff, https://www.polizei-beratung.de/aktuelles/detailansicht/vorsicht-vor-betrug-mit-corona-impfstoff/, abgerufen am 16.04.2024.

[65] o. A. (2020): Vorfall in Wuppertal – Seniorin verliert 10000 Euro bei Corona-Enkeltrick, WESTDEUTSCHE ZEITUNG.

[66] siehe 65

[67] YouTube (2022): Betrüger verlieren die Kontrolle, nur wegen dieser einen Frage, https://www.youtube.com/watch?v=d1mZ7gEaU9A.

[68] YouTube (2021): Callcenter trotz 5 Briefkastenfirmen erwischt, Anrufer in Probezeit verrät aus Versehen, https://www.youtube.com/watch?v=VCIc6tsIit8.

[69] YouTube (2018): Telefonbetrüger ärgern dumm stellen, https://www.youtube.com/watch?v=jgY9_lhn3lI.

[70] YouTube (2017). Leonidas redet mit Xerxes, https://www.youtube.com/watch?v=miUAf7yeN1Y.

[71] Akers, Adam et al. (2012): Visual Color Perception in Green Exercise: Positive Effects on Mood and Perceived Exertion, Environmental Science and Technology, 46(16), 8661–8666.

[72] Kuniecki, Michal, Pilarczyk, Joanna and Wichary, Szymon (2015): The color red attracts attention in an emotional context. An ERP study, Frontiers in Human Neuroscience(9), 212.

[73] Daily Motion (1992): Shin Chan Staffel 1 Folge 16 HD Deutsch, Hüte dich vorm Halb-Sieben-Mann, dailymotion.com/video/x8f8omj, 22:19 min.

[74] o. A. (2022a): „Blackout-Challenge" – Wenige Wochen nach Archie (12) stirbt Leon (14) nach TikTok Mutprobe, Focus.online.

[75] Windmüller, Gunda (2020): Skullbreaker Challenge – TikTiok: „Skullbreaker"-Challenge bringt junge Leute ins Krankenhaus, Zeit.de.

[76] o. A. (2024): Erlitt Herzstillstand – Junge (11) stirbt nach gefährlicher „Chroming" TikTok-Challenge, Focus online.

[77] Ritchie, Hannah and Roser, Max (2017): „Obesity", https://ourworldindata.org/obesity (OurWorlInDta.org), abgerufen am 07.05.2023.

[78] World Health Organization (2021): Obesity and Overweight, https://www.who.int/news-room/fact-sheets/detail/obesity-and-overweight, abgerufen am 07.05.2023.

[79] Statistisches Bundesamt (2023): Anteil der Erwachsenen mit Übergewicht oder Fettleibigkeit in ausgewählten OECD-Ländern im Jahr 2021, https://de.statista.com/statistik/daten/studie/153908/umfrage/fettleibigkeit-unter-erwachsenen-in-oecd-laendern/, abgerufen am 07.05.2023.

[80] Ghosh, Sabyasachi (2019): Weight Loss and Obesity Management Market Outlook (2022–2028), https://www.futuremarketinsights.com/reports/weight-loss-and-obesity-management-market, abgerufen am 07.05.2023.

[81] o. A. (2022): Martina Bader Deutscher Forschungspreis – Der große Werbebetrug mit Diätpillen, https://fitness-testportal.de/martina-bader-deutscher-forschungspreis-2022-der-grosse-werbebetrug-mit-diaetpillen/, abgerufen am 16.04.2024.

[82] t-online.de (2023): Die Wahrheit über Diät-Fruchtgummis – Vermeintliches Wundermittel als dreister Schwindel aufgeflogen, https://www.t-online.de/gesundheit/abnehmen/id_100248580/-slimming-gummies-nur-eine-luege-abnehm-gummibaerchen-fliegen-auf.html, abgerufen am 16.04.2024.

[83] siehe 81

[84] Wallstreet online (2020): EuGH-Urteil zu kostenloser Arzneimittelabgabe in Apotheken erwartet, https://www.wallstreet-online.de/nachricht/12614703-eugh-urteil-kostenloser-arzneimittelabgabe-apotheken-erwartet, abgerufen am 21.05.2023.

[85] Europäischer Gerichtshof (2020): Urteil des Gerichtshofs 3. Kammer in der Rechtssache C-786/18, https://curia.europa.eu/juris/document/

document.jsf?text=&docid=227293&pageIndex=0&doclang=de&mode=lst&dir=&occ=first&part=1&cid=927633, abgerufen am 12.12.2023.

[86] Deutsche Umwelthilfe (o. J.): Antibiotika in der Massentierhaltung – Wenn Essen krankmacht, Deutsche Umwelthilfe, https://www.duh.de/themen/natur/naturvertraegliche-landnutzung/landwirtschaft/antibiotika-in-der-massentierhaltung/, abgerufen am 23.07.2023.

[87] o. A. (2021): ERNÄHRUNG – Angereicherte Lebensmittel für eine entspannte Nährstoffversorgung. proveg international, https://proveg.com/de/ernaehrung/naehrstoffe/angereicherte-lebensmittel/, abgerufen am 31.03.2024.

[88] Bundesministerium für Bildung und Forschung (2012): Die Evolution des Maises, https://www.pflanzenforschung.de/de/pflanzenwissen/journal/die-evolution-des-maises-1782, abgerufen am 31.03.2024.

[89] Plantura Magazin (o. J.): Ur-Gemüse und Ur-Obst im Wandel der Zeit, https://youtu.be/MeR7X8fuNLM, 00:30 min, abgerufen am 31.03.2024.

[90] Conko, Gregory (2000): Labelling And Risk: The Case of Bioengineered Foods, https://cei.org/opeds_articles/labelling-and-risk-the-case-of-bioengineered-foods/, abgerufen am 31.03.2024.

[91] Nicolaisen, Anne-Malin (2018): Insulinherstellung – ein vielfältiger Prozess, d-journal.

[92] Klinkusch, Julia (2023): ALLES BIO? Was kann Biotechnologie, wie verändert sie die Zukunft?, Ingenieur.de.

[93] Verbraucherzentrale (2023): Umweltgifte in natürlicher Nahrungsergänzung?, https://www.verbraucherzentrale.de/wissen/projekt-klartext-nem/umweltgifte-in-natuerlicher-nahrungsergaenzung-13362, abgerufen am 23.04.2024.

[94] Bundesinstitut für Risikobewertung (2008): Einschätzung von Propolis und Gelée Royale, chrome-extension://efaidnbmnnnibpcajpcglcle-

findmkaj/https://www.bfr.bund.de/cm/343/einschaetzung_von_propolis_und_gelee_royal.pdf, abgerufen am 23.04.2024.

[95] Verbraucherzentrale (2024): Propolis für ein stärkeres Immunsystem?, https://www.verbraucherzentrale.de/wissen/lebensmittel/nahrungsergaenzungsmittel/propolis-fuer-ein-staerkeres-immunsystem-21056, abgerufen am 23.04.2024.

[96] Nurcahyani, Nunung, Solichatun, Solichatun and Anggarwulan, Endang (2008): The Reserpine Production and Callus Growth of Indian Snake Root (Rauvolfia serpentina (L.) Benth. Ex Kurz) Culture by Addition of Cu2+. Biodiversitas, 9(3), 177–179.

[97] Weydmann, Nicole (2022): Die indonesische Jamu-Medizin zwischen Tradition, Moderne und Covid 19. 2021(3), 17–29, 64.

[98] Strawbridge, Rebecca et al. (2022): The effects of reserpin on depression, a systematic review, Journal of Psychopharmacology, 37(3).

[99] Lanzke, Alice (2023): Ein Exemplar reicht schon aus – Gegengift zum tödlichsten Pilz der Welt auf der Spur, ntv.de, https://www.n-tv.de/wissen/Gegengift-zum-toedlichsten-Pilz-der-Welt-auf-der-Spur-article24126848.html, abgerufen am 01.04.2024.

[100] Bundesministerium für Justiz (o. J.): Kriegswaffenliste, abgerufen am 01.04.2024.

[101] Heinrich-Heine-Universität Düsseldorf – Institut für Pharmazeutische Biologie und Biotechnologie (2024): Naturstoffe aus Endophyten – Bioaktive Naturstoffe aus endophytischen Pilzen, https://www.pharmazie.hhu.de/institut-fuer-pharmazeutische-biologie-und-biotechnologie/arbeitskreise/ak-proksch/naturstoffe-aus-endophyten, abgerufen am 01.04.2024.

[102] siehe 51

[103] Goscinny, Uderzo (1976): Obelix GmbH & Co. KG., S. 36.

[104] Heigel, Anne (2022): TCM Ernährung – TCM-Ernährung: Diese genialen Food-Tricks musst du kennen, um deinen Körperim Gleichgewicht zu halten (bitte immer warm frühstücken!), Glamour.

[105] Wanyue, Chen et al. (2022): Progress in ICP-MS Analysis of Minerals and Heavy Metals in Traditional Medicine, Frontiers in Pharmacology, 28(13), 891273.

[106] National Center for Complementary and Integrative Health (2019): Traditional Chinese Medicine: What You Need To Know, National Center for Complementary and Integrative Health, https://www.nccih.nih.gov/health/traditional-chinese-medicine-what-you-need-to-know, abgerufen am 29.05.2023.

[107] Schwarz, Boris (2020): Fettkillercode – GENIAL. EHRLICH. VERSTÄNDLICH, 2. Auflage, by Boris Schwarz, Mainz.

[108] o. A. (2019): Zahl der Esstörungen steigt: Krank durch Instagram?, Die Abendzeitung.

[109] Ditschke, Katharina (2023): Fälschungen im Umlauf – Warum ist das Diabetes-Medikament Ozempic so beliebt?, SWR Wissen, https://www.swr.de/wissen/faelschungen-im-umlauf-warum-ist-das-diabetes-medikament-ozempic-so-beliebt-100.html, 24.06.2024.

[110] Siehe 12

[111] Wellisch, Juliane (2020): Coronavirus in den USA – Angebliches „Wundermittel" Vorwürfe gegen Trump nach Todesfall, t-online.

[112] o. A. (2020): DESINFEKTIONSMITTEL SPRITZEN – Eindringliche Warnung vor Trump-Vorschlag, https://orf.at/stories/3163200/, abgerufen am 10.12.2023.

[113] Statistisches Bundesamt (2023): Number of followers of Donald Trump on select social media platforms as of January 2023, https://www.statista.com/statistics/1336497/donald-trump-number-of-followers-selected-social-platforms/, abgerufen am 20.12.2023.

[114] YouTube (2019): Promis werben angeblich für Bitcoin und Co., https://www.youtube.com/watch?v=H7KKsnwOjr0.

[115] Bakir, Daniel (2020): Vermeintliches Diät-Wundermittel – Betrüger werben mit gefälschtem „Höhle der Löwen"-Auftritt, Start-up von Judith Williams kämpft mit Fakes, Der STERN.

[116] siehe 81

[117] siehe 81

[118] YouTube (2021): Filter vs. Realität: Fakes & Photoshop auf Instagram & Co. erkennen, https://www.youtube.com/watch?v=jf1wR4__o-Q&t=616s.

[119] o. A. (2023): Trusted Shops, TÜV und Co.: Welche Gütesiegel bei Onlineshops sind seriös? https://www.verbraucherzentrale.de/wissen/digitale-welt/onlinehandel/trusted-shops-tuev-co-welche-guetesiegel-bei-onlineshops-sind-serioes-6740, abgerufen am 31.01.2024.

[120] ntv.de (2023): Nahrungsergänzung im Öko-Test – Drei Vitamin-B12-Präparate durchgefallen, https://www.n-tv.de/ratgeber/Oko-Test-prueft-Vitamin-B-12-Diese-drei-Praeparate-fallen-durch-article23864635.html, abgerufen am 20.12.2023.

[121] Ökotest (2023): Vitamine – Unterversorgt, überversorgt – was wir wirklich brauchen, Magazin 2, S.8.

[122] Sathyanaranaya Rao, T. S. and Chittaranjan, Andrade (2011): The MMR vaccine and autism: Sensation, refutation, retraction and fraud, Indian Journal of Psychiatry, 53(2), 95–96.

[123] Hohmann-Jeddi, Christina (2019): Impfskepsis – Kein Zusammenhang zwischen Autismus und Impfungen. Pharmazeutische Zeitung

[124] Herb, Ullrich (2012): Was hat Roche zu verbergen? Tamiflu und der schwierige Zugang zu klinischen Daten, Telepolis.

[125] o. A. (2011): Plagiats-Affäre – Uni Bayreuth entzieht Guttenberg den Doktortitel. Der SPIEGEL.

[126] Beucker, Pascal (2014): Plagiatsaffäre Annette Schavan – Eine bitterböse Abrechnung, Die Tageszeitung.

[127] o. A. (2023): Nach Lebenslauf-Vorwürfen – Lauterbach: „Den konkreten Fall kann ich nicht mehr rekonstruieren. ", Focus.online.

[128] YouTube (2011): Dr. (!) Karl Lauterbach zu Guttenberg und dessen Glaubwürdigkeit, https://www.youtube.com/watch?v=6NJLPUBnmq0.

[129] Ehrlinger, Joyce et al. (2008): Why the unskilled are unaware: Further Explorations of (Absent) Self Insight Among the Incompetent, Organizational behavior and human decision processes, 105(1), 98–121.

[130] Gattis, Wendy A et al. (2004): Predischarge initiation of carvedilol in patients hospitalized for decompensated heart failure: Results oft he initiation management predischarge: process for assessment of carvedilol therapy in heart failure (IMPACT-HF) trial.,Journal of the American College of Cardiology, 43(9), 1534–1541.

[131] Prins, Kurt W et al. (2015): Effects of Beta-Blocker Withdrawal in Acute Decompensated Heart Failure, JACC Heart failure, 3(8), 647–653.

[132] o. A. (2015): Placebo – Der heilsame Glaube, Der Focus.

[133] Bundesministerium für Bildung und Forschung (2006): Aus der Forschung 2006 – Placeboeffekt sichtbar gemacht, https://www.gesundheitsforschung-bmbf.de/de/Placeboeffekt-sichtbar-gemacht-2847.php, abgerufen am 17.07.2023.

[134] Schlander, Michael et al. (2021): How Much Does It Cost to Research and Develop a New Drug? A Systematic Review and Assessment, Pharmacoeconomics, 39(11):1243–1269.

[135] PHARMIG Verband der Pharmazeutischen Industrie Österreichs (2023): Von der Substanz zum Arzneimittel, https://www.pharmig.at/arzneimittel/forschung-entwicklung/, abgerufen am 23.10.2023.

[136] o. A. (2006): Pfizer – Forschungsstopp für Torcetrapib, manager-magazin.de.

[137] Barter, Philip J. et al. (2007): Effects of Torcetrapib in Patients at High Risk for Coronary Events, New England Journal of Medicine,(357), 2109–2122.

[138] o. A. (2002): Lipobay-Skandal – Zahl der Todesfälle fast verdoppelt, Spiegel.online.

[139] Farahzahdi, Raheleh et al. (2018): Anti-Aging protective effect of L-carnitine as clinical agent in regenerative medicine through increasing telomerase activity and change in the hTERT promoter CpG island methylation status of adipose tissue-derived mesenchymal stem cells, Tissue and Cell(54), 105–113.

[140] Badamchian, Mahnaz et al. (2003): Thymosin beta (4) reduces lethality and down-regulates inflammatory mediators in endotoxin-induced septic shock, International Immunopharmacology, 3(8), 1225–1233.

[141] SupplementBewertung (o. J.): TB 500, supplement-bewertung.de. SupplementBewertung. https://supplement-bewertung.de/wiki/tb-500/, abgerufen am 19.07.2023.

[142] Brambusch, Jens (2018): Fake-Produkte – Wie Betrüger die TV-Show „Die Höhle der Löwen“ missbrauchen, Capital.

[143] Calderón, Naima et al. (2017): A ketogenic diet modifies glutamate, gamma-aminobutyric acid and agmatine levels in the hippocampus of rats: A microdialysis study, Neuroscience Letters(642), 158–162.

[144] Shmerling, Robert H. (2020): BREAST CANCER – Aspirin and Breast Cancer Risk: How a wonderdrug may become more wonderful, https://www.health.harvard.edu/blog/aspirin-and-breast-cancer-risk-how-a-wonder-drug-may-become-more-wonderful-2020102321225, abgerufen am 19.07.2023.

[145] Levy, Isra G. and Pim, Carolyn P. (2012): An Aspirin a Day: The Allure and Distraction of Chemoprevention, Journal of the National Cancer Institute, 104(23), 1782–1784.

[146] Siehe 143

[147] Academic Accelerator (o. J.): Nature – Real-Time Journal's IF. Academic Accelerator, https://academic-accelerator.com/Real-Time-Impact-of-Journal/de/Nature, abgerufen am 19.07.2023.

[148] Guo, Chuansheng et al. (2023): SLC38A2 and glutamine signalling in cDC1s dictate anti-tumour immunity, Nature(620), 200–208.

[149] Deutsches Apothekenportal (2024): Substitutionsausschlussliste, https://www.deutschesapothekenportal.de/wissen/substitutionsausschlussliste/, abgerufen am 10.04.2024.

[150] Mondosano (o. J.): Vergütung für die Teilnahme an einer klinischen Studie, https://www.mondosano.de/ratgeber/forschung/verguetung-fuer-die-teilnahme-an-einer-klinischen-studie/, abgerufen am 07.01.2024.

[151] siehe 136

[152] siehe 137

[153] Schmidt, Jakob (2023): Pfizer-SMS: Klage gegen Von der Leyen wegen dubiosem Impfstoffdeal, Deutsche Wirtschaftsnachrichten.

[154] Hansele, Ralf (2023): Ursula von der Leyen und der Pfizer-Deal – „Größter Korruptionsskandal in der Geschichte“, Cicero.

[155] ZDF heute Journal (2023): heute journal vom 12.03.2023: Impfschäden, ALMA-Teleskop, Oscars (english), https://www.youtube.com/watch?v=653x0SpYd48, 10:14 min, abgerufen am 13.10.2023.

[156] YouTube (2022): Karl Lauterbach behauptet: (fast) keine Nebenwirkungen bei Impfungen!, https://www.youtube.com/watch?v=liJawtN4jvE, 0:56 min.

[157] European Commission & Pfizer Incorporated (2021): Contract Between The European Commission And Pfizer (Manufacturing And Supply Agreement), https://archive.org/details/contract_03/page/15/mode/2up, abgerufen am 30.10.2023.

[158] Korinth, Stefan und Schreier, Paul (2024): Mehr als tausend Passagen geschwärzt: Multipolar veröffentlicht freigeklagte RKI-Protokolle im Original, Multipolar Magazin.

[159] Robert Koch Institut (2021): Krisenstabssitzung Neuartiges Coronavirus (COVID-19) – Ergebnisprotokoll 08.01.2021, 11:00 Uhr, from https://my.hidrive.com/share/2-hpbu3.3u#$/, abgerufen am 01.05.2024.

[160] siehe 156

[161] Tiede, Andreas et al. (2021): Prothrombotic immune thrombocytopenia after COVID-19 vaccination, Blood, 138(4): 350–353.

[162] Kretschmer, Christian (2024): Ende der Zulassung für Vaxzevria in der EU, Gelbe Liste, https://www.gelbe-liste.de/nachrichten/zulassungsaus-vaxzevria, abgerufen am 13.06.2024.

[163] Robert Koch Institut (2021): Protokoll der 4. Sitzung des Expertengremiums der Bundesregierung zur COVID-19 Pandemie, file:///C:/Users/tseid/Downloads/weiter%20entschw%C3%A4rzte%20Protokolle%20 5%202024%20Anlage_Protokolle_1-33.pdf, abgerufen am 14.06.2024.

[164] Thacker, Paul D (2021): Covid-19: Researcher blows the whistle on data integrity issues in Pfizer's vaccine trial, British Medical Journal.

[165] o. A. (2021): Corona: Hinweise auf Unregelmäßigkeiten bei Impfstoffstudie, Experten beschwichtigen, Deutsches Ärzteblatt.

[166] siehe 156

[167] Speicher, David J et al. (2023): DNA-Fragments detected in monovalent and bivalent Pfizer/BioNTech and Moderna modRNA COVID-19 vaccines from Ontario, Canada: Exploratory dose response relationship with seriousadverse events Center for Open Science, https://osf.io/preprints/osf/mjc97, abgerufen am 26.12.2023.

[168] o. A. (2023): USA – Bayer verliert Roundup Rechtsstreit, Wirtschaftswoche.

[169] Cohen, Deborah (2010): Rosiglitazone: What went wrong?, British Medical Journal.

[170] o. A. (2013): Diabetesmittel Avandia – Verkaufsstopp nach jahrelangem Verdacht, Focus.online.

[171] o. A. (2010): Arzneimittelaufsicht – Diabetesmittel Avandia muss in Europa vom Markt, Zeit.online.

[172] Der Arzneimittelbrief (2004): Rofecoxib (Vioxx®) vom Markt genommen, https://der-arzneimittelbrief.com/artikel/2004/rofecoxib-vioxx-vom-markt-genommen, abgerufen am 09.12.2023.

[173] o. A. (2018): Vor 120 Jahren entwickelte Bayer eine verhängnisvolle Medizin. Kölner Stadtanzeiger.

[174] Grünenthal (2023): Der Contergan-Skandal: Eine Tragödie und ihre Geschichte, https://www.contergan-skandal.de/der-contergan-skandal, abgerufen am 15.09.2023.

[175] Schultz, Stefan u. Weber, Nina. (2020): Schwerkranke Kleinkinder – Was hinter der Verlosung eines Millionen-Medikaments steckt. Der SPIEGEL.

[176] siehe 5

[177] Murray, Christopher J. L. et al. (2022): Global burden of bacterial antimicrobial resistance in 2019: a systematic analysis, The Lancet, 399(10325), 629–655.

[178] ntv.de (2017): 26 Antibiotika wirkungslos – Frau stirbt an multiresistentem Super-keim, https://www.n-tv.de/wissen/Frau-stirbt-an-multiresistentem-Super-Keim-article19550211.html, abgerufen am 24.11.2023.

[179] European Commission (2022): Antimicrobial Resistance, Eurobarometer, https://europa.eu/eurobarometer/surveys/detail/2632, abgerufen am 22.07.2023.

[180] Bundesministerium für Bildung und Forschung (2020): Deutsche Forschende schaffen Sprung in die internationale Förderung der Antibiotika-Forschung, https://www.kooperation-international.de/aktuelles/nachrichten/detail/info/deutsche-forschende-schaffen-sprung-in-die-internationale-foerderung-der-antibiotika-forschung, abgerufen am 21.11.2023.

[181] siehe 86

[182] Schulfer, Anjelique F et al. (2019): The impact of early-life sub-therapeutic antibiotic treatment (STAT) on excessive weight is robust despite

transfer of intestinal microbes. International Society for Microbial Ecology, 13(5), 1280–1292.

[183] Maxman, Amy (2012): Antibiotics linked to Weight Gain, Nature https://www.scientificamerican.com/article/antibiotics-linked-weight-gain-mice/, abgerufen am 22.07.2023.

[184] World Health Organization (2023): The Top 10 leading causes of death, https://www.who.int/news-room/fact-sheets/detail/the-top-10-causes-of-death, abgerufen am 22.07.2023.

[185] Makam, Parameshwar and Matsa, Ramkishore (2021): „Big Three" Infectious Diseases: Tuberculosis, Malaria and HIV/AIDS, Current Topics in Medicinal Chemistry, 21(3), 2779–2799.

[186] World Health Organization (2023): Malaria, https://www.who.int/news-room/fact-sheets/detail/malaria, abgerufen am 22.07.2023.

[187] siehe 11

[188] Auf dem Hövel, Jörg (2013): Arzneimittel-Werbung, Ärzte-Fortbildung und Grundzüge eines optimierten Kontrollsystems, Telepolis.

[189] siehe 171

[190] Wang, Amy T et al. (2010): Association between industry affiliation and position of cardiovascular risk with rosiglitazone: cross sectional systematic review, British Medical Journal(340), c1344.

[191] siehe 14

[192] Europäischer Gerichtshof (2016): Urteil, 19. Oktober 2016 - Rechtssache C-148/15, https://ra.de/urteil/eugh/c-14815-2016-10-19, abgerufen am 16.12.2023.

[193] Rohrer, Benjamin (2019): EU-VERTRAGSVERLETZUNGSVERFAHREN – Spahn informiert EU: „Alte" Preisbindung für EU-Versender wird gestrichen, DAZ.online.

[194] Müller, Christina (2021): „Spiegel-Interview" – Max Müller vermittelte Masken-Deal mit Zur-Rose-Tochter an Spahn, daz.online.

[195] o. A. (2022): DER MILLIONENBETRÜGER, DIE VERSANDAPOTHEKE UND DER MINISTER – DocMorris wollte Desinfektionsmittel an Spahn verkaufen, Apotheke Adhoc.

[196] Doepke, Michel (2020): Kurssprung bei Zur Rose und AKTIONÄR-Musterdepotwert Shop Apotheke: Steckt Jens Spahn dahinter?, DER AKTIONÄR.

[197] Bundesinstitut für Arzneimittel und Medizinprodukte (2023): Schöllkrauthaltige Arzneimittel zur innerlichen Anwendung, https://www.bfarm.de/SharedDocs/Risikoinformationen/Pharmakovigilanz/DE/RV_STP/s-z/schoellkraut.html, abgerufen am 25.07.2023.

[198] Stiftung Warentest (2022): Iberogast – Risiko für die Leber. Stiftung Warentest, https://www.test.de/Iberogast-Risiko-fuer-die-Leber-5509456-0/, abgerufen am 26.07.2023.

[199] Keuchel, Jan und Votsmeier, Volker (2019): Bayer – Staatsanwaltschaft ermittelt wegen Bayer-Medikament Iberogast, Handelsblatt.

[200] Wolf, Elke (2020): Iberogast Advance – Extrakt verschlankt sich, Pharmazeutische Zeitung.

[201] Huahei Pharma Europe GmbH (o. J.): Who We Are – Huahei Pharma Europe GmbH, https://www.huahaipharm.eu/Intro/Index/1027353806686326, abgerufen am 21.04.2024.

[202] Gräfe, Kerstin A. (2020): Häufige Arzneistoffe – Steckbrief Valsartan, Pharmazeutische Zeitung.

[203] Kedir, Hanan Muzeyin, Sisay, Eskinder Ayalew and Abiye, Alfoalem Araba (2021): Enteric-Coated Aspirin and the Risk of Gastrointestinal Side Effects: A Systematic Review, International Journal of General Medicine(14), 4757–4763.

[204] Statistisches Bundesamt (2023): Zahl der Woche – Nahrungsergänzungsmittel boomen: Produktion im Jahr 2020 um 11,0 % höher als im Vorjahr, https://www.destatis.de/DE/Presse/Pressemitteilungen/Zahl-der-Woche/2021/PD21_23_p002.html, abgerufen am 23.07.2023.

[205] Verbraucherzentrale (2023): Umfrage: Das halten Verbraucher von Nahrungsergänzungsmitteln., https://www.verbraucherzentrale.de/wissen/lebensmittel/nahrungsergaenzungsmittel/umfrage-das-halten-verbraucher-von-nahrungsergaenzungsmitteln-1905, abgerufen am 23.07.2023.

[206] Statistisches Bundesamt (2023): Umfrage zum Kauf von Nahrungsergänzungsmitteln nach Geschlecht und Alter 2021., https://de.statista.com/statistik/daten/studie/1358437/umfrage/umfrage-kauf-nahrungsergaenzungsmittel-geschlecht-alter-deutschland/, abgerufen am 23.07.2023.

[207] Oberlandesgericht Frankfurt am Main (2021): Einschlaf-Kapseln mit Zusatz von 0,5 mg Melatonin und empfohlener Tagesverzehrmenge von bis zwei Kapseln sind keine Funktionsarzneimittel, nach § 2 Abs. 1 Nr. 2a) AMG (Melatonin-Einschlaf-Kapseln), https://openjur.de/u/2338644.html, abgerufen am 29.01.2024.

[208] siehe 9, 5:27 min

[209] Doseděl, Martin et al. (2021): Vitamin C–Sources, Physiological Role, Kinetics, Deficiency, Use, Toxicity and Determination. Nutrients, 13(2), 615.

[210] Deutsche Gesellschaft für Ernährung e. V. (2015): Referenzwert – Vitamin C, from https://www.dge.de/wissenschaft/referenzwerte/vitamin-c/, abgerufen am 26.11.2023.

[211] Bundesamt für Verbraucherschutz und Lebensmittelsicherheit (2023): Nahrungsergänzungsmittel, https://www.bvl.bund.de/DE/Arbeitsbereiche/01_Lebensmittel/04_AntragstellerUnternehmen/03_NEM/lm_nahrungsErgMittel_node.html, abgerufen am 23.07.2023.

[212] Harms, Imke (2023): Blei gefunden: Nahrungsergänzungsmittel oft schlecht gekennzeichnet, LAND & FORST, https://www.landundforst.de/betrieb/blei-gefunden-nahrungsergaenzungsmittel-oft-schlecht-gekennzeichnet-568808, abgerufen am 23.07.2023.

[213] Verbraucherzentrale (2022): Lebensmittel mit Gesundheitsversprechen, https://www.verbraucherzentrale.de/wissen/lebensmittel/kennzeichnung-und-inhaltsstoffe/lebensmittel-mit-gesundheitsversprechen-11035, abgerufen am 02.10.2023.

[214] Rempe, Christina (2020): Gesundheitsbezogene Angaben – Geregelt, aber vieles bleibt diffus, Bundeszentrum für Ernährung, https://www.bzfe.de/lebensmittel/einkauf-und-kennzeichnung/kennzeichnung/gesundheitsbezogene-angaben/, abgerufen am 02.10.2023.

[215] European Commission (2023): EU Register of Health Claims, https://ec.europa.eu/food/food-feed-portal/screen/health-claims/eu-register, abgerufen am 03.10.2023.

[216] European Food Safety Authority (2010): Scientific Opinion on the substantiation of health claims related to propolis (ID 1242, 1245, 1246, 1247, 1248, 3184) and flavonoids in propolis (ID 1244, 1644, 1645, 3526, 3527, 3798, 3799) pursuant to Article 13(1) of Regulation (EC) No 1924/2006. European Food Safety Authority Journal 8(10), 1810.

[217] Statistisches Bundesamt (2024): Umsatz von Lebensmitteln mit „Ohne GenTechnik"-Siegel nach Produktgruppen bis 2023, https://de.statista.

com/statistik/daten/studie/1377043/umfrage/umsatz-lebensmittel-ohne-gentechnik-produktgruppen/, abgerufen am 09.01.2024.

[218] Bundesamt für Verbraucherschutz und Lebensmittelsicherheit (2023): Hanf, THC, Cannabidiol (CBD) und Co, https://www.bvl.bund.de/DE/Arbeitsbereiche/01_Lebensmittel/04_AntragstellerUnternehmen/13_FAQ/FAQ_Hanf_THC_CBD/FAQ_Cannabidiol_node.html, abgerufen am 05.10.2023.

[219] Müllenberg, Jürgen (2020): Verkaufsverbot für Lebensmittel mit CBD-Zusätzen, https://www.stadt-koeln.de/politik-und-verwaltung/presse/mitteilungen/22013/index.html, abgerufen am 21.10.2023.

[220] siehe 51

[221] Wu, Guoyao (2016): Royal society of chemistry, Dietary protein intake and human health. Royal Society of Chemistry(7), 1251–1265.

[222] siehe 214

[223] Höhn, Melanie (2022): Gutachten – „Dringender" Handlungsbedarf bei Botanicals, Pharmazeutische Zeitung.

[224] Bundesgerichtshof (2017): Beschluss vom 29.03.2017, I ZR 71/16, https://juris.bundesgerichtshof.de/cgi-bin/rechtsprechung/document.py?Gericht=bgh&Art=en&nr=78812&pos=0&anz=1, abgerufen am 10.12.2023.

[225] European Commission (2023): Nutrition Claims, https://food.ec.europa.eu/safety/labelling-and-nutrition/nutrition-and-health-claims/nutrition-claims_en, abgerufen am 10.12.2023.

[226] Statistisches Bundesamt (2024): Apothekenumsatz* mit rezeptfreien homöopathischen und pflanzlichen Arzneimitteln in Deutschland in den Jahren 2020 bis 2022 (in Millionen Euro), https://de.statista.com/statistik/daten/studie/238427/umfrage/apothekenumsatz-mit-rezeptfreien-homoeopathischen-und-pflanzlichen-arzneimitteln/, abgerufen am 09.01.2024.

[227] Cucherat, M et al. (2000): Evidence of clinical efficacy of homeopathy, A meta-analysis of clinical trials. European Journal of Clinical Pharmacology, 56(1), 27–33.

[228] o. A. (2024): Pläne von Karl Lauterbach – Homöopathie als Kassenleistung streichen? ZDF heute Journal, https://www.zdf.de/nachrichten/politik/deutschland/lauterbach-homoeopathie-kassenleistung-streichen-gesundheit-100.html, abgerufen am 14.01.2024.

[229] Bundesverfassungsgericht (2023): Zweites Nachtragshaushaltsgesetz 2021 ist nichtig, https://www.bundesverfassungsgericht.de/SharedDocs/Pressemitteilungen/DE/2023/bvg23-101.html;jsessionid=10437A1353E60103FFEBDA159175F0F6.internet011, abgerufen am 14.01.2024.

[230] WDR (2024): Lauterbach: Kassen zahlen bald nicht mehr für Homöopathie, https://www1.wdr.de/nachrichten/homoeopathie-krankenkassen-kosten-lauterbach-100.html, abgerufen am 14.01.2024.

[231] o. A. (2024): Gesetzliche Krankenversicherung – Breite Kritik an Lauterbachs Homöopathie-Streichung, Zeit.online.

[232] YouTube (2024): Lauterbach streicht Homöopathie Kassenleistung, https://www.youtube.com/watch?v=NKxpSxDYOS8.

[233] Sucker-Sket, Kirsten (2023): Rechtskräftiges Urteil – Meditonsin-Werbung mit Apotheken-Studie unzulässig, daz.online.

[234] Landesgericht Dortmund (2022): Urteil 25 O 22/22, https://www.justiz.nrw.de/nrwe/lgs/dortmund/lg_dortmund/j2022/25_O_22_22_Urteil_20220923.html, abgerufen am 10.12.2023.

[235] siehe 132

[236] Lee, Younjung and Yong-Ku, Kim (2021): Understanding the Connection Between the Gut-Brain Axis and Stress/Anxiety Disorders. Current Psychiatry Reports, 23(5), 22.

[237] Ludwig, Wolf-Dieter, Mühlbauer, Bernd und Seifert, Roland (2021): Arzneiverordnungs-Report 2021, 1. Auflage, Springer Verlag, Berlin.

[238] Bendau, Antonia et al. (2021): Associations between COVID-19 related media consumption and symptoms of anxiety, depression and COVID-19 related fear in general population in Germany. European Archives of Psychiatry and Clinical Neuroscience, 271(2), 283–291.

[239] Moini, Jahangir, LoGalbo Anthony and Ahangari, Raheleh (2023): Foundations of the Mind, Brain, and Behavioral Relationships, Understanding Physiological Psychology, First edition, Academic Press, San Diego, pp: 71–94.

[240] DeYoung, Colin G. (2013): The neuromodulator of exploration: A unifying theory of the role of dopamine in personality, Frontiers in Human Neuroscience, 762(7), 17.

[241] de Quervain, Dominique J-F et al. (2004): The Neural Basis of Altruistic Punishment, Science, 305(5688), 1254–1258.

[242] Carlsmith, Kevin M, Wilson, Timothy D and Gilbert, Daniel T (2008): The paradoxical consequences of revenge, Journal of personality and social psychology, 95(6), 1316–1324.

[243] siehe 240

[244] Srijan, Acharya and Kyeong-Man, Kim (2021): Roles of the Functional Interaction between Brain Cholinergic and Dopaminergic Systems in the Pathogenesis and Treatment of Schizophrenia and Parkinson's Disease, International Journal of Molecular Sciences, 22(9), 4299.

[245] DEPRESSION-HEUTE (2021): Antidepressiva in Deutschland – Anstieg um 745 Prozent, https://www.depression-heute.de/antidepressiva-in-deutschland-anstieg-um-845-prozent/, abgerufen am 14.04.2024.

[246] siehe 237

[247] Market Research Future (2024): Anxiety Disorder Treatment Market Overview, from https://www.marketresearchfuture.com/reports/anxiety-disorder-treatment-market-8455, abgerufen am 14.04.2024.

[248] INSIGHTS, F. B. (2022): The global antipsychotic drugs market size was valued at $15.47 billion in 2022 & is projected to grow from $16.14 billion in 2023 to $24.35 billion by 2030... Read More at: https://www.fortunebusinessinsights.com/industry-reports/antipsychotic-drugs-market-101390, https://www.fortunebusinessinsights.com/industry-reports/antipsychotic-drugs-market-101390, abgerufen am 14.04.2024.

[249] Wujie, Ye et al. (2023): Mechanism and treatments of antipsychotic-induced weight gain. International Journal of Obesity(47), 423–433.

[250] Roy, Sophie et al. (2022): Abuse and misuse of second-generation antipsychotics: An analysis using VigiBase, the World Health Organization pharmacovigilance database, British Journal of Clinical Pharmacology, 88(10), 4646–4653.

[251] Lex, Viola (2022): Selbst produzierte Schmerzhemmer – Endorphine: Wie werden Glückshormone freigesetzt?, https://www.lifeline.de/medizinwissen/hormone/endorphine-id189569.html, abgerufen am 10.12.2023.

[252] Peper, Erik et al. (2016): Increase strength and mood with posture, ResearchGate, https://www.researchgate.net/publication/303540780_Increase_Strength_and_Mood_with_Posture, abgerufen am 11.12.2023.

[253] Harvard Medical School (2014): STAYING HEALTHY – What meditation can do for your mind, mood, and health, https://www.health.

harvard.edu/staying-healthy/what-meditation-can-do-for-your-mind-mood-and-health-, abgerufen am 10.12.2023.

[254] Goyal, Madhav et al. (2014): Meditation Programs for Psychological Stress and Well-being: A systematic review and Meta-analysis. Journal of the American Medical Association internal medicine, 174(3), 357–368.

[255] Hilton, Lara et al. (2017): Mindfulness meditation for chronic pain: Systematic Review and Meta anlysis. Annals of behavioral medicine: a publication of the Society of Behavioral Medicine, 51(2), 199–213.

[256] Ciezar-Andersen, Sylwia D, Hayden, K Alix and King-Shier, Kathryn M (2021): A systematic review of yoga interventions for helping health professionals and students, Complementary Therapys in Medicine, 58(102704).

[257] Pearce, Matthew et al. (2022): Association Between Physical Activity and Risk of Depression A Systematic Review and Meta-analysis. Journal of the American Medical Association psychiatry, 79(6), 550–559.

[258] siehe 71

[259] Forster, Danny (2017): 10 bekannte Bodybuilder, die an einem Herzinfarkt starben, https://www.gannikus.de/hot-stuff/10-bekannte-bodybuilder-die-an-einem-herzinfarkt-starben/, abgerufen am 21.04.2024.

[260] Kindermann, Wilfried (2006): Kardiovaskuläre Nebenwirkungen von anabol-androgenen Steroiden, Herz(31), 566–573.

[261] Pärssinen, M et al. (2000): Increased premature mortalityof competitive powerlifters suspected to have used anabolic agents, International journal of sports medicine, 21(3), 225–227.

[262] siehe 240

[263] siehe 251

[264] Statistisches Bundesamt (2024): Depression und Burn-out – Zahlen und Statistiken, https://de.statista.com/themen/161/burnout-syndrom/, abgerufen am 08.04.2024.

[265] siehe 237

[266] Cipriani, Andrea et al. (2018): Comparative efficacy and acceptability of 21 antidepressant drugs for the acute treatment of adults with major depressive disorder: a systematic review and network meta-analysis, The Lancet, 391(10128), 1357–1366.

[267] Mallery, Laurie et al. (2019): Systematic review and meta-analysis of second-generation antidepressants for the treatment of older adults with depression: questionable benfit and considerations for frailty, BMC Geriatrics(19), 306.

[268] Ganz, Ariel B et al. (2022): Effects of an immersive psychosocial training program on depression and well-being: A randomized controlled clinical trial, Journal of Psychiatric Research, 150(June 2022), 292–299.

[269] Holt-Lunstad, Julianne, Smith, Timothy B and Layton, J Bradley. (2010): Social Relationships and Mortality Risk: A Meta-analytic Review. Public Library of Science medicine, 7(7), e1000316.